세계 정세가 한눈에 읽히는
부의 지정학

일러두기

1. 이 책에 등장하는 외국 인명 및 지명 등 고유명사 독음은 대체로 국립국어원 외래어 표기법을 따랐으나, 일부 통상의 발음을 따른 경우가 있다.

2. 이 책에서 언급한 각국 경제적 이슈 관련 수치의 원화 표기는 2024년 10월 25일 환율을 기준으로 적용하였다.

세계 정세가 한눈에 읽히는
부의 지정학

1판 1쇄 인쇄 2024년 11월 14일
1판 1쇄 발행 2024년 11월 29일

지은이 | 이재준
발행인 | 홍영태
편집인 | 김미란
발행처 | (주)비즈니스북스
등 록 | 제2000-000225호(2000년 2월 28일)
주 소 | 03991 서울시 마포구 월드컵북로6길 3 이노베이스빌딩 7층
전 화 | (02)338-9449
팩 스 | (02)338-6543
대표메일 | bb@businessbooks.co.kr
홈페이지 | http://www.businessbooks.co.kr
블로그 | http://blog.naver.com/biz_books
페이스북 | thebizbooks
ISBN 979-11-6254-397-9 03320

세계 정세가 한눈에 읽히는 부의 지정학

앞으로 5년, 글로벌 경제 질서는 어떻게 재편될 것인가

이재준 지음

비즈니스북스

정치적 변수를 파악하라,
부의 예측은 거기서부터 시작된다

사람들은 미래를 알고 싶어 한다. 앞으로 어떤 일이 벌어질지 안다면 자신에게 유리한 선택을 함으로써 인생을 바꿀 수 있다고 믿기 때문이다. 스포츠 경기 결과가 어떻게 나올지 미리 알 수 있다면, 대규모 개발 예정 지역을 미리 알 수 있다면, 큰 폭으로 상승할 주식 종목을 미리 알 수 있다면…. 그렇다면 큰 부를 얻는 것이 가능할지도 모른다. 물론 반대의 경우도 가능하다. 부동산 거품이 사라지는 시점이나 주가 하락의 시기를 정확하게 예측해 손실을 막을 수도 있다. 그뿐인가. 우리 삶에 존재하는 각종 위험에 미리 대비하고, 크고 작은 사고도 피할 수 있다.

그래서인지 '타임 슬립'은 각종 드라마와 영화에서 주요 장치로 자주 활용된다. 어떤 원인에 의해 과거로 돌아간 극의 주인공이 이미 알고 있는 미래의 일들을 활용해 막대한 부를 거머쥐거나 위험을 피하는 이야기는 꽤 인기 있는 소재이기도 하다. 이러한 타임 슬립이 현실에서 가능하다면 과연 마다할 이가 얼마나 될까. 드라마에서처럼 급등할 주식 종목을 이미 알고 그것을 공략해 막대한 부를 얻는 상상, 누구나 한 번쯤은 해봤을 터다.

그러나 드라마 속의 일만은 아니다. 실제로 미래를 알 수 있는 방법이 있다. 원인과 결과를 알고 미래의 어떤 사건이 발생하는 데 작용하는 변수들을 파악할 수 있다면 충분히 가능한 일이다. 결과는 미래에 벌어질 일이지만, 그 결과를 가져오는 원인은 현재에 있다. 현재의 원인을 토대로 결과를 예측해보는 것, 이를 다른 말로 '변수의 작용'이라 한다. 현재 나타난 어떤 변수가 미래에 어떤 결과를 만들어낼지 미리 파악할 수 있다면, 완벽하지는 않더라도 미래를 가늠해보는 일이 가능하다.

과학에서는 이러한 변수를 독립변수와 종속변수, 두 가지로 구분한다. 독립변수는 일종의 원인이며, 종속변수는 일종의 결과라고 이해하면 쉽다. 정치학 박사 학위논문을 작성할 때 변수에 대한 것을 가장 먼저 배웠다. 어떤 일이 벌어진 원인을 찾아내는 게 정치학 연구에서는 꽤 중요한 목적이다. 인과관계를 밝힘으로써 앞으로 벌어질 일을 예측할 수 있기 때문이다.

그러다 문득 이런 생각이 들었다. '이런 사회과학 방법론이 정치학에만 유용할까? 혹시 투자에 적용해볼 수도 있지 않을까?' 미래 주식 가격 변동에 영향을 미치는 원인, 즉 변수들을 제대로 파악하고 이해한다면 주가의 흐름을 예측하는 것도 가능해 보였다.

첫 번째 실험이 된 사건은 2019년 북한 비핵화를 위한 북미 정상회담이다. 문재인 정부는 김정은과 트럼프의 협상이 성공할 경우, 북한이 비핵화를 단행하고 나아가 개혁개방을 통해 급속한 경제 발전을 이룰 수 있으리라 기대했다. 그렇게만 된다면 한국 기업들에도 엄청난 투자 기회가 생길 것으로 예상한 것이다. 이런 흐름 속에서 이른바 '대북 수혜주'들이 주목을 받았다.

북한이 개혁개방에 나선다면 건설, 비료 분야가 유망한 투자 분야가 될 것으로 보였다. 특히 현대아산이 북한 개발 사업에서 상당한 비중을 차지할 것이라는 전망이 나왔다. 이런 분위기가 무르익자 비상장사인 현대아산의 대주주 현대엘리베이터의 주가가 북미 싱가포르 정상회담을 앞두고 급등했다. 이후 하노이 정상회담을 앞두고 주가는 다시금 급등했다.

이제 판단의 시간이 왔다. 비핵화 협상의 성공을 예상한다면, 현대엘리베이터 주식을 보유하면서 더 큰 투자 수익을 노려야 한다. 반대로 비핵화 협상의 실패를 예상한다면, 현대엘리베이터 주식을 북미 비핵화 협상 직전에 팔아야 한다. 북미 비핵화 협상 결과에 따라 투자 수익을 얻거나 투자 손실을 입을 수 있다.

문재인 정부의 낙관적 전망에도 불구하고 당시 나는 비핵화 협상이 타결되기에는 어려운 면이 있다고 판단했다. 그 이유는 다음과 같다.

첫째, 비핵화는 단계적 형태로 이뤄질 수밖에 없다. 그렇다면 이 과정에서 북한과 미국은 상호 불신이라는 문제에 직면하게 될 것이다. 예상대로 북한은 비핵화의 단계적 이행 과정에서 미국에 보상을 요구했다. 미국이 보상을 해준다면 문제가 쉽게 일단락되었겠지만 그럴 리 없었다. 과거 북한은 6자회담에서 타결한 단계적 비핵화 과정에서 다시 핵무기 개발을 추진한 이력이 있다. 이런 전적이 있으니 미국이 북한을 신뢰하기는 어려웠을 것이다. 미국이 선 비핵화 후 보상이라는 이른바 '리비아식 해법'을 주장했던 이유도 이 때문이다.

둘째, 북한의 지배층들이 비핵화를 원할 것인지에 대한 확신이 없었다. 현대의 독재체제는 독재자 한 명에 의해 통치되지 않는다. 소수의 지배층이 독재자와 연합해서 다수의 인민을 억압하는 형태로 이루어진다. 그러다 보니 독재자가 소수의 지배층들에게 경제적 이익을 주거나 권력을 나눠 주게 된다. 이것이 현대의 독재체제가 유지되는 메커니즘이다. 만일 북한이 '개혁개방'된다면 소수의 지배층은 그동안 누려왔던 특권을 더 이상 누리지 못할 수 있다. 북한에서 개혁개방을 주장하는 엘리트들의 움직임이 나타나지 않는 이상 북한의 비핵화 가능성은 기대하기 어렵다고 봐야 한다.

하지만 이 판단이 실제 투자 행동으로 이어지지는 못했다. 북미 정상회담 타결에 대한 희망이 강하게 자리하고 있었기 때문이다. 더 큰 투자 수익에 대한 기대감이 객관적인 판단을 압도한 것이다.

큰 투자 손실을 본 나는 여기서 중요한 교훈을 얻었다. 냉철한 판단은 정치적 상황에 대한 정밀한 분석에 기초한다는 점을 말이다. 큰 투자 수익에 대한 지나친 기대감에 판단력이 흐려져 상황을 자의적으로 해석해서는 안 된다는 것 역시 이때 얻은 교훈이다. 욕망이 눈을 흐리는 순간 현실을 제대로 볼 수 없고 당연히 미래 예측도 어긋날 수밖에 없다.

값비싼 수업료를 치른 나는 내가 하는 공부가 올바른 현실 인식으로 연결되는지, 그리고 미래를 더 잘 예측하는 데 도움이 되는지 검증해야겠다는 생각이 들었다. 주가의 상승과 하락은 여러 복잡한 변수들이 작용한 결과다. 우선 나는 정치적 변수를 통해 정치 상황의 변화를 예측하고, 그에 따라 투자 결정을 하는 방식을 고안했다. 물론 이러한 방식이 모든 주식 종목에 적용될 수 있는 것은 아니다. 정치적 상황에 따라 민감하게 영향을 받는 기업에 한해 의미가 있다.

무엇보다 투자 기업의 미래 가치에 영향을 미치는 현재의 요인을 파악하는 게 중요하다. 그중에서 최근 주목을 받고 있는 게 바로 이 지정학적 리스크다. 경영학에서는 전통적으로 정치적 리스크라는 말을 사용했지만, 최근엔 지정학적 리스크라는 말이 투자자나 기업인에게 더 큰 울림을 주는 것 같다. 정치적 리스크가 단일 국가 차원에 더 의미를 두는 것처럼 이해되는 반면, 지정학적 리스크는 국가 간 분쟁, 갈등에 중점을 두는 것처럼 읽히기 때문이다. 특히 탈냉전 이후 자유무역질서가 확산되고 기업의 영업 활동이 세계로 확대되는 상황에서, 기업은 국가를 넘어선 지정학적 리스크에 그대로 노출되었다.

2022년 〈미중 간 군사기술 경쟁과 세력 전이: 인공지능, 자율무기체계 군사기술을 중심으로〉라는 논문을 쓸 때의 일이다. 논문을 쓰다 보니 인공지능은 강대국 간 세력 경쟁의 구도를 바꿀 수 있는 기술이며 우리 일상에도 깊게 파고들 것임이 보였다. 재래식 전력이나 핵전력에서 아직은 미국에 비해 열세였던 중국은 인공지능에 기반한 자율무기체계야말로 미국을 추월할 수 있는 기술이라 인식했다. 한편 미국은 다른 관점에서 자율무기체계를 바라보았다. 중국 군대의 물량 공세에 대응하기 위해서는 항공모함처럼 크고 비싼 기존의 무기만으로는 한계가 있다고 판단한 것이다. 군사비가 한계에 이른 상황에서 한 대당 가격이 4,000억 원짜리 전투기인 'F-22랩터' 같은 고가의 무기에 돈을 쓰기는 어려웠다. 저렴하고 효과적인 무기체계가 필요한데, 그것이 인공지능에 기반한 자율무기체계였다. 중국의 세력 전이를 차단할 수 있는 군사기술로 인공지능에 주목한 것이다.

여기서 파악한 인사이트를 투자로 연결시켜야겠다고 생각한 나는 매달 월급의 일정액을 투자해 엔비디아 주식을 매수하기 시작했다.

엔비디아는 컴퓨터 그래픽 카드 제조사다. 가상화폐 채굴에 쓰이는 연산을 위한 그래픽 수요 덕분에 주가가 이미 많이 오른 상황이었다. 문제는 성장성인데, 마침 엔비디아가 인공지능에 사용되는 칩에 투자하며 사업을 확대하고 있었던 것이다.

인공지능은 예상보다 빠르게 사람들의 주목을 끌었다. 생성형 인공지능 기술에 기반한 '챗GPT'ChatGPT라는 혁신적인 서비스가 출시되었기 때문이다. 인공지능에 사용되는 부품이나 장비들에 대한 수요가 지속적으로 상승할 것이라는 내 판단은 적중했고, 마찬가지로 정치적 변수에 영향을 받는 기업을 찾아낼 때마다 주식을 매수해 수익을 얻을 수 있었다.

◆ ◆ ◆

2024년 미국 대통령 선거로 우리는 세계 질서에서 중대한 의미를 가질 변곡점을 맞게 되었다. 트럼프의 귀환은 미국이 걸어갈 두 가지 길을 의미한다. 하나는 고립주의이고, 다른 하나는 보호무역주의다.

먼저 외교 정책 차원에서 트럼프는 미국 우선주의라고 하는 고립주의를 내세웠다. 애초 등장부터 동맹국에 대한 지원과 신뢰보다는 미국이 얻을 수 있는 경제적 이익에 중점을 두었던 그는 미국이 세계 분쟁에 개입해 재정을 낭비하는 일을 그만두어야 한다고 주장했다. 이러한 미국의 고립주의가 세계 질서의 불확실성을 촉발한 것이다.

트럼프가 아니었더라도 미국의 고립주의 경향은 불가피한 측면이 있었다. 미국의 힘이 상대적으로 후퇴하고 있었기 때문이다. 더 이상 세계 곳곳에서 벌어지는 분쟁에 일일이 개입하거나 군대를 파견하기 어려워졌다. 이는 오바마 대통령 집권 때부터 나타났던 징후다.

다음은 경제 정책 차원에서의 보호무역주의다. 트럼프는 미국 저학력 노동자들이 밀집한 러스트 벨트에서 승리하면서 권좌로 돌아왔다. 이들의 일자리를 위해서 트럼프는 미국 제조업을 부활시킬 것으로 예상된다. 그 수단이 고율의 관세를 통한 보호무역주의다. 이는 미국 소비시장에 대한 의존도가 높은 기업들에게는 상당한 위험 요인이다. 해외 기업들은 미국에서 제조 시설을 지어야 하는 비용 부담 압력이 현실화될 것이다. 이에 따라서 수반되는 미국의 인플레이션이라는 거시경제적 위험 요인도 불안감을 가중시킨다.

세계 최강대국 미국이 몰고 올 고립주의와 보호무역주의의 파고에 세계는 불안한 눈빛을 보내고 있다. 미국의 소비시장에 제품을 팔던 기업들은 관세 장벽으로 보호를 받는 미국 제조업들과의 가격 경쟁에 나서야 한다. 그리고 미국이 더 이상 세계를 지켜줄 수 없다는 불안으로 각 국가들은 군비증강에 나서야 하는 상황에 직면했다.

이처럼 트럼프 리스크가 세계에 어두운 안개를 드리우지만, 그럼에도 투자자는 짙은 안개 속에서 빛을 더듬듯 기회를 찾는 사람이다. 수혜를 얻는 산업과 기업은 분명 존재할 것이고, 달러화 가치의 하락으로 다양한 투자 상품에 대한 수요가 증가할 수도 있다. 인플레이션 시대에선 돈을 쥐고 있는 사람이 손해이기 때문이다.

　이 책은 기업과 투자자를 위해 지정학적 리스크를 분석하고, 전망하는 데 목표를 두었다. 기업이 직면한 여러 지정학적 위험에 대해 기업과 투자자의 관점에서 의미를 제시하고 지정학적 위험 요인이 각종 지표에 미친 영향을 보여줌으로써 경영과 투자 판단에 참고가 될 자료를 제공하고자 했다. 이 책은 다수의 싱크탱크 보고서와 국내외 학술 논문들을 바탕으로 쓰여졌다. 외교안보연구원, 국가전략연구원, 대외경제정책연구원 등의 보고서를 '투자를 위한 지정학'이라는 관점에서 다수 참고했으며, 경제안보 관련 주요 최신 연구 성과들을 반영했다. 그동안 지정학적 리스크가 기업 실적이나 투자 실적에서 갖는 의미가 무엇인지 보여주는 책들을 찾아보기 힘들었는데, 바로 이 점이 기존의 책들과 이 책의 차별점이라 생각한다. 독자들이 이 책을 통해 투자라는 관점에서 지정학을 바라보고, 다양한 변수들을 고려해 성공적인 판단을 하는 데 도움이 된다면 더 바랄 것이 없겠다.

2024년 11월

이재준

세계는 정치에서 시작해 경제로 끝난다

세계 제일 패권국이 사라진다는 두려움
미국 대선 리스크

제3장

국가 주도 혁신은 성공할 수 있을까

중국 공산당 리스크

제4장

미중 갈등이 불러올 퍼펙트 스톰

강대국 복합 경쟁 리스크

제5장

부의 원천, 바다를 둘러싼 첨예한 대립
인도·태평양 리스크

제6장

대만의 위기가 가져올 나비효과 시나리오
대만해협 리스크

제7장
러시아-우크라이나 전쟁과 한국의 방위산업
유라시아 리스크

제8장
중동 무장단체는 무엇을 노리는가
중동 리스크

변화무쌍한 상황 속에서 기회와 위기가 동시에 존재하는 것이 바로 투자의 세계다. 그러므로 국제정치 환경에서 정치적 리스크는 기업의 수익에 직접적인 영향을 미칠 수밖에 없다. 실제로 2020년을 전후로 '경제안보'의 가치가 부각되며 지정학적 변수는 투자에서 중요한 의미를 갖게 되었다. 미래를 알 수만 있다면 부의 기회를 쉽게 잡을 수 있다. 그리고 현실 세계에서 미래를 예측하는 방법은 바로 변수를 발견하는 것이다.

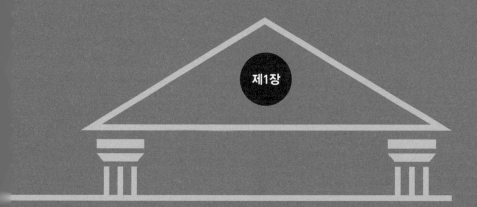

세계는 정치에서 시작해
경제로 끝난다

제1장

GEOPOLITICS:
RISKS AND OPPORTUNITIES

경제안보, 정치와 경제의 상호 침투에서 살아남기

최근 정치적 변수는 경제에서 중요한 의미를 갖게 되었다. 2020년을 전후로 '경제안보'Economic Security의 가치가 부각되었기 때문이다. 경제안보는 무엇을 의미할까? 국가 경제에 대한 다른 국가의 위협에서 국가안보를 수호하는 것이라고 정의할 수 있다. 다시 말해 자유로운 국제무역질서가 국가 간 갈등이나 정치적 의도에 의해 교란되는 일련의 흐름 속에서 자국의 경제와 산업을 보호하는 것이 바로 경제 안보다.

정치적 의도에 의해 세계의 무역질서가 교란되는 상황에서는 경제가 자유시장경제에 따라 독립적으로 움직이는 것이 아니라, 정치적 문제에 영향을 받으며 흔들린다. 경제안보는 정치와 경제가 분리되지 않고 혼합되는 상황에서 나타나며, 결과적으로 경제 문제에서 정치적 변수의 비중이 확대된다.

한국의 메모리 반도체를 예로 들어 설명해보자. 반도체 시장은 1980년대 초반 개인용 컴퓨터Personal Computer, PC 가 대중화되면서 급속하게 성장했다. 반도체 산업이 활성화되면서 미국 내 인건비가 상승하고, 디자인 및 공정비용 등이 증가하는 문제가 생겼다. 그러다 국제적인 분업 구조를 형성하는 쪽으로 변화하기 시작했는데, 이는 반도체의 생산 단가를 낮추기 위한 자연스러운 현상이었다.

이에 따라 반도체 산업은 미국, 유럽, 일본, 한국 등에 분산된 국제적 가치사슬Value Chain 로 발전하게 된다. 그런데 여기에는 문제가 있었다. 반도체 산업이 취한 국제적 분업 구조로 생산비용을 낮추는 것은 가능해졌지만, 그만큼 국가 간 정치적 갈등에 취약해졌다. 미중 전략 경쟁에 따라 미국은 반도체 공급망을 통제하고, 전기자동차 배터리에 쓰이는 중국산 소재의 수입을 제한했다. 또 한국 대법원이 과거 일제시대 조선인 강제징용 피해자에게 일본 기업의 배상 판결을 내리자 일본 정부는 한국을 대상으로 반도체 제조에 필수적인 소재와 부품에 대한 수출 통제에 나섰다. 우크라이나와의 전쟁 때문에 러시아는 미국과 서방으로부터 첨단기술 제조업에 사용되는 희귀 광물 수출에 제재를 받기도 했다.

이런 정치적 문제는 산업에 큰 영향을 미친다. 새로운 국가가 반도체 산업에 뛰어들기 위해서는 국가 간의 우호적 관계가 필수다. 만일 국제적으로 분업화된 반도체 공급망을 안정적으로 유지하지 못한다면, 반도체 생산이 큰 난관에 빠질 수 있기 때문이다. 한국의 반도체 산업은 이런 국제적 이해관계에서 자유롭지 못하다. 다른 국가의 위협으로 타격을 받을 수 있기 때문에 안보적 문제가 될 수 있다. 바로 이를 '경제안보'라고 한다.

경제안보라는 말은 이전에도 있었지만, 본격적으로 회자된 시기는 2020년 전후다. 이는 경제안보 문제가 이 시기부터 부각되었음을 의미한다. 미국과 중국의 전략 경쟁이 본격화했고, 세계 곳곳에서 크고 작은 무력 분쟁이 벌어졌다. 그 결과 국가 간 지정학적 리스크가 기업들의 국경을 넘어선 경제 거래에 훼방을 놓기 시작했다. 냉전 시기에도 경제안보는 그리 심각하지 않았다. 미국 중심의 자유 진영과 소련 중심의 공산 진영으로 나뉘긴 했지만, 적어도 같은 진영 내에서는 경제안보 문제가 나타나지 않았다.

특히 자유 진영 내에서는 정치적 갈등으로 인한 무역이나 국제적 분업 구조에 장애가 거의 없었다. 그러다 소련을 위시한 공산권이 무너지면서 공산-자유 진영 간에 막혀 있었던 장벽마저 사라지게 되었다. 냉전이 끝난 이후 미국 중심의 자유무역질서는 점점 더 공고화되었고, 국제적 분업 구조가 더욱 심화하는 모습이 나타났다. 이를 다른 말로 미국 중심의 신자유주의 혹은 세계화라 일컫는다. 국가 간 장벽이 허물어지는 탈근대적 세계 질서가 출현한 것이다.

기업들은 생산 단가를 낮추기 위해 여러 국가에 걸쳐서 부품, 소재를 공급받아 완성품을 만들어왔다. 반도체의 경우 칩 설계는 미국에서, 소재는 일본에서, 설비는 네덜란드에서 하는 등 분업화가 되어 있다. 중국이 반도체를 제조하기 위해서는 이들 국가에 위치한 기업들과 공급망을 확보해야 하는데, 미국이 중국을 견제하기 위해 여러 국가들에 분산된 공급망을 통제하는 조치를 취했다.

흥미로운 점은 중국의 대응이었다. 미국의 대중 무역 제재에 대응하면서 이른바 '미러링 컴퍼니'mirroring company를 만든 것이다. 중국은 반도체 전체 공급망을 해부해 미국에 의존적인 부품을 선별한 다음, 미국 기업을 대체할 기업을 자국 내에 정부 주도로 설립했다.

◦ 미러링 컴퍼니 ◦

중국은 해외 공급망 중에서 미국의 대중 무역 제재 때문에 대중 수출이 어려워질 수 있는 기업을 선정해, 이와 유사한 기업을 중국 정부 주도로 설립했다. 해외의 기업을 마치 거울처럼 똑같이 만든다는 의미로 붙여진 용어다.

누가 적이고 누가 동지인가? 탈냉전 시대의 복잡성

  제2차 세계대전 이후 강대국 간의 전쟁 가능성은 낮아졌다. 역설적이게도 핵무기의 등장으로 국제정치 차원에서 평화가 유지된 것이다. 이른바 공포의 균형이다. 이는 국제경제가 위협에 노출될 가능성 또한 낮아진 것으로도 볼 수 있다.

  냉전 시대에는 군사력을 사용하는 데 한계가 생기면서 반대급부로 경제 제재와 같은 수단들이 사용되기도 했다. 하지만 이는 세계 경제에서 차지하는 비중이 낮은 국가에 주로 적용되었다. 미국이 주도하는 자유 진영 내에서는 국제경제 거래가 자유롭게 이뤄졌기 때문에 이런 변화가 세계 경제에 끼치는 영향이 크지 않았다. 다시 말해 소련에 대한 미국의 봉쇄 정책이 자유 진영 내 국가들의 경제에는 거의 영향을 미치지 않았다는 뜻이다.

  정치와 경제의 분리 구조는 탈냉전 이후 세계화가 본격화된 1990년대 이후에도 유지되었다. 미국으로 대표되는 서구와 그 동맹 파트너들을 중심으로 했던 자유 국제시장 질서가 이제는 전 세계로 확대된 것이다. 미국은 세계무역기구World Trade Organization, WTO를 중심으로 자유무역질서를 구축했다. 미국이 주도하는 자유무역질서의 확대는 세계적 차원에서 생산 분업화를 가져왔다. 하나의 제품을 생산하는 데 여러 국가의 관계가 거미줄처럼 얽히게 된 것이다.

완성품을 생산하기 위해 필요한 공정을 여러 국가에 나눠 주었고, 분업화를 바탕으로 생산비용을 낮출 수 있었다. 이러한 국제적 분업 구조를 '전 지구적 가치사슬'Global Value Chain 이라 한다.

탈냉전 이후 세계화와 자유무역질서를 바탕으로 형성된 전 지구적 가치사슬은 세계 경제를 안보적 위협에 노출시키는 요인으로 작용한

◦ 전 지구적 가치사슬 ◦

가치사슬이란 맥킨지 컨설팅McKinsey Consulting에서 최초로 제시하고, 하버드 경영대학원의 마이클 포터Michael E. Porter 교수가 발전시켜 대중적으로 널리 알린 개념이다. 포터 교수는 기업이 제품 또는 서비스를 생산하기 위해 원재료, 노동력, 자본 등의 자원을 결합하는 과정에서 부가가치가 창출되는 것을 가치사슬이라는 모델로 정립했다. 글로벌 가치사슬이라는 용어는 원래의 가치사슬이라는 용어가 가지는 의미에 세계화의 개념을 결합한 것이다. 세계화가 급속도로 진행된 현재, 기업들은 그들의 가치사슬을 전 세계로 확대해 나가고 있으며 어떤 기업도 독자적으로 상품과 서비스를 생산해낼 수 없다. 현대의 기업은 글로벌 경영 여건, 지리적 위치, 생산요소 부존도 등을 감안해 비교우위가 있는 경영 환경에서 기업 활동을 수행한다. 즉 글로벌 가치사슬은 상품과 서비스의 설계, 생산, 유통, 사용, 폐기 등 전 범위에 이르는 기업의 활동이 운송 및 통신의 발달로 세계화되는 것을 의미한다.

다. 그 계기는 바로 '미중 전략 경쟁'이었다. 개혁개방 이후 중국은 풍부하고 값싼 인력을 바탕으로 전 지구적 가치사슬에서 핵심적 역할을 수행한다. 미국이 제품을 기획·개발·설계하면 중국에서 이를 생산한 것이다. 그리고 이러한 분업 구조가 미국과 중국의 '커플' 관계를 만들어내며 시너지를 창출했다.

그 과정에서 미국 기업은 아웃소싱, 오프쇼어링 등을 활용해 중국을 중심으로 부문별한 가치사슬을 만들었다. 중국의 공장들은 값싼 인건비, 물류비를 바탕으로 의약품부터 배터리에 이르기까지 모든 제품을 생산했다. 급격히 쇠퇴하는 미국의 제조 역량을 중국이 메꿔준 셈이다. 이는 결국 미국의 기술이 중국으로 이전되는 결과를 낳았다.

기업이든 국가든 동업자의 관계가 좋을 때는 문제가 없지만 갈등이 생겨나면 생각지 못한 문제들이 발목을 잡는다. 동업자들이 갈라서는 이유는 명확하다. 이익을 나누는 데서 문제가 생기거나 서로 분담했던 역할과 선을 넘어섰기 때문이다. 미국과 중국도 점점 갈등이 쌓이면서 관계에 금이 가기 시작했다. 이를 탈동조화, '디커플링'De-coupling 이라 부른다.

미국은 첨단기술을 바탕으로 제품을 개발하고 기획해왔는데, 중국이 자신의 역할을 넘어 첨단기술 영역까지 진출하려 한 것이다. 중국이 선을 넘어 미국의 영역을 탐하면서 갈등이 시작되었고, 이는 미국과 중국의 가치사슬 구조에 변동을 가져왔다. 그뿐만이 아니다. 그동안 중국은 세계의 공장 역할을 하면서 상당한 달러를 벌어들였으며, 이 돈으로 무기를 개발하면서 군비 증강에 나섰다.

중국은 항공모함을 순차적으로 건조하면서 아시아·태평양 지역으로 군사력을 투사할 수 있는 역량까지 갖추고 있었다. 미국 입장에서 이를 그대로 두고 볼 수는 없었을 것이다. 미국은 중국의 패권이 확대되는 것을 차단하고, 중국의 첨단기술 획득을 막아야만 했다. 먼저 미국은 중국의 첨단기술 장악을 저지하기 위해 중국산 상품에 고율의 관세를 매기는 방법을 택했다. 그리고 이 과정에서 미국과 중국을 중심으로 복잡하게 얽혀 있는 가치사슬 혹은 공급망에 교란이 나타나게 되었다.

국가 간의 갈등이 불거진 것은 미중 전략 경쟁만이 아니다. 세계 곳곳에서 공급망을 위협하는 일들이 벌어졌다. '러시아-우크라이나 전쟁'이 대표적인 예다. 2021년 블라디미르 푸틴 대통령이 이끄는 러시아가 우크라이나를 침공했다. 미국은 이를 막고자 러시아에 대한 경제 제재를 단행했으며, 서방 국가들은 물론 한국과 일본 역시 동참했다. 이에 따라 러시아의 천연가스 공급이 중지되었고 러시아와의 무역에 전면적인 차질을 빚게 되었다.

러시아-우크라이나 전쟁은 재래식 무기를 동원한 전면전 양상으로 펼쳐졌다. 이 전쟁이 지옥의 문을 열었다는 평가도 나왔다. 이후 국제적 갈등이 속속 터져 나왔기 때문이다. 먼저 대만에 대한 중국의 군사력 동원 가능성이 제기되었다. 시진핑 국가주석은 대만과 통일하기 위해 군사적 수단을 배제하지 않을 것임을 밝혔다. 중동에서는 이스라엘과 이란이 후원하는 무장 정치단체 간의 군사적 충돌이 빈번하게 일어났다. 이러한 국제정치적 위험 요소는 탈냉전 이후 구축해온 가치사슬을 교란하는 결과로 이어졌다.

경제적 수단으로 정치적 목적을 달성하다

경제안보 개념과 유사한 용어인 '경제통치술'Economic Statecraft 에도 주목할 필요가 있다. 경제통치술은 어떤 국가가 경제적인 영향력을 이용해 다른 국가에 정치적 목적을 관철하고자 하는 방식을 말한다. 국가들이 오랫동안 무역을 지속하는 경우 경제적인 상호의존이 생겨난다. 이러한 상호의존성이 때로는 정치적 무기가 될 수 있다. 매번 그 국가에서 구해오던 부품이나 자원이 있었는데, 어느날 갑자기 정치적 요구를 들어주지 않는다면 그 부품이나 자원을 팔지 않겠다고 나서는 것이다. 갑자기 공급처를 바꿀 수도 없고, 자국에서 해당 부품, 자원을 만들어내기도 어려워 국가 경제가 큰 곤란을 겪게 된다. 결국 상대의 정치적 요구를 수용하면서 해당 부품과 자원을 사올 수밖에 없다. 즉 경제통치술은 국가가 다른 국가에 정치적 영향력을 행사하기 위해 경제적 자원을 활용하는 것이다. 이처럼 상호의존성은 때로는 다른 국가에 압력을 행사하는 수단이 된다.

대표적인 사례가 중국의 희토류다. 희토류는 전기차, 군사 장비, 배터리 등을 제조할 때 필수적인 자원이지만 매장된 지역이 한정적이라 생산 가능한 국가가 극히 적다. 세계 최대 희토류 생산국인 중국은 희토류 생산을 계속 늘리는 한편, 일본을 압박하기 위한 수단으로 자국이 생산하는 희토류 수출을 통제했다. 중국을 굳게 믿고 희토류 수입을 의존해온 일본 기업 입장에서는 중국의 정치적 요구를 들어줄 수밖에 없다. 이처럼 경제통치술은 국가 사이에 경제적 거래 관계가 지속될 것이라는 믿음이 있을 때 효과를 발휘할 수 있다. 또 해당 자원을 수입하지 못해 경제적 곤란을 겪는 국민들의 여론에 정부가 민감하게 반응할 때 경제통치술은 더 큰 영향력을 갖는다. 해당 국가의 정치적 요구를 들어주고 수출 통제를 풀어달라는 압력을 국민들이 정부에 가하는 것이다.

경제통치술에 활용되는 경제 제재에는 부정적인 방식과 긍정적인 방식 두 가지가 있을 수 있다. 먼저 부정적인 경제 제재의 경우 무역 부문에서는 봉쇄, 보이콧, 관세, 최혜국대우 폐지가 있고 자본 부문에서는 자산동결, 수출입 통제, 원조 중지, 국유화, 세금부과 등이 있다. 이러한 경제 제재에는 실제로 집행하는 것뿐만 아니라 위협threat도 포함된다. 긍정적인 경제 제재에는 원조, 투자 등의 조치 등을 들 수 있다. 경제적 유인을 제공하는 것이기에 제재라는 말이 다소 어울리지 않지만 말이다.

경제통치술은 경제적인 수단을 이용해 국가의 비경제적인 목적, 대체로 정치적인 목적을 달성하려는 행위 자체만을 의미한다. 경제가 경제안보에서는 '목적'이 되는 것과 달리, 경제통치술에서는 '수단'으로 작용할 뿐이다.

소비 시장도 경제통치술에서 자주 사용되는 수단 중 하나다. 2010년 노르웨이 노벨위원회는 중국 반체제 인사이자 인권 운동가인 류샤오보劉曉波를 노벨 평화상 수상자로 선정했다. 이는 중국의 심기를 건드렸고, 중국은 노르웨이와의 자유무역협정Free Trade Agreement, FTA 협상을 무기한 연기한 채 노르웨이산 연어를 집중 타깃으로 삼았다. 중국의 수입 제재로 2010년 1만 1,000톤을 수출하며 중국 시장의 90퍼센트 이상을 차지했던 노르웨이산 연어는 이듬해인 2011년에는 수출량이 70퍼센트 수준으로 급감했다. 냉각되던 양국의 관계가 개선되기 시작한 것은 2015년 노르웨이가 아시아인프라투자은행AIIB 창립회원국에 가입하면서부터로, 중국은 2016년 12월 노르웨이와 관계 정상화를 선언했다.

중국의 거대한 시장은 글로벌 기업들에게는 매력적일 수밖에 없으며 놓치기 아까운 것이 사실이다. 그런 이유로 중국의 시장은 외교적 압력 수단으로 활용되기도 한다. 스웨덴 패션 브랜드인 H&M은

2020년 9월 웹사이트에 올린 성명에서 "신장의 강제 노동과 소수민족 차별 관련 보도에 깊은 우려를 표한다."라며 "이 지역에서 생산되는 면화 구매를 중단했다."라고 밝혔다. 면화 산업 비영리단체인 '더 나은 면화 계획'Better Cotton Initiative, BCI이 신장 면화에 대한 승인을 중단했음을 근거로 이와 같은 결정을 내린 것이다.

이후 반년 넘도록 중국 내에서는 아무런 반응이 없었다. 그러다 유럽연합European Union, EU과 미국, 영국, 캐나다 등이 신장의 위구르족 인권 탄압을 이유로 중국 인사들에 대한 제재를 발표하는 일이 벌어졌다. 그러자 중국 소비자들은 뒤늦게 H&M 불매운동에 돌입했다. 중국은 공산주의청년단 등을 통해 H&M이 과거에 발표한 성명을 대중에게 부각시켰다. 웨이보(중국판 트위터) 등에 이 내용이 확산되면서 하루 이틀 사이 불매운동에 불이 붙었다. 이어 나이키도 주요 불매 대상으로 떠올랐다. 나이키 역시 과거 신장의 강제 노동과 관련한 보도에 우려를 표하며 "나이키는 이 지역에서 제품을 공급받지 않는다."라는 성명을 발표한 적이 있기 때문이다. 일부 중국 누리꾼은 나이키 신발을 불에 태우는 동영상을 인터넷에 올리며 분노를 표출하기도 했다.

경제통치술이 언제나 상대 국가에게 정치적 의지를 관철할 수 있는 효과적 수단인 것만은 아니다. 경제적 상호의존으로 인해 경제통치술을 사용하는 국가 역시 경제적 대가를 치러야 할 수도 있기 때문이다. 2021년 가을 중국의 대규모 정전 사태를 들여다보자. 전력 생산의 대부분을 석탄에 의존하는 중국의 연간 석탄 수입량은 세계 최대 규모로, 그중 호주산이 4분의 1을 차지한다. 코로나19 발생 당시, 호주가 발병의 원인 규명을 촉구하자 중국은 호주산 물품에 대한 수입 중단 조치를 취했는데, 이 과정에서 호주산 석탄 수입까지 중단했다. 이는 당연하게도 화력 발전량 저하로 이어졌다.

경제안보, 경제통치술은 경제에서 정치적 변수가 차지하는 비중이 확대되고 있음을 보여준다. 자유무역질서가 약화되는 상황에서 정치적 변수가 더욱 중요한 의미를 갖게 된 것이다. 특히 탈냉전 이후 형성된 전 지구적 가치사슬 때문에 역설적으로 국가 간 정치적 충돌과 갈등이 미치는 영향력은 더욱 확대되는 모습을 보이고 있다. 우리는 자유무역질서로 구축해왔던 국가 간 경제협력이 정치적 무기로 변모해버린, 위험한 시대에 살고 있다.

◇ **경제통치술** ◇

자국의 외교적 목적을 달성하기 위해 경제적 수단을 활용하는 방식을 말한다. 특히 중국은 이러한 경제적 영향력을 자국의 정치적 영향력으로 적극 활용한다.

정치는 세계 경제를 어떻게 흔들어놓는가?

경제안보는 국가 차원에서 보면 정치적 변수다. 그리고 정치적 변수는 기업 차원에서는 정치적 리스크로 나타난다. 다른 말로 설명하자면 정치적 리스크는 정부 관료의 조치가 기업에 중대한 영향을 미칠 가능성이다. 이러한 리스크에는 다양한 사람과 조직의 정치적 행동이 미치는 충격까지 포함된다.

단, 기후변화와 경제적 위험은 정치적 리스크에서 제외된다. 기후변화 자체는 전 세계적인 주요 현안이지만, 정치적 행위에 따른 문제라고 보기 어렵기 때문이다. 다만 기후변화는 사회운동과 새로운 규제부터 내전, 국가 간 분쟁에 이르기까지 다양한 정치적 행동을 촉발하는 원인이 될 수 있다. 따라서 기후변화가 정치적 행동을 촉발한다면 이 경우에는 정치적 리스크로 봐야 한다.

그렇다면 경제적 위험은 왜 정치적 리스크에 포함되지 않는 것일까? 이는 대부분의 기업이 이미 인플레이션, 노동 시장, 성장률, 1인당 국민소득 등 경제 지표를 고려해 행동하고 있기 때문이다.

정치적 리스크를 단순하게 말하자면 정치적인 문제로 기업의 이윤 추구 활동에 제약이 생기는 것이라 할 수 있다. 예를 들어 어떤 한국 기업이 전기자동차 배터리를 생산해 이윤을 얻는다. 그런데 중국이 한국과 외교적 갈등을 이유로 배터리 생산의 필수 자원인 희토류 수출을 통제하는 사건이 벌어진다면, 이는 정치적 리스크라 할 수 있다.

경영학에서 정치적 리스크는 국가 위험의 일종으로 일련의 정치적 변화로 야기되는 차입자의 지불거절, 채무불이행, 투자 활동 중단 및 진출 기업의 철수 등 제반 사태의 변화를 의미한다. 정치적 불확실성, 정치적 불안정 등 비슷한 의미의 용어들이 있지만, 가장 많이 사용되는 것은 '정치적 리스크'다.

정치적 리스크는 다국적 기업의 자산, 수익에 손해를 줄 수 있는 정치적 사건들이 발생할 가능성을 일컫기도 한다. 기업의 경영 활동에 대한 외국 정부 혹은 자국 정부의 개입 역시 정치적 리스크에 해당한다. 이때 기업의 국제 경영 활동에서는 자국 정부의 개입이나 영향보다는 외국 정부의 정책에 더 민감할 수밖에 없다. 예측과 대응이 더 어렵기 때문이다.

정치적 리스크는 변화되는 상황에서 더 커진다는 점이 중요하다. 변화가 없는 안정된 상태에서 정치적 리스크가 크게 작용할 일은 별로 없다. 계속 존재하는 위험은 더 이상 위험이라고 할 수 없으니 말이다. 어떤 상황이 벌어질지 이미 예상할 수 있고, 그에 따른 매뉴얼 수준의 대응이 가능하기 때문이다.

독재 국가와 거래할 때는 아무래도 민주주의 국가에 비해 정치적 리스크가 발생할 가능성이 높다. 하지만 독재 정치 자체가 정치적 리스크는 아니다. 독재 국가라 해도 기업 경영에 영향을 미치는 경제

정책이나 대외 정책이 일관되게 나타난다면 정치적 리스크가 발생할 가능성은 낮아진다. 예측하고 대응할 수 있어서다. 반면 민주주의 국가라 해도 정책 변화가 급격하다면 정치적 리스크가 발생할 가능성이 높아진다. 독재 국가인지 민주주의 국가인지와 정치적 리스크의 발생 가능성이 정비례하는 것은 아니란 뜻이다.

도널드 트럼프 미국 대통령의 재집권 가능성에 기업과 투자자들의 관심이 집중되었던 것도, 트럼프가 이전의 미국 대통령들과 달리 매우 큰 정책의 변화를 가져올 것으로 예상되기 때문이었다. 트럼프는 1기 행정부 당시 대외적으로 관세를 동원해 중국에 대한 무역 제재를 가하면서 전 지구적 공급망에 큰 변화를 가져온 바 있다.

이처럼 정치적 리스크가 발생하려면 '변화'와 '기업'이라는 측면에서 두 가지 요건을 갖춰야 한다. 첫째, 예측하기 어려운 정치적 변화가 있어야 한다. 둘째, 정치적 변화가 기업 활동에 영향을 미쳐야 한다. 앞서도 말했듯 정치적 변화 자체가 정치적 리스크는 아니다. 정치적 변화가 기업의 투자, 이윤에 영향을 미칠 때 비로소 이를 정치적 리스크라 할 수 있다. 기업의 수익성은 투자라는 맥락에서 주가의 흐름과 연결된다. 정치적 리스크로 기업의 수익성이 떨어지면 주가는 그만큼 하락하는 경향을 보인다.

이런 점들을 놓고 보면 정치는 기업에 중대한 영향을 미칠 수밖에 없으며 정치와 경제는 떼어놓고 생각하기 어렵다. 오늘날 기업들은 현대 역사상 가장 복잡한 국제정치 환경에 놓여 있다. 과거 냉전 시기에는 미국과 소련 간의 초강대국 경쟁으로 적과 동맹이 비교적 명확하게 구분되었고, 경제와 안보 역시 그 구분이 명확했다. 세계가 미국이 주도하는 자유 진영과 소련이 주도하는 공산 진영이라는 두 블록으로 명확하게 나뉘어 있었기에 불확실성이 낮았던 것이다.

냉전 시기 국제정치적 위험은 지속될 것으로 예상이 가능했기에 어찌 보면 위험이 실제로는 위험이 아니었다. 이와 달리 최근의 국제정세는 복잡하고 불안정하며 불확실하다. 부상하는 국가, 쇠퇴하는 국가, 실패한 국가, 불량 국가 등이 뒤섞여 있으며 테러 조직을 비롯한 비국가 행위자들도 존재한다. 이전에 비해 기업이 처한 국제정치 환경이 훨씬 복잡하고 불확실하다는 의미다. 이해관계가 복잡하게 얽힌 상황에서는 적과 동지를 구분하기 어렵다. 상황에 따라 적과 동지가 바뀌기도 한다. 이처럼 경제 문제는 안보, 정치와 밀접한 관련성을 갖는다.

기업은 글로벌 공급망으로 생산비용을 절감할 수 있다. 해외 공급망을 활용해 소규모 기업도 낮은 해외 임금, 낮은 물류비, 더 나은 재고 관리의 이점을 누리는 것이 가능하다. 하지만 공급망 혁명이 이점만 가져다주는 것은 아니다. 여기에는 어두운 면도 있다. 글로벌 공급망이 길어지고 복잡해지면 기업은 해외의 원거리 지역에서 발생하는 문제에 더 취약해질 수밖에 없다. 정치적 위험 때문에 고객에게 상품과 서비스를 공급하는 데 차질이 생길 가능성 역시 그만큼 높아진다.

2014년 5월 중국이 남중국해 파라셀 군도에 해상 석유 시추 설비를 설치했을 때의 일이다. 이 해역은 베트남의 배타적 경제수역에 속해 있었다. 베트남 정부는 중국에 즉각 항의했다. 베트남 해안경비대 초계정이 중국의 석유 시추 설비 설치를 저지하려 접근하자, 장비를 둘러싸고 있던 중국 선박들이 이를 막아섰고 그 과정에서 베트남 측 부상자들이 발생했다. 이 사건으로 베트남에서는 대규모 반중 시위가 벌어졌고, 베트남 소재 중국 기업 공장들이 습격받기도 했다. 세계 최대 의류 및 장난감 도매업체 중 하나인 리앤펑의 공급업체들은 일주일 동안 베트남 공장을 폐쇄해야 했고 이 일로 미국으로의 상품 배송도 지연되었다.

정치적 리스크와 진화하는 위기

지금 세계에서는 국가 간 여러 분쟁들이 벌어지고 있다. 유럽에서는 러시아가 우크라이나를 침공해 전쟁이 지속되고 있으며 동아시아 지역에서는 중국과 대만의 군사 충돌 상황이, 한반도에서는 북한이 무력 도발하는 상황이 우려된다. 중국, 러시아, 북한 등 권위주의 국가들의 결속에 대항해 미국은 자유주의 국가 간 연대를 기치로 내걸었다. 이른바 '가치 전쟁'이다.

국가 간 갈등은 기업의 국제적 사업 거래에서 심각한 장애를 일으키는 요인이 된다. 쿠바의 기업들은 미국의 장기간 봉쇄로 미국과의 거래가 막힌 바 있다. 또한 미국은 이란을 악의 축, 불량 국가 등으로 비난하면서 오랜 시간 경제 봉쇄 정책을 취했다. 이란은 원유 자원이 있음에도 미국의 대이란 제재로 수출에 어려움을 겪어왔다.

그뿐만이 아니다. 국가 간 갈등은 공급망에 지장을 초래하기도 한다. 2013년 5월 9일 조업 중이던 대만 어선이 필리핀 해양경비대의 총격을 받아 어선에 타고 있던 어민 한 명이 숨지는 사건이 발생했다. 이 사건을 놓고 양국의 첨예한 대립이 지속되었다.

필리핀 해양경비대는 불법조업 중이던 대만 어선이 필리핀 영해에서 필리핀 경비정을 들이받으려 했기 때문에 이에 대한 대응 조치로 총격을 가했다고 발표했다. 대만 정부는 이 발표에 반론을 제기했다. 항해기록장치 분석 결과, 해당 어선이 필리핀 영해를 침범하지 않았으며, 총격이 배타적 경제수역 중첩지역에서 일어났다고 반박했다.

이 일로 대만 정부는 필리핀 노동자 수입을 동결하고 필리핀 주재 자국 대표부를 철수시켰다. 이어 적색 여행경보 발령, 고위급 교류 중단, 경제 협력 중단, 농어업 협력 중단, 과학기술 협력 중단, 항로권 협상 중단, 온라인 비자 면제 신청 중단 등의 조치를 단행했다. 심지어 대만 해군은 총격 사건이 발생한 해역에서 군사훈련도 실시했다.

대만과 필리핀의 충돌은 기업들에도 많은 영향을 미쳤다. 특히 필리핀에서 대만 공장으로 부품을 정기적으로 가져오던 다수의 대만 IT 기업들이 심각한 압박을 받았다. 또 필리핀 노동자의 유입이 막히면서 대만 제조업체들은 제품 제조에 상당한 곤란을 겪어야만 했다. 이처럼 국가 간의 정치적 갈등은 타국의 시장 접근에 심각한 제한을 가져온다. 정부가 다른 국가에 정치적 압력을 행사하기 위해 고율의 관세를 매기면서 자국 시장에 물건을 팔 수 없도록 하는 것이 대표적이다.

2016년 7월 8일 한국은 한국 주둔 미군의 고고도미사일방어체제Terminal High Altitude Area Defense, THAAD(사드)를 공식 발표했는데, 이에 중국은 크게 반발했다. 이후 중국에서는 한국에 대한 경제 제재 조치인 한한령限韓令이 내려졌다. 물론 공식적으로 밝힌 사안은 아니다. 하지만 사드 발표 이후 중국 시장에서 한국산 제품에 대한 대대적인 불매운동이 벌어졌다.

중국은 거대한 시장을 바탕으로 분쟁을 겪고 있는 국가들을 대상으로 자국 시장에 대한 접근을 제한하는 조치들을 취해왔다. 특히 한국의 경우, 아이돌 그룹의 중국 공연이 금지되었으며 한국 드라마도 방영이 전면 중지되었다. 중국 시장에 대한 의존도가 높은 한국은 중국과의 갈등으로 상당한 경제적 손실을 감수해야만 했다.

세계 곳곳에서 끊임없이 일어나는 전쟁은 어떨까? 전쟁은 무역 거래 중단은 물론 원자재 가격 상승, 투자 위축 등 다양한 형태로 기업의 이윤 저하를 초래할 수 있다. 전쟁은 국가 간에도 일어날 수 있지만, 국가 하부 단위에서도 일어날 수 있다. 여러 전쟁이 동시에 일어나는 다중 분쟁의 가능성도 점점 커지는 추세다. 이라크와 시리아 등에 걸쳐 형성된 이슬람 국가Islamic State, IS는 정부군과 전쟁을 벌이면서 중동 정세의 불안을 야기했다. 이러한 중동 정세의 불안은 결과적으로 유가 상승의 위험을 부추겼다. 우크라이나 전쟁 역시 세계적인 곡물 가격의 상승을 초래했다.

전쟁은 크게 두 가지 형태로 기업의 수익성을 악화시킬 수 있다.

첫째, 전쟁은 잠재적으로 수익성이 높은 지역에 대한 투자, 영업 활동을 차단한다. 기업이 특정 지역에서 영업을 하거나 특정 지역으로 진출하는 것 자체가 위험할 수 있다. 1974년, 많은 외국 기업의 지역 본사가 있던 레바논은 글로벌 경제의 중심지였다. 그러나 1년 후인 1975년 말, 레바논 베이루트나 다른 주요 도시에 남아 있던 모든 기업이 심각한 전쟁 위험에 직면하게 된다. 레바논의 이슬람교도와 기독교도 사이에 자리하고 있던 종교적 갈등이 내전으로 번졌기 때문이다. 이 내전은 레바논에 진출한 다국적 기업들이 철수하는 사태를 불러왔다.

둘째, 전쟁으로 특정 지역을 위험에 빠뜨리면서 공급망을 방해할 수 있다. 상품 운송, 해외 기업과의 협력이 전쟁으로 무너지면서 공급망에 장애가 나타나는 것이다. 이란은 이라크의 석유 수출을 가로막기 위해 걸프 해역을 공격했다. 이 공격은 핵심 해상교통로인 걸프 해역의 해운 물류를 위축시키는 결과를 가져왔다.

그렇다면 국가 간 갈등만이 정치적 리스크에 포함될까? 사실 테러리즘 같은 비국가 형태의 갈등도 정치적 리스크에 포함된다. 테러리즘은 정치적 지지를 얻기 위해 무력을 사용하는 것을 목표로 하므로, 적에게 최대의 심리적 충격을 주는 방법을 고안한다. 대표적인 것이 2001년 9월 11일 발생한 세계무역센터 쌍둥이 빌딩 폭파 사건이다. 이슬람 근본주의 테러 조직 알카에다가 민간 항공기를 납치해 빌딩에 충돌시켰고, 이 모습은 전 세계인에게 큰 충격을 안겼다.

◆ ◆ ◆

최근 지정학적 상황 변화는 비대칭 전쟁 능력의 발전을 가져왔다. 비대칭 전쟁은 주로 국가와 비국가 무장단체 사이에 벌어지는 전쟁을 의미하며 테러와의 전쟁이나 게릴라 전쟁 등이 포함된다. 우려되는 것은 과격 무장 정파가 손쉽게 구하고 사용할 수 있는, 값싸고 효과적인 무기들이 대거 개발되고 있다는 점이다.

이는 기존 정치체제에 반대하는 무장단체의 능력이 국가에 피해를 입힐 수 있을 만큼 비정상적으로 높아졌음을 의미한다. 서방 강대국이 다른 국가의 주요 경제 중심지를 파괴하려면 수백 명의 기획자,

분석가, 기술자를 투입해야 한다. 수천만 달러에 달하는 고가의 항공기와 군수품도 동원된다. 그런데 이슬람 급진주의 테러 조직인 알카에다 요원들은 9.11 테러에서 약 100만 달러의 예산으로 동일한 결과를 달성했다.

이뿐만이 아니다. 무장단체의 비대칭 전쟁 능력이 발전하고 있음을 증명하는 예는 많다. 팔레스타인을 지원하기 위해 후티 반군은 로켓과 드론 공격을 통해 홍해 해상교통로의 안전을 위협했다. 국제 암시장에서는 정교한 무기, 폭탄, 화학무기 재료가 활발하게 거래되고 있다. 무장단체의 대량 살상무기 사용 가능성이 증대하고 있으며, 주요 기반 시설에 대한 공격 수단도 고도화되는 추세다. 인터넷을 활용해 조직원을 모집하거나 무장단체들이 서로 협력하는 결속도 나타난다.

전쟁, 테러처럼 심각한 수준의 리스크는 아니지만 정부나 국유 기업의 일방적 계약 파기 역시 정치적 리스크에 들어간다. 계약 취소는 정부 또는 국영 기업이 외국 기업과 계약을 체결하고, 계약이 일부 이행된 후 일방적으로 계약을 취소하는 것을 말한다. 이는 다국적 기업들에게 빈번한 손실을 입히는 요인으로 지적된다. 이 경우 외국 자산을 몰수하는 조치가 부가될 수도 있다.

민간이 하던 사업체를 국유화하는 경우도 존재한다. 예를 들면, 북한이 현대아산에 인정했던 독점적 북한 관광 개발 사업권을 독자 개발하겠다며 일방적으로 파기한 경우가 여기에 해당한다. 베네수엘라

정치적 리스크의 유형

지정학	국가 간 전쟁, 세력 전이, 다자적 경제 제재·개입
내부 분쟁	사회 불안, 인종 폭력, 이주, 민족주의, 분리주의, 연방주의, 내전, 쿠데타 및 혁명
법, 규제, 정책	외국인 소유권 규정, 과세, 환경 규제 및 국내법의 변화
계약 위반	수용 및 정치적 동기에 의한 신용 불이행을 포함한 정부의 계약 불이행
부패	차별적 과세 및 조직적 뇌물 수수
치외법권적 영향력	일방적인 제재 및 범죄 수사 및 기소
천연자원 조작	정치적 동기에 의한 에너지 및 희토류 광물 공급에 대한 변화
사회운동	집단 행동을 조장하는 사건 또는 의견의 확산
테러	정치적 동기에 의한 개인 및 재산에 대한 위협 또는 폭력
사이버 위협	지적 재산의 도난 또는 파괴, 스파이 활동, 갈취, 기업, 산업, 정부 및 사회에 대한 대규모 혼란 초래

출처: Condoleezza Rice and Amy Zegart, 2018, "Managing 21st-Century Political Risk: Today's Threats Are More Complicated but the Remedies Don't Have to Be."《Harvard business review》, Vol.96.

의 우고 차베스Hugo Chavez와 그 후계자 니콜라스 마두로Nicolas Maduro 정권은 해외 기업들에 대해 정부의 통제와 규제를 확대하겠다면서 국유화 조치를 취하려는 모습을 보이기도 했다.

이 밖에 정부에 상당한 영향력을 가진 사회 집단이나 개인이 이익을 얻기 위해 정치적 영향력을 동원하는 경우도 있다. 대표적인 방식이 정부 고위층의 자녀 특별 채용이다. 미국의 대형 투자은행 JP모건은 2006년부터 중국 고위 인사들의 자녀들을 대상으로 '아들과 딸 프로그램'을 운영했다. JP모건은 이들의 영향력을 활용해 중국 국유기업과 거액의 금융 자문 계약을 체결했다. 미국 증권거래위원회 SEC에 따르면, JP모건이 이로 인해 거둔 수익은 약 1억 달러(약 1,388억 원)에 이른 것으로 추산된다. 이 특채 프로그램은 미국 정부가 2013년 JP모건의 비리 혐의를 조사하고 벌금을 부과하면서 중단되었다. 미국 기업이 중국 고위층 자녀들을 특별 채용해 단순 업무를 시키면서도 고액의 연봉을 지급하는 일을 뇌물이라 판단한 것이다. 당시 미국 정부는 이러한 일들이 월스트리트의 다른 금융기업에서도 공공연하게 이루어졌던 것으로 보고 대대적인 조사를 벌인 바 있다.

기회를 읽는 투자자는 무엇이 다른가

투자의 세계는 변화하는 상황 속에 기회와 위기가 동시에 존재한다. 따라서 국제정치 환경에 잠재된 정치적 리스크는 기업의 수익에 직접적인 영향을 미칠 뿐 아니라 기업의 자산, 그리고 주가 변화에도 영향을 미친다. 따라서 투자의 기회를 얻고자 하는 투자자라면 정치적 리스크 및 그와 관련된 변수를 제대로 파악할 필요가 있다.

단, 정치 테마주와 정치 리스크 분석은 성격이 다르다. 정치 리스크는 기업 실적에 영향을 미쳐 그 실적이 다시 주가 변화를 가져오게 만든다. 그런데 정치 테마주는 기업 실적에 영향을 미치지 못하거나 미친다 해도 그 영향이 미미하고, 정치적 사건과 주가 간의 인과관계도 확인이 어렵다. 그럼에도 심리적 효과 때문에 단기간 주목을 받아 주가가 급등하는 경우가 있다. 문제는 기업의 실적이 아닌 심리적 효과로 주가가 상승하는 것이기 때문에 언젠가는 급락할 위험이 존재한다는 점이다.

미중 전략 경쟁 수혜주로 흔히 언급되는 것 중 하나가 '희토류 테마주'다. 희토류는 반도체, 전기자동차 배터리, 태양광 패널, 풍력발전 터빈, 군사 무기 등에 광범위하게 쓰인다. 앞서 말했듯 이 희토류 생산은 중국에 편중되어 있다. 그동안 중국은 첨단 제조업에 필수적인 희토류의 수출을 통제함으로써 다른 국가에 외교적 영향력을 행사하곤 했다. 만일 미국이 중국 제품에 고율의 관세를 부과하면 중국은 희토류에 대한 수출 통제를 보복 수단으로 활용할 수도 있을 것이다. 이런 이유 때문에 희토류를 일부 대체할 가능성이 있는 '페라이트 마그네트'의 생산업체, '유니온머티리얼' 주식이 주목을 받게 되었다. 이른바 미중 전략 경쟁 수혜주 혹은 희토류 테마주다.

미중 전략 경쟁 이슈가 불거질 때마다 유니온머티리얼의 주가는 단기간 급등하는 모습을 보였다. 2024년 7월 13일 도널드 트럼프가 펜실베이니아에서 야외 유세 중에 총격을 당하는 사건이 벌어졌다. 이 일은 오히려 전화위복이 되어 지지율이 상승했고 트럼프의 당선 가능성은 높아진 계기가 되었다. 이에 따라 미중 전략 경쟁이 더욱 강화될 것이며, 중국은 희토류 수출을 미국의 대중 관세 인상에 대한 보복 조치로 활용할 것이라는 예측이 나왔다. 이는 유니온머티리얼 주가 상승으로 이어져 7월 19일 주당 2,800원을 기록했다. 한 달 전에 비해 6퍼센트 정도 오른 가격이다.

문제는 주가 상승의 요인이 실적이 아니라는 점이다. 유니온머티리얼의 당기순이익은 2021년 5억 원의 흑자를 기록했지만, 이후 적자 폭이 확대되어 2022년에는 2억 원, 2023년에는 180억 원의 적자를 기록했다. 중국의 희토류 통제에 대한 일본, 한국 등 첨단 제조업 국가들의 대응은 희토류의 수입선을 다변화하는 것이지 희토류를 대체하는 소재를 개발하는 방식이 아니었다. 즉 미중 전략 경쟁이 유니온머티리얼의 당기영업이익이라는 기업 실적으로 이어지지 않았던 것이다. 결과적으로 이 종목은 정치적 리스크와 관계없는, 정치 테마주에 불과했다.

◆ ◆ ◆

앞서 말했듯 미래를 알 수만 있다면, 우리는 큰 경제적 기회를 잡을 수 있을지도 모른다. 그리고 현실 세계에서 미래를 예측하는 방법은 바로 변수를 발견하는 것이다. 기업이 처한 정치적 위험이라는 변수를 읽어냄으로써 기업의 수익성을 예측하고, 그에 따라 투자 판단을 할 수 있다. 투자 차원에서 정치적 리스크를 분석한다는 것은 기업의 수익에 피해를 줄 수 있는 사건을 사전에 예측하는 것과 같은 의미다. 이런 예측을 하려면 먼저 두 단계를 거쳐야 한다.

첫 번째 단계는 정치적 사건이 일어날 가능성을 파악하는 것이다. 정치적 사건이 일어날 확률이라고도 할 수 있다. 미래에 발생할 사건은 현재 일어나고 있는 일들을 원인으로 하는 결과다. 따라서 사건이 전개되는 추이를 파악하고, 그 속에 들어 있는 인과관계의 전개를 파악해낼 수 있어야 한다.

동시에 정치적 의사 결정 권한을 갖고 있는 사람의 생각을 읽어내는 것도 중요하다. 예를 들면 도널드 트럼프가 미국을 어떻게 생각하고 있을지 알아야 한다. 혹은 시진핑과 중국 공산당 엘리트들이 생각하는 중국의 모습을 이해해야 한다. 정치적 의사 결정권자의 생각과 의지에 따라 정치 지형이 상당히 달라지기 때문이다.

두 번째 단계는 정치적 사건이 기업의 수익성에 미치는 영향을 분석하는 것이다. 모든 기업이 특정한 정치적 사건에 영향을 받는 것은 아니다. 따라서 어떤 정치적 사건이 발생했을 때 거기에 영향을 받는 기업을 선별하고, 그 영향의 정도를 분석할 수 있어야 한다.

그럼 왜 두 단계의 분석을 통해 정치적 리스크를 파악해야 하는 걸까? 이는 위험이 갖고 있는 본질적 특징 때문이다. 위험은 그것이 실현될 경우 기업 활동에 손해를 입힐 수 있는 잠재적인 사건이나 상태를 의미한다. 그리고 위험은 일반적으로 실현 가능성, 그리고 위험이 현실화될 경우 발생할 수 있는 피해 또는 영향력의 정도를 기준으로 측정한다.

위험의 두 가지 척도는 결국 '확률'과 '영향'이다. 그 위험이 현실로 나타날 확률이 얼마인가? 그 위험이 현실화됐을 때 발생하는 피해와 영향은 무엇인가? 즉 어떤 정치적 사건이 발생할 확률과 그것이 기업의 수익성에 미치는 영향의 정도를 모두 분석해야 한다. 정치적 리스크를 두 차원에서 제대로 분석할 수 있다면, 투자에 유용한 참고 자료가 될 수 있다.

그러나 이 책은 정치적 리스크를 분석함으로써 투자 손실 위험을 파악하는 데만 중점을 두고 있지 않다. 이와 반대로 정치적 변수가 투자 수익을 높이는 데 어떻게 활용될 수 있는지에 대해서도 자세히 다루려 한다. 정치적 변수는 기업이 수익을 내는 데 긍정적 영향을 미치기도 하고 부정적 영향을 미치기도 한다. 국제 관계, 정부 정책의 변화에 따라 수혜를 입는 기업과 손해를 보는 기업은 모두 존재할 수 있다.

전쟁이 발발하면 전쟁을 일으킨 국가에 대한 경제적 봉쇄가 이뤄지고, 공급망은 타격을 입게 된다. 러시아-우크라이나 전쟁 때문에 러시아에서 수입하던 희귀 천연 광물 수입이나 비료 수입이 어려워진 것이 그 예다. 중동에서 군사적 충돌이 벌어지면 호르무즈해협을 통해 이뤄지던 유조선의 통행이 어려워지고, 석유 수급이 혼란에 빠진다. 다만 전쟁이 경제석으로 위기만 가져오는 것만은 아니다. 전쟁 물자를 공급해야 하는 방산 기업에는 수익이 늘어나고 주가도 급등하는 등 실적 상승의 기회로 이어질 수 있다.

최근 정치적 리스크 중에서 지정학적 리스크가 주요한 부분을 차지하고 있다. 국가 사이의 분쟁이나 갈등이 기업 실적과 직결되고 있기 때문이다. 미국 상무부는 2022년 10월 7일 인공지능과 슈퍼컴퓨터에 쓰이는 반도체 칩 수출을 제한하고, 중국의 반도체 생산 기업에 대한 미국의 첨단 반도체 장비 판매를 사실상 금지했다. 이에 따라 첨단 인공지능 칩을 생산하는 엔비디아의 중국 수출길이 막혔고, 뉴욕 증시에 상장된 엔비디아의 주가는 10월 10일 하루 동안 3.36퍼센트 하락했다. 이후 엔비디아는 중국 수출을 위해 저사양의 인공지능 칩을 개발했지만, 2023년 10월 17일 미국 정부가 저사양의 대중국 반도체 수출 추가 통제 방침을 밝히면서 하루 동안 주가가 또다시 4.7퍼센트 떨어졌다.

어쩌면 기업과 투자자들은 탈냉전 이후 짧은 시간 동안 안정적인 세계 질서 덕분에 행운을 누렸던 것인지도 모른다. 그런데 이러한 지정학적 행운의 시대가 끝이 나고, 국가 간 갈등이 기업의 실적과 투자 수익에 영향을 미치는 지정학적 리스크의 시대로 접어들었다. 과거의 지정학적 충돌은 단지 예측하기 어려운 사건 정도로 치부해도 될 정도였고, 지정학적 불안이 원인이 된 단기적 주가 하락은 오히려 투자 기회일 수 있었다. 기업 실적, 투자 수익에 미치는 기간과 규모가 크지 않기 때문이다. 그러나 이제는 지정학적 리스크가 가져오는 파고의 강도가 무시할 수 있는 수준을 크게 넘어섰다. 우리는 경제를 이해하기 위해 지정학적 사고를 요구하는 시대에 살고 있다.

탈냉전 이후 미국은 자유무역질서라는 규범을 형성했다. 이 규칙은 국가 간 거래에서 나타날 수 있는 정치적 위험 요소를 줄일 수 있었고 기업들은 국경을 넘어 거대한 부를 얻을 수 있었다. 그런데 언젠가부터 미국의 영향력이 점차 줄어들고, 더이상 미국이 국제 규범을 관철하기 어려울지 모른다는 불안이 나타나기 시작했다. 미국 대통령 선거에 사람들의 이목이 쏠린 이유는 아마도 이 때문일 것이다.

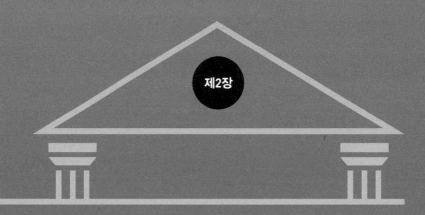

제2장

세계 제일 패권국이
사라진다는 두려움

미국 대선 리스크

해리스의 개입주의 대 트럼프의 고립주의

기업인과 투자가들은 왜 미국 대통령 선거에 주목하는 걸까? 미국이 없는 세계에 대한 공포 때문이다. 탈냉전 이후 미국은 자유무역 질서라는 규범을 형성했고, 이는 세계무역기구wto라는 범세계적 수준의 다자기구로 구현되었다. 단일한 패권을 쥔 미국은 세계의 다른 국가들이 규칙을 준수하도록 설득하거나 강제했다. 간혹 이라크, 북한 같은 '불량 국가'들이 말썽을 일으키긴 했지만 규칙은 비교적 잘 작동해왔다. 자유무역이라는 규칙 아래 기업들은 국경 간 거래에서 나타날 수 있는 정치적 위험 요소를 줄일 수 있었고 안정적으로 부를 얻었다.

그런데 언젠가부터 미국의 영향력이 점차 줄어들고, 미국이 더는 국제 규범을 관철하기 어려울 수도 있으리라는 불안이 나타나기 시작했다. 그 이유는 무엇일까? 세계 질서를 바로잡는 데 있어 미국 스스로 자신의 역할을 축소한 측면이 있으며, 동시에 불가피하게 역할을 축소할 수밖에 없는 상황에 처하기도 했기 때문이다. 세계 무역 질서의 안정이라는 공공재를 미국이 제공하기 어려울 수 있다는 불안이 고개를 든 것이다. 일명 경찰관 역할을 하던 미국의 영향력이 약해지자 기업과 투자자들은 지정학적 리스크, 혹은 국제정치적 위험 요인에 눈을 돌릴 수밖에 없어진 것이다.

미국의 정치 행사인 대통령 선거에 전 세계인의 이목이 쏠린 이유는 아마도 이 때문일 것이다. 여기서 쟁점은 '여전히 미국이 존재하며 영향력을 발휘하는 세계인가, 아니면 미국이 없는 세계인가'다. 미국 공화당의 이단아 도널드 트럼프는 미국이 없는 세계, 카멀라 해리스는 미국이 여전히 존재하는 세계를 상징한 인물이었다.

2020년 미국 대통령 선거에서 조 바이든은 당시 대통령이었던 트럼프에 승리를 거두며 "미국이 다시 돌아왔다."라고 선언했다. 트럼프 집권 시기 세계 질서에서 뒤로 물러나 있던 미국이 다시 세계의 중심으로 복귀했음을 알린 것이다.

그러나 2024년 트럼프의 두 번째 집권은 미국이 없는 세계에 대한 불안과 위험을 의미한다. 바이든 집권 시기 잠시 돌아왔던 미국이 다시 뒤로 물러날 것으로 예상된다. 고립주의로 향하는 미국의 경로가 더욱 빨라지는 가운데, 트럼프가 이끄는 미국의 대외 정책 방향은 두 가지 측면에서 예측해 볼 수 있다.

먼저 트럼프의 기존 대외 정책을 회고하는 것이다. 바이든은 트럼프의 정책에 반대하는 의미로 자신의 정책을 내세웠고, 이는 해리스도 마찬가지였다. 바이든과 트럼프, 그리고 해리스와 트럼프의 논쟁을 분석함으로써 트럼프가 설정한 미국의 미래를 보다 분명하게 가늠해 볼 수 있을 것이다. 트럼프 집권기 세계 속에서 미국의 역할을 예상하는 작업이다.

미국은 고립주의와 개입주의 사이에서 중대한 기로에 놓여 있다. 트럼프는 미국의 고립주의를 상징하는 반면, 바이든은 미국의 개입주의를 상징한다. 바이든의 지지를 받은 해리스는 개입주의에 가깝다. 따라서 2024년 미국 대통령 선거는 해리스의 개입주의와 트럼프의 고립주의의 대결이었다고도 할 수 있었다.

트럼프의 승리로 미국은 바이든이 주장해 온 개입주의의 방향에서 선회해 다시 고립주의 경향을 지속할 것으로 예상된다. 세계 문제에 개입하기보다는, 미국의 문제에 집중하겠다는 것이다. '미국의 모든 문제를 고치겠다'는 트럼프의 당선 선언은 '미국 우선주의'로 귀결된다.

여기서 미국의 고립주의는 세계 문제에 개입하는 일을 자제한다는 것을 뜻한다. 국제적인 다자기구에 참여하거나 이해관계가 있는 국제 분쟁에 개입하는 일에 신중한 태도를 취하는 것이다. 미국이 빠진 세계, 혹은 미국이 없는 세계라고도 할 수 있다. 반대로 미국의 개입주의는 자국의 경제적, 군사적 영향력을 배경으로 세계 문제에 적극적으로 참여하는 것을 말한다. 자유무역 질서를 위한 다자기구의 설립과 운영을 주도하고, 국제 분쟁을 해결하기 위해 군사력을 적극 투입하는 것 등이 여기에 해당한다.

문제는 미국이 개입주의를 추구할 때 불가피하게 막대한 재정을 소요했다는 점이다. 자유무역 질서를 관철하려면 미국도 스스로의 희생을 어느 정도는 감수해야 한다는 뜻이다. 신흥 개발도상국들에게 미국 내 시장을 허용하거나, 미국의 공장이 해외로 자유롭게 이전하도록 용인하는 것 등이 그 대표적 예다. 이는 미국의 제조업 약화라는 대가를 지불함으로써 가능한 일이다.

과도한 군비 때문에 재정적자를 면하기 어렵다는 점도 문제다. 이런 이유로 제2차 세계대전 이후 미국이 취했던 개입주의에 대한 회의론들이 미국에서 주기적으로 나오곤 했다. 회의론의 대표적인 질문은 '왜 미국이 다른 나라의 일에 간섭해 희생해야 하는가'다. 자국의 국익을 추구하는 데 더 집중해야 한다는 주장이다. 그래서 개입주의 정책이 미국 경제에 막대한 부담으로 작용할 경우에는 고립주의로 가려는 움직임이 나타났다. 베트남 전쟁 후 재정적자에 허덕이던 미국이 대외 문제에 대한 개입을 축소하고, 자국의 이익에 더 집중하면서 고립주의 경향이 심화되었던 것이 그 예다.

⟨ 미국의 개입주의와 고립주의 ⟩

미국은 제2차 세계대전 이후 소련과의 체제 경쟁에 나서면서 국제 문제에 적극적으로 개입하는 외교 노선을 추구했다. 미국은 안보와 경제를 위해 강력한 패권을 바탕으로 세계에 영향력을 행사했는데, 이를 개입주의라고 한다.

반대로 고립주의란 한 국가가, 여러 국가가 주최한 회의 또는 일반적인 이해관계가 있는 사건에 참여하는 것을 자제하거나 강제적으로 배제되는 것을 의미한다. 신고립주의는 대외적인 간섭정책의 과도한 제한과 비용 지출의 중간 정도 수준으로 국익을 조정하는 선택적 개입 정책의 형태로 나타난다.

고립주의와 개입주의 간의 대립은 미국이 국제 분쟁에 개입하는 수준과 연관된다. 고립주의에서는 미국의 국익, 특히 경제적 이익에 좀 더 집중하는 모습을 보인다. 미국 입장에서는 불필요한 대외적 개입에 소극적이므로 해외 군사 지원 역시 줄어든다. 이는 전쟁에 소모되는 탄약과 같은 소모품 소비의 저하로 이어진다. 반대로 개입주의에서는 전쟁에서 소비되는 탄약 등의 수요가 확대된다. 트럼프 대통

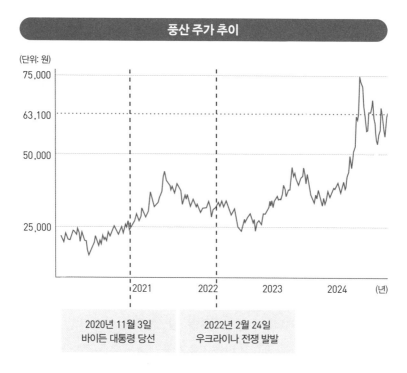

풍산 주가 추이

(단위: 원)

75,000

63,100

50,000

25,000

2021　　2022　　2023　　2024　　(년)

2020년 11월 3일
바이든 대통령 당선

2022년 2월 24일
우크라이나 전쟁 발발

령이 취했던 고립주의 성향의 대외 정책과 달리 바이든은 개입주의
외교 노선에 따라 해외 군사 지원을 확대했다.

　우크라이나 전쟁 발발 이후 미국 바이든 행정부는 우크라이나에
대대적인 군사 원조를 해왔다. 이는 방산 분야 기업의 매출액 증가로
이어졌다. 포탄을 제조하는 기업인 풍산의 방산 분야 매출액을 살펴
보면 2020년 7,179억 원에서 2023년 9,992억 원을 기록했고, 2024년
에는 1조 원을 넘어설 것으로 예상된다. 이에 따라 풍산의 주가도 지
속적으로 상승했다. 우크라이나 전쟁 이후 구리를 제조하는 신동伸銅

(단위: 억 원)

연도	2020년	2021년	2022년	2023년	2024년(추정)
신동	9,107	18,054	23,464	21,013	23,936
방산	7,179	7,506	9,107	9,992	11,691

출처: 삼성증권 보고서

분야 매출액이 크게 상승하지 않은 상황에서 풍산의 주가가 급등했던 것엔 방산 분야의 매출액 증가가 큰 영향을 미친 것으로 보인다.

트럼프, 공짜 희생은 없다

"왜 미국이 해외 원조에 수십억 달러를 써야 하는가?"

"왜 수많은 미군이 해외에 주둔해야 하는가?"

트럼프의 신고립주의인 '미국 우선주의'America First 는 이러한 질문들에서 비롯되었다. 미국이 세계 각 지역에서 벌어지는 분쟁에 개입하느라 과도하게 재정을 소진한다고 문제 삼은 것이다. 신고립주의는 미국이 국제 문제에 개입해 해외에서 전쟁을 치르고 경제적 손해를 보고 있음을 비판한다. 나아가 미국이 해외 원조나 대외적 개입에서 물러나 자국의 안보와 경제적 이익을 추구해야 한다고 주장한다. 트럼프는 미국의 국익이나 미국인들의 일자리를 늘리는 데 정책의 우선순위를 두어야 한다고 생각했고 관련 정책을 확대했다.

트럼프는 탈냉전 이후 개입주의적인 미국의 외교 정책을 실패라고 규정했다. 그는 자신의 책《불구가 된 미국》에서 국가의 사활적 이익에 부합되는 사안에 대해서만 제한적으로 미국이 개입해야 함을 주장했다. 미국 우선주의에 입각해 선택과 집중이 필요하다는 것이 주요 논지다.

트럼프는 2016년 4월 27일 워싱턴 메이플라워 호텔에서 한 연설에서 고립주의 대신 '미국 우선주의'로 명명한 자신의 외교 정책을 발표했다. 이에 따르면 미국이 동맹국에게 기여하는 방식은 쌍방향적이어야 함을 주장했다. 즉 동맹 관계가 미국에게도 이익이 되는 것이어야 하며, 더 이상 일방적으로 동맹국을 도와주는 방식이어서는 안 된다는 것이다.

사실 해외 군사 개입을 자제해온 트럼프의 방침은 전임 버락 오바마 대통령부터 지속된 것이기도 하다. 오바마는 다음과 같이 말한 바 있다. "나는 절대적인 필요성이 있지 않는 한, 우리 병력의 아주 작은 부분도 내보내지 않을 것이다. 그리고 보낸다 하더라도 대문자 V로 시작하는 '승리'Victory의 계획이 섰을 때만 파병할 것이다."

트럼프는 여기서 한발 더 나아가 동맹국에 대한 방위비 분담 문제를 제기했다. 유럽, 중동, 아시아의 동맹국들이 적정한 방위비를 분담하지 않을 경우 스스로 방어하도록 하겠다는 발언을 하기도 했다. 한국, 일본, 독일, 사우디아라비아 등 동맹국들이 스스로 방위하게 만들고, 만일 미국이 돕더라도 금전적 대가를 받아내겠다는 말이다. 트럼프의 이 같은 생각은 미국 국민의 지지를 얻는 데 효과적이었다.

그뿐만이 아니다. 트럼프는 미국이 해외에서 벌어지는 분쟁에서 철수하고, 미국의 재정 지출을 줄여야 한다고 보았다. 이 때문에 중국 인민해방군이 대만을 침공하더라도 트럼프 행정부는 대만에 대한 군사적 지원에 나서지 않을 수 있다는 우려가 나온 바 있다. 또 주한 미군의 주둔 규모를 축소하거나 한국에 과도한 방위비 부담을 요구할 것이라는 관측도 나왔는데 이는 그의 주요 공약 중 하나다. 이 모든 것이 같은 맥락이다. 트럼프는 미국이 다른 나라의 일에 얽히기를 원치 않고 그런 기조 아래 대외 정책을 펼쳐왔다.

트럼프는 재임 기간에 민주주의 확산이라는 미국의 개입주의나 인권 등의 가치에 철저히 무관심한 태도를 보였다. 쿠데타 시도라는 죄명으로 10만여 명을 체포한 레제프 에드로안Recep Tayyip Erdoğan 튀르키예 대통령에게는 국민투표에서 승리한 것을 축하했다. 로드리고 두테르테Rodrigo Duterte 필리핀 대통령과의 통화에서는 "축하 인사를 전하고 싶다. 마약 문제에 있어 믿기지 않을 정도로 일을 잘한다고 들었다."라고 말했다. 쿠데타로 집권한 압델 엘시시Abdul Fatah al-Sisi 이집트 대통령에게는 "치안 상황이 개선됐다."라고 칭찬하는가 하면, 왕조 국가인 사우디아라비아를 방문해서는 미국에 대한 투자만을 언급했다.

트럼프의 이 같은 모습에는 문제가 있었다. 왜냐하면 미국이 지난 40여 년간 견지해온 자유주의적 국제주의라는 초당적 합의를 깰 수도 있으리라는 위험 때문이다. 다시 말해 '가치의 확산'이라는 미국의 전통적인 외교 정책 기조가 일방적인 '미국 국익 우선'으로 바뀔지도 모른다는 문제 말이다.

트럼프는 세계화가 미국 백인들의 일자리를 빼앗아갔다는 것을 이유로 세계화에도 회의적인 태도를 보였다. 그는 2016년 대통령 선거에서 러스트 벨트의 지지를 얻어 승리했다. 미 중부와 북동부의 러스트 벨트에 해당하는 위스콘신, 미시간, 오하이오, 펜실베이니아주 등 제조업 중심지 모두에서 트럼프가 승리한 것이 결정적이었다.

이 지역의 트럼프 지지층은 저학력의 백인들로 블루칼라 노동자들이 주를 이룬다. 이들은 트럼프와 마찬가지로 세계화 때문에 자신들이 일자리를 잃었다고 생각했다. 러스트 벨트의 공장들은 다른 해외 기업과의 경쟁으로 문을 닫거나 값싼 노동력을 찾아 해외로 이전했다. 트럼프는 당시 선거운동을 하면서 자신이 집권하면 미국 노동자들의 일자리와 소득, 안보를 우선시하는 무역정책을 실시할 것임을 약속했다. 이런 맥락에서 그는 '글로벌리즘의 거짓된 노래에 미국과 미국인들을 희생시키지 않을 것'이라고도 했다.

미국 저학력 노동자들의 실업 문제는 미국 래퍼 에미넴의 자전적 이야기를 담은 영화 〈8마일〉에도 잘 드러난다. 영화의 제목은 러스트벨트인 미시간주의 최대 도시, 디트로이트를 동서로 가로지르는 도로 '8마일 로드'를 뜻한다. 이 도로는 흑인과 백인 거주 구역의 경계선 역할을 하는데, 영화에서는 미국 자동차 산업의 몰락으로 폐허가 된 디트로이트 지역의 상황을 적나라하게 보여준다. 디트로이트의 자동차 산업은 한때 미국 제조업의 상징과도 같았으나 독일, 일본 자동차 기업과 경쟁에 도태하면서 몰락의 길을 걸었다.

보호무역주의를 내세웠던 것도 같은 이유에서다. 미국 저학력 백인들의 일자리를 위해서 자국의 제조업 산업을 보호해야 한다는 것이다. 트럼프는 중산층의 몰락이나 양극화가 자유무역에서 비롯되었다고 생각했다. 미국 내 제조업 일자리는 2000년에서 2010년 사이 560만 개 감소했으며, 이러한 감소분의 4분의 1가량은 중국과의 무역에 기인한다는 연구도 존재한다.

전통적으로 공화당은 자유무역을 지지해왔다. 그런데 트럼프의 사고 방향과 정책은 이러한 공화당의 전통과 궤를 달리한다. 트럼프는 국제 자유무역에 회의적이었고, 이에 따라 자유무역을 위한 다자 협력도 반대했다.

2017년 환태평양경제동반자협정Trans-Pacific Partnership, TPP 탈퇴가 그 대표적인 예다. 미국인의 일자리를 빼앗는다는 게 탈퇴 이유였다.

TPP는 농업을 포함해 무역 자유화에 원칙적으로 예외를 두지 않으며, 모든 무역상품에 대해 100퍼센트 수준으로 관세를 철폐하는 데 목표를 둔 경제 협력체다.

트럼프는 TPP를 끔찍한 협상이라고 비난했다. TPP가 미국 제조업에 치명타를 가할 것이고, 미국의 자동차 산업이 큰 타격을 받게 될 것이라며 거세게 비난했다. 그는 자동차 관련 일자리도 일본에 빼앗길 것이라고 보았다. 특히 보호무역과 미국 우선주의를 강조했던 트럼프는 TPP에서 환율조작국을 제재할 수 없다는 점을 지적했다. 그는 중국을 대표적인 환율조작국으로 규정하고 모든 무역 제재 수단을 동원해 불공정무역행위를 제재할 것임을 밝혔다.

이뿐만이 아니다. 트럼프는 2018년 나토North Atlantic Treaty Organization, NATO 회원국 중에 돈을 내지 않은 나라는 러시아가 공격하더라도 도움을 주지 않겠다고 말하기도 했다. 그는 나토를 1940년대 노조위원장 같다고 비판하며, 시대에 뒤떨어진 단체로 묘사했다. 이는 나토 회원국들에게 상당한 모욕으로 여겨졌다.

트럼프의 고립주의는 이후 우크라이나 전쟁에서 우크라이나에 대한 군사 자금 지원 문제에도 영향을 미쳤다. 미국 바이든 행정부는 러시아의 침략과 중국의 위협 증가에 대응하기 위해 글로벌 동맹을 구축하려 시도했지만, 이러한 기조가 공화당의 반대에 직면한 것이다. 특히 우크라이나 전쟁이 1년을 넘어서면서 미국 하원 다수당인

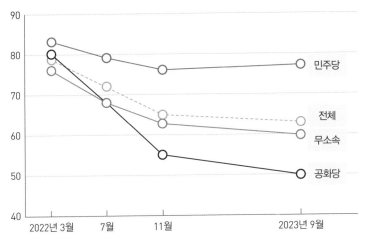

우크라이나 군사 지원에 대한 미국 의원들의 지지 비율

민주당

전체

무소속

공화당

2022년 3월 　7월 　11월 　2023년 9월

출처: The Chicago Council on Global Affairs, survey of 3,242 adults, September 2023.

공화당 의원들이 우크라이나에 대한 지원을 지지하는 비율이 급격하게 하락했다. 이는 향후 미국이 우크라이나 지원을 지속하는 데 상당한 장애 요인이 될 것으로 여겨졌다.

　물론 미국의 고립주의가 트럼프 개인의 성향에서 비롯되었다고만 보기는 어렵다. 이미 전임 버락 오바마 행정부에서부터 그 전조가 나타났기 때문이다. 제조업이 쇠퇴하면서 미국은 자유무역보다는 보호무역을 통해 다시 제조업 일자리를 확보해야만 하는 상황에 놓였다. 민주당 대통령 후보 시절 오바마는 2009년 9월 사우스다코타주 유세 과정에서 "한국은 수십만 대의 자동차를 미국에 수출하는 반면 미국이 한국에 파는 자동차는 고작 5,000대도 안 된다."라고 비판했다.

유권자인 저학력 노동자의 일자리를 보장해주기 위해 보호무역을 옹호할 수밖에 없었던 오바마는 한미 자유무역협정FTA에 대해 부정적 견해를 밝히기도 했다. 그러나 트럼프는 이익 외에는 어떤 것도 내세우지 않았다. 이는 장기적으로 미국의 국가적 위상과 국제적 정통성, 지도력을 약화시키는 원인이 될 수도 있다.

선택적 개입과 미중 전략 경쟁

중요한 것은 트럼프의 고립주의가 그동안 미국이 펼친 외교 정책의 큰 틀에서 벗어나지 않았다는 점이다. 트럼프는 선거운동 기간에 고립주의를 내세웠지만, 대통령 취임 이후에는 입장을 달리 했다. 바로 여기에 퍼즐의 핵심이 존재한다. 우리는 이렇게 질문할 수 있다. "왜 트럼프는 미국의 고립주의를 전면적으로 관철시킬 수 없었을까?"

트럼프의 고립주의는 선택적이었다. 경제적 이해관계에 따라 여전히 미국은 강력한 개입 의지를 보였다. 특히 아시아 지역은 세계 경제에서 차지하는 비중이 지속적으로 높아지고 있던 터라 미국이 아시아 지역 문제를 방관할 수만은 없었던 상황이었다. 이런 이유로 트럼프는 취임 이후 아시아·태평양 외교 정책에서 불확실성을 보였다.

트럼프의 공약에는 아시아에 대한 미국의 정책 전환이 들어 있었다. 트럼프는 미중 관계의 근간인 '하나의 중국 원칙'을 바꿀 수 있음을 시사했으며, 한국·일본 등 동맹국들이 핵무장을 하면 미국 국방예산을 절감할 수 있다고 밝히기도 했다. 이는 아시아 동맹국들의 불안으로 이어졌다. 미국이 아시아 지역에서 손을 뗄 수도 있으며 이는 안보를 보장하지 않을 수 있다는 뜻으로 해석되었기 때문이었다.

그런데 트럼프는 집권 이후 선거운동 시기에 자신이 한 발언과는 사뭇 다른 행보를 보였다. 취임 이후 시진핑 중국 국가주석과의 전화통화에서는 '하나의 중국' 원칙을 무너뜨리지 않을 것을 약속했다. 또한 제임스 매티스James Norman Mattis 안보 보좌관이 한국과 일본을 방문해 미국은 헌신적인 동맹국으로 남을 것임을 확인해주기도 했다. 트럼프는 아베 신조 일본 총리를 미국으로 초청해 미일 관계에 대해서도 안심시켰다.

미국은 아시아 정책에서 민주·공화 양당의 초당적인 합의를 이뤘다. 아시아 지역의 번영과 안정을 보장하기 위해 미국의 지도력은 대체될 수 없다는 것이 양당의 합의 내용이다. 트럼프는 이전 정부와의 차별을 꾀했지만 아시아·태평양 지역에 대한 미국의 정책이 지속되어야 함을 강조했다. 조지 W. 부시 정부 당시 NSC 보좌관이었던 마이클 그린Michael J. Green이 자신의 저서 《신의 은총을 넘어서》에서 언급했듯 미국의 아시아 정책은 1783년부터 아시아·태평양 지역에서 독점적인 패권의 형성을 용인하지 않는다는 기조를 유지하고 있었다.

트럼프는 격동하는 아시아·태평양 지역의 지정학적 상황을 신중하게 관리하는 모습을 보여주었다. 이는 보다 안정적이며 예측 가능하고, 신뢰할 수 있는 미국을 목표로 한 것이다. 즉 큰 틀에서 보자면 트럼프의 외교 정책은 기존의 방향에서 그리 벗어난 것은 아니었다.

그럼에도 아시아 동맹국들은 트럼프가 미국 우선주의를 내세우자, 미국이 빠진 힘의 공백을 우려할 수밖에 없었다. 이런 우려를 잠재우기 위해 트럼프의 미국도 여전히 아시아의 동맹국 편에 있음을 보여줄 필요가 있었다. 즉 동맹국의 방위와 지역의 안정을 약속해줄 필요가 있었다는 말이다. 트럼프는 해외 순방을 통해 미국이 국제 문제에 적극적으로 나선다는 인식을 심어주었다. 첫 번째 해외 순방 지역으로는 아랍 동맹국을 선택했고, 이후 나토 동맹국에 이어 한국과 일본 등 아시아 동맹국들을 방문했다.

집권 초기 트럼프는 남중국해 문제에는 다소 소극적 태도를 보였다. 중국의 영유권 주장에 맞서기를 꺼린 것이다. 미국의 동맹국들은 미국이 북한의 핵개발 저지를 위해 중국과 협력하면서 남중국해에서 중국과 마찰을 피하고자 한다고 우려했다. 실제 트럼프는 북한 핵 문제에 대해 중국의 협력을 얻어내고 있음을 강조하면서 중국과의 직접적인 충돌을 자제했다.

그러나 2017년 5월 24일 트럼프 행정부에서 처음으로 '항행의 자유 작전'을 펼치면서 이런 흐름에 변화가 일어나기 시작했다. 이 작전은 미국의 동맹국에게 미국이 남중국해에 개입할 것이라는 신호로 해석되었다. 미국 국방부는 자유 항해 작전을 트럼프 정부에서도 지속할 것이라고 밝혔다. 미국 해군이 남중국해에서 정찰 활동을 재개하면서 중국이 미국과 군사적으로 대결하는 양상까지 나타났다. 미국 군함이 남중국해에서 중국이 건설한 인공섬의 12해리 내 해역을 지나며 '항행의 자유' 작전을 벌일 때 홍콩 남동쪽 바다 상공에서는 중국 전투기가 미 해군 정찰기에 근접 비행을 하며 방해 작전을 펼쳤다.

트럼프의 고립주의는 안보적 차원과 경제적 차원에서 다르게 나타났다. 경제적 차원에서는 미국의 국익을 우선시하는 미국 우선주의를 택했다. 반면 안보적 차원에서는 미국 외교 정책의 큰 틀에서 벗어나지 않았다. 아시아에서 미국에 도전할 수 있는 패권국의 등장을 용인하지 않은 것이다. 아시아 동맹국들과의 관계를 무시하기 어려웠기에 취한 선택이기도 했다.

따라서 '항행의 자유'와 같은 현상 유지 정책을 실시했고, 중국의 남중국해 영유권 확보 시도에 대해서도 반대했다. 그리고 중국이 패권국으로 부상하는 것을 차단하고자 적극적인 개입 정책을 펼쳤다. 이러한 미중 전략 경쟁은 트럼프 대외 정책의 귀결이라 할 수 있다.

바이든, 미국의 존재감을 드러내다

"미국이 돌아왔다."

취임 후 조 바이든 미국 대통령은 세계에 미국의 귀환을 알렸다. 그는 미국이 세계라는 탁자에서 좌장 자리에 앉겠다는 걸 다시 한번 알렸다. 트럼프가 내세웠던 '미국 우선주의' 정책, 나토에 대한 공개적인 폄하는 더 이상 없을 것임을 밝혔다. 트럼프는 기후변화, 코로나19 팬데믹 등의 문제를 해결하기 위한 다자 협력에 회의적이었지만, 바이든은 국제 문제의 해결을 위한 다자 협력을 약속했다.

바이든은 미국의 개입주의 대외 정책 기조를 복원했다. 세계 각지에서 벌어지는 분쟁에 미국이 군사적 지원을 할 수 있다는 뜻이다. 그는 취임 65일째 연 첫 공식 기자회견을 통해 자신이 보는 앞에서 중국이 최강국이 되는 일은 없을 것임을 선언했다. 바이든 행정부의 국무장관 안토니 블링컨Antony Blinken은 첫 공식 방문지로 브뤼셀을 선택했다. 도널드 트럼프 전 대통령 시대에 들었던 유럽의 비난에서 벗어나는 것은 물론이고, 미국과 나토 동맹국과의 단절된 관계를 되살리겠다는 의지의 표명이었다.

바이든은 트럼프와 달리 적극적인 개입주의 외교 정책 의지를 밝히며 '힘을 통한 평화'라는 외교 전략을 추구했다. 미국이 돌아왔다는 구호 아래, 군사력을 바탕으로 세계 문제에 적극적인 개입을 추진한 것이다. 중국과 러시아를 미국의 위협으로 설정하고, 이들 권위주의 국가들의 위협에 적극적으로 대응하는 전략을 모색했다.

트럼프 시기 미국의 동맹국들은 미국에게 버려질지도 모른다는 불안을 안고 있었다. 바이든은 동맹국들의 우려를 불식시키고 신뢰를 회복하려는 노력에도 나섰다. 그 일환으로 인도·태평양 지역에서 동맹국과의 파트너십을 강화했고, 당면한 세계 문제에 적극적으로 개입하고자 했다. 바이든 행정부는 우크라이나 전쟁이 일어나자 우크라이나에 군비를 지원했으며, 대만에도 적극적인 군사 지원을 했다.

바이든의 이 같은 행보와 대외 정책은 미국이 국제 질서에 적극 개입하는 일에 반대한 전임 트럼프와 사뭇 다른 모습이었다. 미국은 우방과 동맹국들의 신뢰를 되찾고, 다자기구와 협정에서 미국의 역할을 회복했다. 또한 아시아에서 미국의 강력한 입지를 구축하고 제도화하기 시작했다. 일단 취임 첫날부터 트럼프가 탈퇴했던 세계보건기구와 기후변화에 관한 파리 협정에 미국을 복귀시켰다. 바이든은 특히 나토를 비롯한 경제, 안보 협정과 국제기구에 적극적 참여를 약속했다.

트럼프는 국가 간의 관계, 특히 동맹국과의 관계를 마치 경제 거래처럼 바라보았다. 동맹국이라 하더라도 대가를 지불해야 도와줄 수 있다는 입장이었다. 트럼프는 권위주의 국가와의 외교 협상에 대해서도 경제적 이득이 따른다면 별다른 거부감이 없었다. 트럼프의 외교는 국가 간의 관계를 돈이 오가는 거래로 본 '거래 외교'라 할 수 있다.

이 점에서 바이든은 트럼프와 달랐다. 바이든은 '가치 외교'를 전면에 내세웠으며, 이러한 미국의 정치 이념을 확산시키는 동시에 이런 이념과 맞지 않는 독재 국가들을 배척했다. 민주적 가치를 외교 정책의 목표로 설정한 것이다. 이는 특히 중국에 대한 정책에서 두드러졌다. 권위주의 국가인 중국에 내응해 민주주의, 자유, 인권이라는 가치를 내세웠다. 그리고 미국이 내세우는 가치를 공유하는 동맹국들과 함께 중국에 대응했다.

바이든 행정부는 2022년 〈국가안보전략보고서〉에서 중국이 국제 질서를 재편할 능력과 의도를 가졌으며 미국의 민주적 가치를 바꾸려 하고 있음을 지목했다. 중국은 인도 태평양에서 군사 행동, 군비 확대, 공격적인 무역정책, 러시아와의 파트너십 등에 대해 미국이 대응해야 한다고 본 것이다.

바이든에게 세계는 '민주주의 대 권위주의 대결'이었다. 바이든 행정부 당시 미국은 아시아의 우호국과 파트너십을 구축하고, 이를 통해 중국을 견제하는 외교 전략을 추진했다. 일본, 호주, 필리핀, 한국 등과의 결속을 강화하면서 인도, 인도네시아, 베트남과도 협력했다.

◆ ◆ ◆

바이든은 미국 정치 이념을 확산하는 데서 한 걸음 더 나아가 정치 이념에 경제를 연결했다. 같은 정치 이념을 공유하는 국가들과는 경제적 결속을 강화하고, 중국과 러시아 등 독재 국가들에 대해서는 경제적으로 배제했다.

트럼프는 중국산 수입품에 고율의 관세를 물리면서 중국에 무역 제재를 단행했다. 그리고 중국이 첨단기술이 들어간 제품을 만들지 못하도록 반도체 생산 설비, 첨단 반도체 칩 등에 대한 대중국 수출을 차단하고자 했다. 또 통신 장비 등 중국 기술 기업에 대한 제품들이 미국 시장에 들어오지 못하도록 했다. 이는 중국 경제의 고도화를 가로막는 조치였지만, 동시에 미국 입장에서는 공급망에 대한 불안을 초래하는 조치이기도 했다. 미국 기술 기업도 제품을 생산하기 위해서는 다른 나라에서 소재와 부품을 들여와야 했기 때문이다. 더구나 생산 단가를 낮추기 위해서는 인건비가 낮은 국가에서 공장을 돌려야만 했다. 미국 경제도 공급망의 안정을 유지해야만 생존할 수 있었던 것이다.

바이든은 중국을 경제적으로 견제하면서도 미국 기술 기업의 공급망을 확보할 수 있는 전략을 구상했다. 정치 이념에 따른 경제 진영의 구축이었다. 다시 말해 미국의 정치적 가치를 공유하는 국가들과 공급망을 구축하는 데 집중했다.

미국의 공급망 재편 전략은 기업들에게 어떤 의미를 지닐까? 독재 국가에 대한 소재, 부품 의존도가 높은 기업의 경우 끝없는 정치적 리스크에 시달리게 될 수 있음을 의미했다. 그럼 투자자에게는 어떤 의미로 해석해야 할까? 독재 국가에 대한 소재, 부품 의존도가 높은 기업의 주가는 미국의 제재로 하락할 수 있으니, 투자 리스크를 감당해야 함을 의미했다. 나아가 독재 국가의 소재, 부품 기업들 역시 미국과 미국의 우호국 시장을 뚫지 못해 실적이 저하되고, 주가가 하락할 위험이 있었다. 이와 반대로 독재 국가에서 부품, 소재를 공급받던 기업이 미국과 우호적 관계에 있는 국가로 공급선을 바꿀 경우 미국의 공급망 재편 리스크는 해소된다.

아시아에서 중국을 억지하기 위한 미국의 대응

먼저 안보 협력 차원에서 바이든 행정부는 호주, 인도, 일본, 미국을 연결하는 4자 안보 대화 '쿼드' 파트너십을 구축했다. 2021년부터는 외무장관이 참여하는 포럼에서 국가 원수가 참여하는 포럼으로 격상했다. 쿼드에 참여하는 국가들은 중국이 패권국으로 부상하는 것을 위협이라고 생각했다. 그런 면에서 쿼드는 일종의 반중 연대라고 할 수 있다. 또한 호주, 영국, 미국을 연계하는 새로운 3자 안보 협의체 오커스AUKUS도 구축했다. 미국은 아시아에서 중국의 패권을 저지하기 위해 호주에 핵추진 잠수함 기술을 지원했다. 이로써 태평양에서 중국에 대한 억지력을 강화할 수 있게 된 것이다.

경제적 차원에서 미국은 아시아의 민주주의 국가를 중심으로 공급 망 재편을 추진했다. 바이든 행정부는 2021년 미국의 공급망에 대한 대대적인 진단에 들어갔다. 반도체, 대용량 배터리, 핵심 광물, 의약 품 등 4대 품목에 대한 공급망 위험을 분석했다. 그 결과 같은 해 6월 〈탄력적인 공급망 구축, 미국 제조업 활성화, 그리고 광범위한 성장 촉진〉이라는 제목의 보고서를 발간했다.

이 보고서는 미국의 공급망이 취약해진 요인으로 미국 제조업 역 량의 쇠퇴를 들었다. 역량 쇠퇴의 주요 원인은 저임금 국가와의 경쟁 이었다. 미국의 기술 기업들이 해외에서 부품, 소재 등을 조달하거나 생산을 위탁하다 보니 공급망 위험이 커졌다는 것이다. 그리고 미국 의 공급망 위험에 대한 대응책으로 크게 두 가지를 주문했다. 첫째, 산업 정책으로 미국의 제조업을 살리고 미국 내 산업 기반으로 공급 망을 다각화해야 한다. 미국에서 직접 필요한 부품, 소재를 생산해야 한다는 뜻이다. 둘째, 미국의 우호국과 협력해 공급망을 재편해야 한 다. 중국 공급망에 의존하는 데서 벗어나 미국의 동맹국과 우호국에 서 부품, 소재, 핵심 광물을 수입함으로써 공급망이 교란될 수 있는 지정학적 위험을 최소화해야 한다는 취지다.

이 보고서는 바이든 행정부의 공급망 재편 전략에서 방향타 역할 을 했다는 평가를 받았다. 이는 실제 정책으로 추진되어, 미국 의회는 미국 혁신 경쟁법US Innovation and Competition Acts, USICA을 비롯한 산업 정책 법안 일곱 개를 통과시켰다. 반도체 산업 육성, 공급망 안정화와 관련된 패키지 법안들이다.

바이든 행정부에서는 정치 이념과 경제기 동조화했다. 미국과 정치 이념을 같이하는 국가와 경제적 거래가 가능하다는 것이다. 이는 기업에게 미국 중심의 공급망 재편에 동조해야 한다는 과제를 안겨주는 것이기도 했다. 미국은 중국을 배제하는 쿼드, 칩4, IPES 등 다양한 안보·경제 다자 협력체들을 결성하고 있다. 이러한 다자 협력체에 속한 국가들과의 공급망은 지정학적 리스크가 제거되었다고 할 수 있다. 어떤 기업이 중국과의 공급망을 계속 유지한다면, 그 기업은 미국 시장에서 배제될 위험을 감내해야만 한다. 이는 투자자에게는 투자 손실 위험을 의미하는 것이기도 하다.

패권안정론과 쇠퇴하는 패권국

트럼프와 바이든은 대외 정책 측면에서 상당히 비슷한 모습을 보였다. 두 행정부 모두 중국이 패권국으로 부상하며 기존의 아시아 질서를 변경하는 일을 차단하려 했다. 그러면서도 자국의 산업, 특히 제조업을 보호하고 육성하고자 했다. 바이든은 미국의 정치적 가치를 외교 정책의 목표로 내세웠다는 점에서 트럼프와 차이가 있었지만, 그럼에도 보호무역주의라는 방향은 공통적이었다.

이는 매우 중요한 의미를 갖는다. 대통령이 누가 되더라도 이것이 앞으로 미국이 지향할 장기적 방향이라는 뜻이기 때문이다. 이는 미국의 힘이 상대적으로 쇠퇴한 데 기인했다고 보아야 할 것이다.

미국이 세계의 유일한 패권국으로서 세계 질서를 유지해 나가기 어렵다는 평가는 이미 나오고 있던 중이다. 사실 트럼프나 바이든이나 직면한 상황은 똑같았다. 어쩌면 버락 오바마 집권기부터 미국은 세계 질서에서 발을 빼기 시작했는지도 모른다. 오바마는 러시아가 크림반도를 침공했을 때도 이를 지켜보았을 뿐 개입하지 않았다. 미국은 러시아의 침공을 억지하지 못했다. 미국의 소극적 태도는 미국의 동맹국들에게는 불안을 가져왔으며, 독재 국가들에게는 대담함을 불러왔다.

미국이 없는 세계는 공포로 다가온다. 국제 규범이나 질서를 지키는 수호자가 없는 세계이기 때문이다. 국가 간 대립과 전쟁을 저지하는 것도 갈수록 어려워지고 있다. 세계 분쟁의 확산, 동시다발적인 전쟁 발발 가능성으로 밀림과도 같은 불안이 엄습한다. 기업도 투자자도 위험한 세계에서 각자 알아서 살아남아야 하는 각자도생의 세계가 되어버렸다. 이는 최근 지정학에 대한 세계적인 관심이 환기된 것과도 일맥상통한다. 지정학적 리스크가 적을 때는 사람들이 지정학에 관심을 갖지 않았으나 이제는 상황이 바뀌었다.

세계 질서의 측면에서 미국의 존재 의미는 국제 규범을 수립하고 안정적으로 관리한다는 데 있었다. 패권국 미국은 국제정치의 불안 요인을 제거하고, 안정적인 기업 활동이 국경을 넘어서 이뤄지게 관리하는 역할을 수행했다. 세계 질서를 바로잡는 경찰관 역할을 한 것이다. 그런데 이러한 미국의 지위가 하락하거나 세계 질서를 관리하는 역할에서 물러난다면 어떻게 될까? 국제정치에서의 불안 요인이 확대될 가능성이 커진다. 미국이 존재하지 않는 세계에 대한 두려움이 나타나는 것이다. 이를 보여준 게 바로 트럼프였다.

국제정치는 조직폭력배의 세계로 곧잘 비유해 설명할 수 있다. 하나의 강력한 폭력조직이 관리하는 동네는 오히려 치안이 안전하다는 이야기가 있다. 좀도둑들이 설치기 어렵기 때문이다. 과거 라스베이거스가 여행객들에게 매우 안전하다는 평판이 생긴 것도 강력한 마피아 세력이 카지노 산업을 관리하기 때문이었다. 그런데 어느 날 이 폭력조직의 두목이 사망하고, 군소 조직들이 난립하면 질서가 무너지고 더 많은 범죄가 더 발생한다는 것이다.

국제정치 이론에서 '패권안정론'은 강력한 패권국과 세계 질서의 안정, 그 관계를 설명하는 데 흥미로운 통찰을 보여준다. 이 이론에 의하면 국제경제에는 이를 안정적으로 관리하는 리더십이 필요하다. 국제 무역 질서에서 자유무역은 일종의 공공재로, 압도적 경제력을 갖춘 국가가 자유무역의 수혜자로서 자유무역 질서를 수립 및 관리하는 비용을 부담한다는 것이다. 즉 미국과 같은 패권국이 있어야 자유무역 질서가 유지될 수 있다는 뜻이다.

패권국이 쇠퇴기에 접어들면 개방적 국제무역 질서가 유지되기 어렵다. 다른 국가들을 개방적 질서로 유도할 수 있는 군사적, 경제적 자원이 부족하기 때문이다. 쇠퇴기의 패권국은 개방적 질서를 추구할 경우 오히려 다른 국가와의 경쟁에서 밀려날 수 있다는 위기감마저 느낀다. 이때는 패권국 스스로도 개방적이고 자유로운 세계 질서를 추구하는 게 부담일 수 있다. 결국 쇠퇴하는 패권국은 개방적인 자유무역 질서에 회의적인 태도를 갖게 되고 종국에는 보호무역으로 후퇴할 가능성도 존재한다.

러스트 벨트를 싹쓸이한 트럼프의 귀환

2016년 이후의 미국 대통령 선거에서 결정적 승부처는 줄곧 러스트 벨트였다. 미국의 대통령이 되기 위해서는 러스트 벨트 지역에서 제조업 일자리를 확보해야만 한다. 이는 미국이 보호주의로 갈 수밖에 없는 이유 중 하나다. 트럼프, 바이든 모두 러스트 벨트의 제조업 기반에 관심을 기울였다. 러스트 벨트에 대한 관심은 차기 미국 행정부에서도 이어질 것으로 예상된다. 미국 제조업 활성화는 미국의 공급망 안정을 확보하는 것과 함께 미국 백인 노동자들의 일자리와 연관되는 문제이기 때문이다.

미국 제조 기업의 자국 복귀를 지원하는 단체인 '리쇼어링이 니셔티브'에 따르면, 2022년 리쇼어링reshoring과 외국인 직접투자FDI 에 따른 제조업 고용은 전년 대비 53퍼센트 증가한 36만 4,904명이었다. 바이든 행정부는 반도체 지원법과 인플레이션 감축법IRA 을 통해 반도체와 배터리 등 첨단산업에 투자 보조금과 세액공제 혜택 등을 확대하고 있다. 이런 흐름 속에서 중국 등 아시아 국가에 제조 기반을 두던 미국 기업들의 자국 투자가 줄을 잇는 중이다. 과거 아이폰 생산의 90퍼센트가량을 중국 공장에 위탁했던 애플은 본국 투자 비

리쇼어링

리쇼어링이란 해외 공장들을 자국에 유치하게끔 하는 전략을 일컫는 말이다. 이를 통해 국내 제조업 기반을 강화하고, 생산 시장도 활성화시킬 수 있다.

한편 기업들이 서비스 분야의 업무 일부를 인건비가 싼 해외로 이전하는 현상은 '오프쇼어링'off-shoring이라 한다. 2001년 이후 미국의 제조업체들이 생산, 용역 등을 인건비가 싼 중국과 인도로 이전하기 시작하면서 본격화했다.

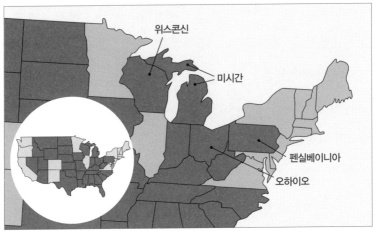

2024년 러스트 벨트 지역 대통령 선거 결과

■ 공화당 트럼프　■ 민주당 해리스

위스콘신
미시간
펜실베이니아
오하이오

출처: 2024년 대선 결과 기준.

중을 늘리며 중국 의존도를 줄이는 중이다. 인텔과 마이크론 등 미국 반도체 기업들도 자국에 생산기지와 연구개발R&D 시설을 경쟁적으로 확충해 나가고 있다.

2024년 미국 대선에서도 러스트 벨트는 미국의 대통령을 결정짓는 승부처였다. 트럼프는 러스트 벨트인 오하이오주 미들타운 출신 밴스J.D. Vance 상원의원을 부통령 후보인 러닝메이트로 삼아 선거를 치렀다. 미들타운은 러스트 벨트의 쇠락과 백인 노동자의 몰락을 보여주는 상징적인 지역이었다. 그는 자신의 유년 시절을 담은《힐빌리의 노래》라는 책을 출간하면서 미국에서 주목을 받았는데, '힐빌리'

는 가난한 백인 노동자를 뜻하는 멸칭이다.

미들타운에는 미국의 유서 깊은 제철소인 암코 스틸Armco Steel Corporation이 있었다. 암코는 1980년대부터 일본, 한국 등의 철강회사와의 경쟁에서 밀리면서 경영난을 겪었고 1989년 일본 기업 가와사키에 합병되었지만 결국 경영난으로 문을 닫았다. 노동자들이 직장을 잃고 경제적 기반이 사라지자 가족은 해체되었다. 이에 미국의 가족주의적 가치도 위기를 맞았다. 《힐빌리의 노래》는 러스트 벨트 지역에 사는 미국인들의 고통을 보여주었다는 점에서 미국 내에서 상당한 반향을 일으켰다.

트럼프는 2016년 대통령 선거에서도 러스트 벨트의 지지를 얻어 승리한 바 있었다. 그는 미국 제조업을 다시 미국으로 불러들여 러스트 벨트에 백인 노동자를 위한 일자리를 만들어주겠다고 약속했다. 그러나 코로나19 유행에 대한 대응 실패 등으로 러스트 벨트의 경제를 살리는 데 성공하지는 못했다. 결국 2020년 대선에서는 친환경 투자로 백인 노동자들에게 일자리를 약속하면서 러스트 벨트의 표심을 확보한 바이든에게 패배했다.

바이든 대통령 역시 2020년 취임 이후 러스트 벨트 지역을 중심으로 미국 제조업에 1조 달러를 투자했다. 풍력 발전 터빈, 전기 자동차 등 녹색 산업에 대한 투자를 통해 제조업을 활성화하고 일자리를 확충하겠다는 구상이었다. 최근 미국 에너지부DOE는 오하이오주 클리

블랜드 클리프스의 미들타운 제철소 시설에 5억 달러(약 6,810억 원)를 투자해 산업 혁신 프로젝트를 추진한다고 발표하기도 했다.

트럼프 2.0 시대, 인플레이션이 온다

이미 미국의 보호무역 정책은 되돌리기 힘든 흐름이다. 그 정도와 수위가 다를 뿐, 해리스와 트럼프 모두 세계 경제의 부흥이 아니라 자국의 산업을 보호해 저학력 노동자들의 일자리를 만들어야 한다는 데 입장을 같이했다. 주요 수단은 수입품에 대한 관세 부과다. 트럼프는 두 번째 대통령직에 도전하면서 이전보다 더 독해진 모습을 보였다. 모든 수입품에 10~20퍼센트, 중국산 수입에 60퍼센트 관세를 물리겠다고 공약한 것이다. 그가 집권 1기에서 실시했던 어떤 정책보다도 훨씬 더 강력한 조치다.

미국의 공급망 보호에 대해서도 두 후보는 크게 다르지 않았다. 해리스와 트럼프 모두 일본의 신일본제철이 미국 철강회사 US스틸 인수에 나서겠다고 선언한 계획에 반대했다. 미국 내 주요 산업에 대한 철강 공급망을 위협한다는 이유에서다. US스틸은 미국 펜실베이니아주에 있는 기업으로 미네소타의 철광산을 보유하고 있으며, 이곳의 철광석으로 펠릿이라는 소재를 생산한다. 펠릿은 탄소를 발생시키지 않고 수소를 이용한 열로 철을 녹이는 방식인 '수소환원제철'에 사용되는 재료인데, 이 펠릿으로 만든 철강은 미국 제조업의 핵심 소재다.

트럼프나 해리스 모두 미국 기술 기업들이 필요로 하는 공급망을 미국 내에 두겠다는 입장이었다. 해외 기업들에게도 반도체 공장이나 전기자동차에 들어가는 이차전지 제조 시설 등을 미국에 이전하도록 압력을 가할 것으로 예상되었다. 이는 국가 간 분쟁에 따른 지정학적 위험으로부터 미국의 제조업 공급망을 안정적으로 유지할 수 있는 방안인 동시에 러스트 벨트 지역에서 일자리를 창출해낼 수 있는 방식이다. 미국의 제조업 일자리 성적표는 대통령이 되기 위해 넘어서야 하는 고비였다.

문제는 미국 내에서 공급망을 구축하는 방안이 미국 경제에 부정적인 영향을 줄 수 있다는 점이다. 이유는 어쩌면 단순하다. 미국 기술 기업이 공급망을 해외에 둔 이유는 생산 단가를 낮출 수 있기 때문이다. 애플이 아이폰의 기획, 설계, 디자인 등은 미국에서 해도 제품에 들어가는 부품 대부분을 해외에서 조달하고 완제품도 중국 공장에서 생산했던 것처럼 말이다. 이유는 비용을 낮추는 데 있었다. 그런데 이러한 부품, 소재 조달부터 완제품 생산까지 미국 내에서 이뤄질 경우 불가피하게 생산 단가가 비싸질 수밖에 없다. 생산비용 상승은 결국 인플레이션으로 이어지는 요인 중 하나다.

게다가 미국이 자국 산업을 보호하기 위해서 수입품에 관세를 부과할 경우 이는 그대로 물가 상승의 결과로 나타난다. 수입품을 비싼 가격에 구입해야 한다는 얘기다. 해외에서 부품, 소재를 사와야 하는 미국 기업 역시 관세로 인해 이를 비싸게 수입해야 하는 상황에 처한다. 이는 다시 생산비용 상승으로 이어지게 된다. 제품 가격이 올라갈수록 이를 사려는 사람들은 줄어든다. 독일 최대 은행 도이체방크의 수석 이코노미스트인 매튜 루제티는 "보호무역주의 강화와 관세 인상은 미국 경제 성장을 저해하고 인플레이션을 높이는 부정적 영향을 미칠 것"이라고 했으며 미국 대형 투자은행 골드만삭스는 "관세율이 1퍼센트포인트 오를 때마다 인플레이션이 0.1퍼센트포인트씩 상승할 것"으로 예상하기도 했다.

　2024년 대선에서도 역시나 인플레이션은 중요한 이슈였다. 코로나19 팬데믹으로 인한 경기 침체를 막기 위해 미국을 비롯한 각국 정부는 재정을 확대하고 돈을 풀었다. 그런데 이것이 인플레이션이라는 후폭풍으로 이어졌다. 그리고 이는 즉시 노동자들의 생계 문제로 다가왔다. 일을 해서 돈을 벌어도 물가가 올라 곤궁한 생활을 해야 했기 때문이다.

　두 후보는 인플레이션 문제를 심각하게 인식하면서도 각기 다른 해법을 내놓았다. 트럼프는 연료비 인하를 약속했다. 미국에서 에너지 생산량을 늘려 연료비를 낮추겠다는 것이다. 반면 해리스는 생필

품 가격 인하를 내세웠다. 기업들로 하여금 인위적으로 상품 가격을 낮추도록 하겠다는 것이다. 해리스의 공약은 기업의 영업 활동을 정부가 규제하는, 즉 시장경제의 원리에 반한다는 비판을 받기도 했다.

결국 트럼프 2기 신정부는 보호무역 정책을 취할 것으로 예상된다. 보호무역은 필연적으로 정부 재정 지출을 늘릴 것이며, 이는 다시 물가 상승으로 이어질 가능성이 크다. 미국에서 공장을 돌려야 하는 상황에서 생산비용은 상승하고, 여기에 재정 확대에 따른 통화 증가가 맞물리면서 인플레이션 압박이 거세질 것이다. 제조업 공장은 유권자인 저학력 노동자의 일자리와 직결된다. 특히 반도체의 경우 공급망을 미국 내에 둘 가능성이 높다. 반도체를 설계만 했던 것에서 넘어서서 직접 생산까지 하겠다는 것이다. 사실 이러한 기조는 이미 바이든 행정부에서도 나타났지만, 트럼프가 바이든과 다른 점은 해외 기업의 미국 내 반도체 생산에 대한 보조금을 축소하거나 삭감할 가능성이 높다는 점이다. 트럼프는 선거운동 기간 중 "동아시아의 반도체 기업에 왜 미국 정부가 보조금을 줘야 하는가?"라며 반대 의사를 밝힌 바 있다.

미국에 반도체를 수출해서 수익을 얻었던 한국의 반도체 기업들은 위기에 처할 수 있다. 트럼프의 보호무역 기조는 한국, 대만 등의 반도체 기업에 대한 보조금 삭감으로 이어질 수 있기 때문이다. 바이든 행정부는 2024년 5월까지 전체 지원액 2,800억 달러 중 약 550억 달러의 보조금과 대출을 잠정 승인한 바 있었고 가장 큰 수혜자는 미국 반도체 회사인 인텔과 마이크론, 대만의 TSMC와 한국의 삼성이었다. 이 기업들은 미국에서 고도로 정교한 칩을 생산하기 위해 첨단 제조 시설을 미국에 구축해왔다.

트럼프의 경제 정책은 저학력 노동자들의 제조업 일자리 확보에 맞춰져 있다. 이를 위한 수단이 앞서 언급한 고율의 관세다. 트럼프는 '사전에서 가장 아름다운 단어는 관세'라고 말하기도 했다. 관세를 통해 미국에서 생산한 제품이 가격 경쟁력을 갖추도록 함으로써 일할 수 있는 공장 수의 증가로 이어지게 하겠다는 것이다. 아울러 미국에서 일자리를 잠식하고 있는 불법 이민자들을 추방할 것이며 나아가 연준이 금리를 인하하도록 해 통화 정책 차원에서 실업률을 낮추겠다고도 했다. 관세 인상, 불법 이민자 추방, 연준의 금리 인하 등 트럼프의 공약은 모두 급격한 물가 상승을 가져올 수 있는 정책들이다.

먼저 관세 인상은 그대로 상품 가격 상승으로 이어질 것으로 예상된다. 미국 소비자들이 관세 인상으로 인한 비용을 고스란히 부담하게 될 것이라는 얘기다. 트럼프는 석유를 비롯한 에너지 생산량을 늘려 인플레이션을 잡겠다고 하지만, 이것이 전체 소비 품목에 대한 가격 상승을 얼마나 억제할 수 있을지는 미지수다.

다음으로 저임금을 받는 이민자를 추방할 경우 기업들은 보다 높은 임금을 주고 미국인 노동자를 고용해야 하는데, 이는 상품 가격 인상으로 이어진다. 또 기업이 상품 생산량 자체를 축소할 수도 있다. 기업 입장에서는 줄어든 매출액에 따라 고임금 일자리까지 줄여야 하는 상황이 생긴다. 결국 이민자 추방은 기업 성장 저하로 인한 고급 일자리 감소로도 이어질 수 있다.

또한 미국 연방준비제도Fed(연준)의 금리 인하 여부도 주목된다. 독립적 성격이 강한 연준이지만, 그럼에도 트럼프의 요구에 따라 금리를 인하할 경우 통화 팽창에 따라 인플레이션이 발생할 위험이 높아진다.

인플레이션은 화폐 가치를 떨어트리기 때문에, 자본시장에 대한 투자는 오히려 늘어날 것으로 예상된다. 실물 화폐를 갖고 있는 사람이 손해라는 것이다. 즉 비트코인과 같은 가상화폐에 대한 투자가 증가하고, 이는 가상화폐 가격 상승으로 이어질 가능성이 높다. 2024년 미국 대통령 선거운동 기간 중 트럼프의 승리 가능성이 점쳐질 때마다 비트코인 가격이 급등하는 양상을 보인 건 이 때문이다. 트럼프는 가상화폐에 대한 규제 완화를 공약으로 내세운 바 있다.

미국의 산업도 영향을 받을 것으로 예상된다. 재생 에너지, 전기 자동차, 배터리 산업에 집중투자한 바이든 재임 시기에는 태양광, 풍력 발전 등 재생 에너지 기업들이 크게 성장했다. 그러나 트럼프 2기 행정부에서는 친환경 산업 분야들이 정치적 리스크를 갖게 될 것이다. 트럼프는 신재생 에너지 분야보다는 기존의 화석 에너지를 중시하기 때문이다. 트럼프는 휘발유 차량을 유지함으로써 미국 자동차 산업을 부활시키겠다고 공약한 바 있다.

영국 〈파이낸셜 타임스〉는 미국 대통령 선거 결과에 가장 큰 영향을 받을 산업으로 신재생 에너지 분야를 꼽았다. 해리스는 바이든 대통령의 정책을 이어받아 신재생 에너지 분야에 대한 투자, 지원을 강화할 것으로 예상되었다. 반면 트럼프는 신재생 에너지 산업에 대한 정부 지원을 중단하고, 전통적인 화석연료에 대한 규제 완화, 투자를 공약으로 내걸었다.

인플레이션 감축법이 통과된 이후, 미국에서는 에너지 부문에 약 4,500억 달러의 민간 투자가 유입되었다. 인플레이션 감축법은 첨단 제조 기술을 활용한 제품을 미국 내에서 생산해 미국 내에서 판매하는 경우 세액공제 혜택을 주는 법이다. 이 법에서 첨단 제조 분야로 배터리, 태양광, 풍력, 희귀 광물 등을 적시했는데 이는 기후변화에 대응하기 위한 것이다. 트럼프는 선거운동 기간 자신이 당선되면 바로 이 법안의 효력을 중단하겠다고 공언한 바 있다. 즉 트럼프의 당선으로 미국 내 신재생 에너지 산업은 정치적 리스크를 안게 된 셈이다. 에너지 마켓 리서치 회사인 블룸버그NEF는 인플레이션 감축법이 폐지되면 그대로 유지되는 경우에 비해 2025년부터 2035년까지 신재생 에너지 발전 용량이 17퍼센트 감소할 것으로 예상했다. 특히 가장 큰 타격을 받을 분야는 풍력이다.

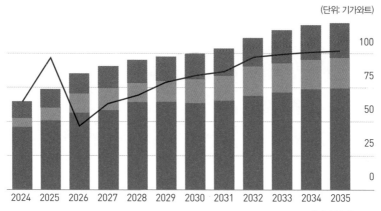

미국 인플레이션 감축법과 미국 신재생 에너지 발전 전망

■ 태양광 ■ 풍력 ■ 에너지 저장장치 ── 인플레이션 감축법 폐지 시 시나리오

(단위: 기가와트)

출처: 블룸버그NEF

그러나 트럼프 리스크를 지나치게 확대해 막연한 공포로 이어지는 분위기는 경계해야 할 것이다. 미국 정치에서 선거운동은 유권자에게 선명한 메시지를 제시하는 데 초점을 맞춘다. 트럼프가 과장된 화법으로 제시한 공약의 핵심은 제조업 일자리 창출이다. 그러나 노동자들이 받는 월급의 가치를 안정적으로 유지해주는 것도 중요하다. 월급으로 받는 돈의 가치가 떨어지면 트럼프에 대한 지지도 하락할 수밖에 없기 때문이다. 다시 말해 트럼프 역시 선거운동 기간 내놓은 경제 공약들을 그대로 관철하기는 어려울 것이다.

또한 미국 대통령이 산업에 미치는 영향력의 정도를 절대적으로 보는 것 또한 경계해야 할 일이다. 미국 대통령의 정책이 반드시 개별 기업의 실적과 주가에 반영된다고 보는 어려운 면도 존재하기 때문이다. 미국은 전통적으로 정부의 시장 개입에 부정적이고, 자유방임의 시장경제체제를 강조하는 '레세페르laissez-faire 이코노미' 전통이 강한 국가다. 정부 정책에 따라 퇴색되기도 하지만, 미국 경제의 기본적인 성격이 그렇다.

트럼프는 석유, 가스 등 화석연료 산업에 대한 규제 완화를 약속했다. 미국의 석유, 가스 기업들이 생산량을 늘리게 하면 연료비가 낮춰져 인플레이션 억제로 이어질 것이라고 기대한 것이다. 그러나 그것이 석유, 가스 기업의 실적 상승과 주가 상승으로 이어질 수 있을 것인지는 불확실하다. 미국 경제 전문지 《포브스》에 따르면, 미국의 석유화학기업 엑손모빌의 경우 트럼프 1기 행정부에서 주가가 하락했다. 반면 바이든 행정부 시기 주가는 최고치를 기록했다. 이는 석유 가격과 밀접한 관계가 있다. 코로나19 팬데믹이 끝난 이후 석유 수요가 증가했고 러시아-우크라이나 전쟁으로 석유 수급에 대한 불안이 가중된 데 반해, 바이든 행정부의 저탄소 정책으로 석유 생산량 증가는 제한적이었다. 이 같은 요인으로 석유 가격이 상승했고, 이는 오히려 엑손모빌의 실적 증가로 이어진 것이다. 트럼프는 연료비를 낮추겠다고 공약했기 때문에, 석유 가격은 낮은 수준에서 형성되고 결국 엑손모빌의 실적은 하락할 가능성이 높다.

한편, 미국 대통령의 공약과 연관지어 한국 기업이 테마주로 부상하는 것은 미신에 가깝다고 해야 할 것이다. 미국 대통령 후보가 바이오 산업을 육성하겠다는 공약을 내세운다고 해서, 한국의 바이오 기업이 그대로 수혜를 볼 수는 없다는 얘기다. 2020년 미국 대통령 선거에서 한국의 수산물 가공 업체인 한성기업 주가가 단기간 상승했는데, 이 기업의 대표가 조 바이든과 같은 대학 출신이라는 이유에서였다. 기업 실적과 무관한 비합리적 사고에서 비롯된 추론이 문제다.

더 강력해질 미국 우선주의, 위기와 기회는?

트럼프가 2024년 대통령 선거에서 승리함으로써 미국의 대외정책은 다시 고립주의로 향할 것으로 예상된다. 여기서 중요한 점은 오바마, 트럼프, 바이든 정부를 관통하는 미국의 대외 전략을 발견할 수 있다는 점이다. 먼저 중국에 대한 견제다. 미중 전략 경쟁이 본격화하기 시작한 것은 트럼프 집권기였지만, 사실 중국에 대한 견제는 오바마 이후 이어진 미국의 대외 정책 기조였다. 트럼프는 중국에 대한 견제를 더욱 강화해갈 것으로 예상된다.

다음은 러스트 벨트를 겨냥한 리쇼어링 정책이다. 러스트 벨트는 미국에서 대통령이 되기 위한 결정적 승부처다. 트럼프, 바이든 모두 집권 시기 러스트 벨트에서 저학력 백인 노동자를 위한 제조업 일자리를 확보하고자 했다. 이것이 미국이 보호무역주의로 가는 요인 중 하나였다.

이는 기업이나 투자자 입장에서 볼 때 중요한 함의를 갖는다. 바로 미국에 위치한 제조업 공장을 확보한 기업들이 지정학적 리스크를 줄일 수 있다는 점이다. 반대로 중국에서 제품을 생산하는 기업들은 지정학적 리스크에서 자유롭지 않을 수 있다. 기업의 공급망이 위치한 지역 때문에 리스크가 달라진다는 뜻이다. 즉 투자 검토 대상 기업이 어디에 제조업 시설을 두고 있는지를 따져보는 것이 중요하다.

트럼프 2.0 시대 투자의 기회는 미국 제조업에서 찾을 수 있다. 트럼프는 '러스트 벨트'에서 승기를 잡아 징검다리 집권에 성공했다. 미국 제조업을 부활시키겠다는 약속이 먹혀든 것이다. 그의 메시지는 반복적이었고, 선명했으며, 그리고 매우 과격했다. 저학력의 백인 노동자는 물론 흑인, 히스패닉까지 트럼프를 지지했다. 미국 제조업 공장은 이들에게 생계의 터전이니 말이다. 미국 제조업이 어느 수준까지 날아오를지는 알 수 없지만, 트럼프는 미국 제조업의 부상을 위해 가용한 모든 수단을 동원할 가능성이 높다. 트럼프노믹스의 출발점은 미국 제조 산업 정책이 될 것으로 예상된다.

그동안 미국 부의 원천은 실리콘밸리의 IT 기업, 뉴욕 월스트리트 금융가였다. 애플, 메타 등 급성장을 거듭해온 미국 기술 기업에 투자해 돈을 벌 수 있었다는 것이다. 문제는 이들 분야에서 고액의 연봉을 받고 일할 수 있는 사람들은 좋은 대학을 나온 엘리트들로 제한되었다는 점이었다. 미국 기술 기업이 급속한 성장을 거듭하는 사이, 미국 제조업은 아시아 지역의 제조업체와의 경쟁에 밀려 몰락했다. 미국 저학력 노동자들의 일자리가 사라진 것이다. 고학력 엘리트와 저학력 노동자 사이의 극단적인 양극화가 미국을 아프게 만들었다. 트럼프는 이러한 정서를 파고들었고, 다시 미국의 대통령에 오를 수 있었다.

따라서 트럼프 2.0 시대 미국의 주식 시장은 제조업을 중심으로 상승세를 이어갈 것이다. 여기에 연준의 금리 인하, 재정 확대 등 거시경제적 요인이 맞물려 미국 증시는 매력적인 투자처가 될 전망이다. 미국 주가지수와 연동된 상장지수펀드ETF도 투자 기회다. 트럼프 1기 집권기 거시경제 정책의 특징은 양적 완화였다. 당시 양적 완화로 풀린 달러화는 주식 시장에 유입되었다. 반면, 한국 등 아시아 제조업 국가들에게 트럼프는 기회보다는 위험 요인으로 작용할 것으로 보인다. 미국 시장에 대한 의존도 높은 제조업 기업들은 미국 내에 제조 시설을 확보하는 등 대응 전략을 마련해야 할 것이다.

미국 제조업과 함께 주목해야 할 분야가 있다. 바로 한국의 방위산업이다. 한국의 제조업이 트럼프 리스크를 안고 있는 반면, 한국 방위산업에는 트럼프 2.0 시대가 기회로 다가올 수 있다. 세계 각 국가들은 이제 스스로 자국의 안보를 지켜야 하는 부담을 짊어지게 되었다. 미국이 없는 세계에 대한 공포는 대규모 군비 증강을 불러올 가능성이 크다. 각 국가들은 탱크, 대포, 미사일, 군함 등을 사야 하는 상황에 처했다.

한국 방위산업이 세계 무기 시장에서 경쟁력을 갖는 요인은 크게 세 가지다. 첫 번째로 북한의 군사적 위협에 대응해 미국, 독일을 비롯한 군사기술 선진국으로부터 무기를 도입해왔다는 점이다. 이 과정에서 기술이전을 받았고 그렇게 축적한 재래식 무기 기술이 오랜 기간 축적되어 지금의 명품 무기를 만들어냈다. 미국으로부터 첨단 무기를 직접 사기 어려운 다른 국가들 입장에서는 한국의 무기들이 매력적인 대안이 될 수밖에 없다. 둘째, 가격 경쟁력이다. 미국, 독일의 방위사업체에 비해 한국의 무기들은 '가성비'가 높다. 첨단 군사기술이 들어가 있으면서도 비교적 싸게 살 수 있다는 뜻이다. 셋째, 기술이전과 수입국 현지 생산 등의 판매 옵션 역시 장점이다. 수입국은 한국의 무기를 대규모로 구매하면 추후 이를 자체 생산할 수 있다는 기대를 갖게 된다.

미국 대통령 트럼프는 불확실성이라는 아우라를 두른 채 다시 우리 앞에 나타났다. 그의 재등장이 여러 리스크를 불러올 것을 부정하기는 어렵다. 그럼에도 트럼프 공포에서 트럼프 기회론으로의 전환 가능성은 여전히 존재한다. 불확실성은 변동성이 확대된다는 의미일 수 있으며 이는 상황 변화에 따른 기회 요인이 되기도 하기 때문이다.

많은 기업에게 중국은 상당한 정치적 리스크를 갖는 국가다. 대외적으로 중국은 미중 전략 경쟁에 따라 미국의 제재를 받을 가능성이 있으며, 대내적으로는 중국 공산당의 통치에 따른 위험 부담을 안고 있다. 게다가 국유 기업 중심의 양적 성장 모델은 언젠가 한계에 부딪힐 수밖에 없다. 즉 중국에 공급망을 두는 것은 기업으로서 상당한 위험을 안아야 한다는 의미다.

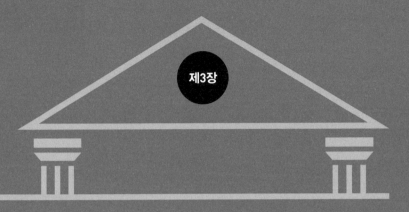

국가 주도 혁신은
성공할 수 있을까

중국 공산당 리스크

GEOPOLITICS:
RISKS AND OPPORTUNITIES

시장경제, 중국의 성장 동력이 되다

과거 중국이 개혁개방 이후 급속한 경제 성장을 거듭할 수 있었던 데는 혁신적인 민간 기술 기업의 역할이 컸다. 중국의 혁신적인 공유 운송 플랫폼 기업 디디추싱DiDi Chuxing은 스마트폰을 이용해 원하는 위치로 공유 차량을 손쉽게 부를 수 있는 서비스 제공을 주요 사업으로 했다. 한국을 포함한 다른 국가들에선 각종 운수 산업 규제에 막혀 상업화하기 어려운 서비스가 중국에서 먼저 시작된 것이다. 이는 중국의 기업 환경이 그만큼 자유로웠기 때문에 가능한 일이었다. 중국 기업들이 한국보다 훨씬 빨리 위챗페이, 알리페이 등 핀테크 혁신을 선도할 수 있었던 것도 이런 이유 때문이다. 각종 금융규제 때문에 한국에서 핀테크 산업 혁신이 더디게 이뤄진 점과는 대조적이다.

경제 성장으로 기업 활동이 활발해지던 시대 상황을 반영한 드라마들도 만들어졌다. 중국의 지방 방송사인 저장위성TV에서 2018년 10월부터 방영된 중국 드라마 〈창업시대〉가 대표적이다. 이 드라마가 제작된 저장성浙江省은 광둥성廣東省, 푸젠성福建省과 더불어 중국 개혁개방의 전진기지였다. 〈창업시대〉에는 황헌과 안젤라베이비를 비롯해 중국의 톱스타들이 대거 출연한다. 드라마의 줄거리는 주인공 황헌이 스마트폰 문자 메시지 서비스에 음성 메시지 기능을 탑재할 수 있는 소프트웨어를 개발하는 벤처기업을 창업한다는 내용이다. 이 드라마에서 새로운 서비스를 개발하고, 이를 통해 부와 일자리를 창출하는 토대는 자유로운 중국 젊은이들의 패기였다.

첨단기술 기업들이 태동한 중국의 대표 혁신 지역은 광둥성의 선전深圳이다. 화웨이를 비롯한 중국의 빅테크 기업들이 밀집해 있어 중국의 실리콘밸리라고도 불리는 선전시는 1979년 경제특구 설립 이후 2021년까지 연평균 경제 성장률이 20.7퍼센트에 달한다. 1990년대까지는 주로 저임금 노동력에 기반한 가공무역 중심의 경제 구조를 갖고 있었으나, 2000년대 중반부터 첨단기술 개발 연구를 집중 지원하면서 첨단산업이 급성장한다.

1980년대 설립된 통신 기술 기업 화웨이와 ZTE(중흥통신)에 이어,

1990년대에는 텐센트(인터넷 서비스), BYD(전기차)가 선전시에서 창업했다. 2000년대 들어서면서는 BGI(유전체기술), 로욜Royole(디스플레이), 슈퍼디SuperD(가상현실) 등 글로벌 혁신 기술 기업이 지속적으로 등장했다.

선전시는 2000년 중반 이후 정부 주도로 과학기술 혁신을 실현하기 위해 첨단기술 연구소 설립, 자금 지원, 인재 유치 및 양성 등을 활발하게 추진했다. 그뿐만 아니라 선전시의 과학기술 혁신 담당 기관인 '과학기술 혁신위원회'를 중심으로 자문기구, 대학 및 연구기관, 지역 네트워크를 만들었으며, 기업 간에 긴밀한 첨단기술 산업 협력 체계를 구축했다.

여기에 머물지 않고 선전시는 적극적인 지원 정책을 지속적으로 펼침으로써 혁신 생태계 구축을 위한 노력을 가속화했다. 1999년 9월 선전시 정부는 '첨단기술 산업 발전 추가 지원에 관한 규정(개정) 제171호'를 발표하기에 이른다. 주요 내용은 중국의 국내외 유명 대학과 과학 연구기관이 선전에 산학 연구·교육, 연구성과 이전 시설을 설립하도록 지원하는 것이었다. 먼저 첨단기술 구역에 '대학 단지'를 설립해 기술 기업의 창업 인큐베이팅 기능을 갖도록 했다. 그리고 중국 내 과학기술 인력은 물론 유학생들이 선전에서 과학기술 기업을 설립하도록 장려했다. 창업을 위한 자금 지원, 세금 혜택, 투자 금융 체계 구축 등이 지원안의 핵심 내용이다. 다양한 지원을 통해 중국 내외의 벤처캐피털이 선전에 들어올 수 있도록 문호를 활짝 개방한 것이다.

2003년 2월에는 '선전 경제특구 벤처캐피털에 관한 규정'을 발표했는데, 이는 벤처캐피털에 관한 최초의 특별 규정이다. 이에 따라 벤처캐피털 기관의 하이테크 산업 프로젝트 투자를 지원했으며, 벤처캐피털에 정책 및 금융 지원을 제공하도록 했다. 이어 2004년 1월에는 '지역 혁신 시스템 완비 및 첨단기술 산업의 빠른 발전 촉진에 관한 결정'을 발표하고 과학기술 창업보육센터를 건설한다. 2006년 1월에는 '자주적 혁신 전략과 국가 혁신 도시 건설에 관한 결정'을 발표한다. 이를 통해 국가 혁신 도시 건설이 선전 도시 발전 전략의 역사적 선택이며, 혁신을 선전 미래 발전의 지배적인 전략으로 삼고 국가 혁신 도시 건설을 위해 노력해야 한다는 점을 천명했다.

선전시의 이 같은 정책들은 긍정적인 효과를 낳았다. 선전에서 정부, 과학기술 연구소, 기술 기업 간의 혁신 협력 체계를 구축하게 된 것이다. 2007년 선전시 정부는 슈퍼디를 선전에 유치했고, 이 기업의 혁신 기술 개발과 사업화를 지원했다. 슈퍼디는 2013년 톈마마이크로전자天馬微電子, 화싱광뎬華星光電, 칭화대 대학원 등 15개 선전시 기업 및 연구기관과 연합해 '3D디스플레이 산업연맹'을 출범시켰다. 그렇게 협력한 결과 2015년 슈퍼디는 폭스콘, 톈마마이크로전자와 공동으로 3D 스마트폰을 출시하는 데 성공했다.

공산당의 통제는 기업을 살릴까, 죽일까?

한때 중국의 기술 기업은 매력적인 투자 대상이었다. 공산당에 반대하지만 않으면 어떤 사업도 할 수 있을 것 같은 사회 분위기였다. 베이징대와 칭화대 사이에 위치한 중관춘이라는 지역은 1인 기업을 설립한 청년들로 가득했고 거대한 중국 시장에서 혁신적인 사업 모델을 제시한 기업들은 급격한 성장을 이뤘다. 당연히 글로벌 투자자들에게 이들 기업은 매력적인 성장주였다. 중국 베이징의 금융가에선 기업 공개IPO를 전문적으로 하는 금융서비스가 호황을 누렸다. 실리콘밸리에서 애플 같은 미국의 혁신 기업이 태어났던 것처럼 선전에서는 텐센트, BYD 같은 혁신 기술 기업들이 생겨났다. 미국과 마찬가지로 중국의 경제 성장은 혁신을 가능케 하는 자유로운 기업 환경에서 비롯되었다고 할 수 있다. 이처럼 혁신의 탄생은 자유로운 시장을 바탕으로 한다.

그런데 거대한 시장을 등에 업고 영원히 지속될 것만 같았던 이들의 성장세는 급격하게 꺾이고 만다. 시진핑 정부가 기술 기업에 대한 광범위한 규제에 나섰기 때문이다. 홍콩 증시에 상장된 텐센트의 주가는 급격하게 하락했다. 텐센트 주가는 2021년 2월 11일 719.23홍콩달러(약 12만 8,000원)로 정점을 찍은 이후 계속 하락세를 이어가고 있다. 텐센트가 갖는 확장성을 고려할 때 이러한 하락세는 다소

텐센트의 주가 추이

(단위: 홍콩달러)

최고 719.23(2/11)

500.000

374.800

250.000

최저 190.78

2020 2021 2022 2023 2024 (년)

2021년 11월 11일
시진핑의 세 번째 연임을 정당화하는 3차 역사결의 통과

이해하기 어려운 측면이 있다.

2022년 주가가 3분의 1 수준까지 하락했던 텐센트의 매출액은 이듬해 6,090억 위안(약 118조 4,627억 원)으로 증가하는 등 지속적인 성장세를 보였다. 이처럼 저평가된 중국의 기술 기업을 두고 '매수 적기가 다가온다'고 말할 수 있을까. 텐센트의 실적 상승이 아직 주가에 반영되지 않았기에 그렇게 볼 수도 있을 것이다. 그러나 매수 판단에 앞서 중국 공산당의 정책 기조를 보아야 한다. 텐센트의 주가 하락은 중국 공산당의 게임 산업, 기술 기업에 대한 규제가 원인으로

지적되곤 한다. 중국 공산당의 정책 방향에 대한 전망이 투자 판단의 주요한 기준으로 작용할 수밖에 없는 것이다.

중국의 기술 기업에 대한 투자 판단을 하기 위해서는 시진핑 집권기에 이뤄진 중국 공산당의 정책 방향 전환에 대한 분석이 필요하다. 중국의 개혁개방은 텐센트와 같은 혁신적인 기술 기업들이 출현할 수 있었던 정치적 배경이었다. 개혁개방 이후 민간 기업들에게는 영업 활동의 자유가 보장되었고 이들은 부단한 혁신을 거듭하면서 급격한 성장을 이뤄냈다. 서구 자본의 투자도 활발했다. 그런데 이러한 기조가 시진핑 집권을 기점으로 바뀌기 시작한다. 민간 기업에 대한 통제를 강화하고 공산당의 지배력을 확대하는 방향으로 전환한 것이다. 왜 이런 전환이 일어나게 되었을까? 민간 기업의 성장이 중국 공산당의 사회적 통제를 약화시키고, 중국 공산당의 위기를 가져오는 요인 중 하나로 지적되었기 때문이다. 이는 중국 기술 기업에 대한 저평가로 이어졌다. 중국의 기술 기업은 이처럼 중국 공산당의 정책에 따라서 언제든 활동에 제약을 받을 수 있다는 문제가 있다. 즉 정치적 위험 요인을 안고 있다는 뜻이다.

알리바바의 주식은 투자자에게 상당히 매력적으로 보인다. 2014년 대비 2020년 알리바바의 매출 증가율은 931.2퍼센트였다. 아마존이 같은 기간 391.7퍼센트의 매출 증가율을 보인 것과 비교해봐도 알리바바의 성장세가 얼마나 급격하고 눈부신지 알 수 있다. 그럼에도 같

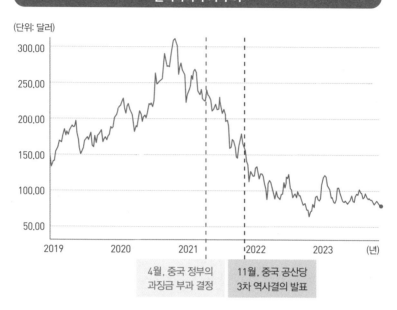

(단위: 달러)

300.00
250.00
200.00
150.00
100.00
50.00

2019   2020   2021   2022   2023   (년)

4월, 중국 정부의
과징금 부과 결정

11월, 중국 공산당
3차 역사결의 발표

은 시기 알리바바의 주가 상승률은 104퍼센트에 불과했다. 아마존의 주가 상승률이 1,040퍼센트인 것과 비교하면 매우 낮은 수준이다. 이는 주가 상승의 잠재적 가능성이 높다는 의미로도 해석할 수 있다.

수익 면에서도 알리바바는 2022년 기준 8,530억 달러로 아마존 (5,139억 달러)을 크게 상회했다. 중국의 알리바바가 미국을 대표하는 전자상거래 기업 아마존을 추월한 것이다. 알리바바와 아마존의 재무제표 수치를 단순 비교해본다면, 알리바바의 주가는 앞으로 열 배 이상 상승이 가능할 것이라는 희망적인 전망도 해봄직하다.

그러나 이런 사실들을 모두 고려하더라도 투자자가 알리바바 주식을 사려면 상당한 위험을 감수해야 한다. 매출 증가율과 수익률이 아마존을 앞서고 주가 상승이 기대되는데도 투자 위험이 큰 것은 왜일까? 알리바바의 주가에는 이른바 '정치적 리스크'가 반영되어 있으며 여기서 자유로울 수 없기 때문이다. 중국 공산당 정부의 규제라는 정치 리스크를 고려할 경우 알리바바의 주가 상승에 대해서는 신중할 수밖에 없다.

최근 중국 리창李强 총리가 취임한 이후 중국 빅테크 기업과 민간 기업에 대한 지원을 강화할 것이라는 발표가 나왔다. 이 발표에 힘입어 알리바바 주가가 상승하는 모습을 보인 것도 사실이다. 하지만 마냥 긍정하기엔 여전히 리스크가 따른다. 알리바바가 중국 공산당의 정책에 따라 언제든 흔들릴 수 있는 기업이라는 인식이 쉽게 사라지는 않을 것이기 때문이다. 중국 공산당이 민간 기업의 통제를 강화하는 상황이 생기지 않으리란 보장도 없다. 이런 점을 고려한다면 중국이 기업들에게 경제적 기회를 적극적으로 제공할 것이라고 단언하기 어렵다.

중국 경제에 도사린 공산당 리스크

중국 공산당의 사적 기업 침투는 언제부터 시작된 것일까? 시진핑 국가주석이 2012년 중국 공산당 중앙위원회의 11호 문건, 그리고 2012년 중앙경제공작회의(업무 회의)에서 비국유 기업에 대한 당 조직의 구현 발언 등을 한 데서 비롯되었다. 중국의 모든 민간 기업에 당조黨組(당 조직)를 만들겠다는 것이 주요 내용이다. 민간 기업 내에 당 조직을 건설하는 것은 지방정부 당국의 주요 과업으로 규정되어 있을 정도다. 결론적으로 중국의 기업은 중국 공산당의 통제에서 벗어나기 어려운 상황에 직면한 것이다. 만일 한국 기업이 중국 기업과 거래를 하려면 중국 공산당의 방침을 고려해야 하는 위험 부담도 함께 안을 수밖에 없다.

중국 시장에 대한 투자가 망설여지는 이유는 중국 공산당의 기업과 시장에 대한 통제 강화라는 정치적 리스크 때문이다. 나아가 국유 기업에 대한 과도한 산업 집중은 중국 경제의 효율성을 저하시키는 요인으로 작용할 수 있다. 중국에서 국유 기업은 민간 기업에 대한 통제력을 갖고 있기 때문에 중국 공산당은 국유 기업을 통해 시장에 영향력을 행사하는 것도 가능하다. 시진핑의 중국 공산당이 추구하는 경제 방식은 시장에서 지나치게 정치적 리스크를 확대하는 동시에 경제적 비효율성을 증가시키는 결과를 가져올 수 있다.

민간 기업, 특히 기술 기업은 중국의 산업 혁신을 가져왔다. 그럼에도 시진핑이 이끄는 중국은 중국 공산당 중앙, 국유 기업이 영도하는 혁신 모델을 제시했다. 중국의 고도성장을 희생하면서 비효율적인 국유 기업 중심 정책을 취하는 것이다. 개혁개방 이후 중국 공산당은 자신의 집권 정당성을 사회주의혁명이 아닌 급속한 경제 발전에서 찾았다. 다시 말해 인민들에게 경제적 부를 줄 테니 자신들을 지지해 달라는 것이다. 그런데 민간 기업이 늘어나고 시장이 자유로워지자 공산당의 통제력이 약화되기 시작했다. 공산당은 더 이상 집권할 수 없을지도 모른다는 불안에 휩싸였고, 이는 다시 민간 기업과 시장에 대한 통제력 강화로 이어졌다.

국유 기업 중심 발전 모델은 국가가 산업의 혁신까지도 통제하겠다는 의지의 표현이다. 중국 공산당은 2021년 11월, 제19기 중앙위원회 6차 전체회의(이하 19기 6중전회)에서 '중국 공산당 중앙의 당의 100년 분투와 중대 성취와 역사 경험에 관한 결의'(이하 3차 역사결의)를 발표한 바 있다.

시진핑의 3연임을 정당화한 것으로 해석되는 '3차 역사결의'의 내용을 들여다보면 경제 건설의 중심이 공산당이며, 당은 중국 특색 경제 제도에 따라 국유 기업을 더욱 강력하고 우월하게 만들어야 한다는 역설이었다. 그리고 국유 기업을 혁신의 추동 주체로 설정했다. 중국 공산당은 서구 자본주의와 대비되는 이 혁신 방식을 '중국 특색 경제 모델'이라고 불렀다.

핵심은 경제에 대한 공산당의 통제 강화다. 3차 역사결의를 통해 중국 공산당은 국유 기업 중심의 경제 발전 모델을 제시했다. 공산당이 경제 업무에 대한 전략 계획을 수립하고 통일적 지도력을 강화해야 한다고 밝힌 것이다. 특히 당은 중국 특색 경제 제도에 따라 국유 기업을 더욱 강력하고 우월하도록 만들어야 함을 강조했다. 국유 기업이 혁신을 추동하며 경제에 대한 통제력과 영향력을 제고하기 위해 당이 더 깊이 개입해야 한다는 의미다.

중국 경제에서 국유 기업이 차지하는 비중은 매우 높다. 세계적으로 손꼽히는 중국 기업 중 대다수가 국유 기업이다. 미국 경제지《포천》이 발표한 2014년 세계 500대 기업 중 중국 기업은 91개인데, 그중 83개가 국유 기업이었다. 세계적인 중국 기업의 90퍼센트 이상이 국유 기업인 셈이다. 특히 중국석유화공그룹Sinopec, 페트로차이나, 중국건축 등 국유 기업이 차례로 1, 2, 3위를 차지했다. 중국에서 유독 국유 기업이 세계적으로 성장할 수 있었던 이유는 무엇일까? 그것은 정부의 보호 아래 시장을 독점 혹은 과점해온 덕분이다. 특히 자동차, 철강, 석유화학, 조선 등 산업 핵심 분야는 대부분 국유 기업이 차지하고 있다.

2000년대 후반에는 국유 기업의 시장 점유율을 높이는 대신 민간 기업의 점유율을 줄이는 '국진민퇴'國進民退 정책을 실시하기도 했다. 이처럼 중국은 국유 기업의 시장 독과점을 통해 국유 기업의 국제경쟁력을 높여왔다. 바로 이것이 세계 500대 기업에 들어가는 중국 기업 대부분이 국유 기업일 수밖에 없는 이유다.

중국 경제에서 국가가 차지하는 비중은 앞으로도 계속 커질 것으로 예상된다. 중국 공산당은 자유로운 자본주의 시장을 목표로 내세우지 않는다. 여전히 중국 특색의 사회주의를 강조하고 있으며, 전략 산업에 대한 국가의 통제를 오히려 전면에 드러낸다. 특정 첨단산업에 대해서는 '국가 챔피언' 전략을 추구하고 있다. 첨단산업 기술 발전에서 국유 기업의 역할을 확대하겠다는 의지의 표명이다. 중국의 국유 기업은 중국이 외국 기술에 대한 의존도를 낮추기 위해 자국 내 혁신을 장려하려는 중국 정부의 계획에서 핵심적인 역할을 할 것으로 보인다.

중국식 자본주의 모델이 갖는 한계

중국 공산당의 경제통제를 보다 잘 보여주는 말은 '당-국가 자본주의 모델'이다. 이는 기업 지배구조와 국가 주도의 금융 상품을 통해 당-국가의 경제통제 권한을 확대하는 데 그 목적이 있다. 일종의 정치적 마지노선인 '레드 라인'Red Line을 설정해 다양한 경제 주체의 충성을 강요하는 것이다.

당-국가 자본주의 체제에서는 공산당 중앙과 국유 기업이 차지하는 역할과 비중이 크다. 시장에 민간 기업이 존재하긴 하지만, 어디까지나 국가의 역할이 지배적인 혼합 경제체제의 형태다. 국유 기업의 비중이 높으며 정부가 보조금과 산업 정책 등 시장을 통제할 수 있는 다양한 수단들을 동원해 경제 발전을 이끈다. 특히 군수산업, 에너지, 통신, 금융과 같은 전략적 산업에 자원을 집중시키는 경향을 보이기도 한다.

중국, 러시아 등에 대해선 독재 국가라는 속성을 강조하기 위해 '권위주의적 자본주의'라는 개념을 사용하기도 한다. 실제로 독재 국가에서는 권위주의 체제가 자본주의적 경제 성장을 촉진하는 요인으로 작용하는 측면도 있다. 중국의 급속한 경제 발전을 이끈 요인 중 하나로 국가의 적극적인 역할을 꼽는 것도 이런 맥락에서 나온 이야기다. 다시 말해 국가가 경제 주체들을 적극적으로 통제함으로써 경제 발전을 이끌어냈다는 의미다.

국가 자본주의 체제를 갖춘 국가는 대외 경제 정책에서 중상주의적인 목표를 설정한다. 경제적 부의 축적이 국가의 국제정치적 영향력의 증대로 이어질 수 있기 때문이다. 특히 중국 공산당은 2008년 글로벌 금융 위기 이후 국가와 국유 기업 중심의 중국 경제 모델이 갖는 우월성을 강조했다.

그들은 무엇을 근거로 이런 주장을 했던 것일까? 2008년 미국, 서유럽 등 선진 자본주의 국가들이 경제적 어려움에 봉착했던 반면, 중국은 급속한 발전을 지속했다는 것이 주장의 근거다. 서구가 자신들

을 가리켜 국가 자본주의라고 폄훼하지만, 실제로 중국식 경제 모델
이 더 우월하다는 사실이 2008년 금융위기 극복 과정에서 드러났다
는 것이다.

중국 공산당은 이를 중국 특색의 사회주의, 중국의 사회주의 시장
경제라고 부른다. 이러한 중국 특색의 사회주의가 서구 자본주의와
의 경쟁에서 성공을 거두었다고 중국은 스스로를 평가했다. 무엇보
다 국유 기업은 현대 대량 생산에 적합한 시스템의 한 형태이며 국
민 전체가 소유한 부의 원천임을 주장했다. 국유 기업이야말로 중국
이 내세우는 '공동부유'를 달성할 수 있는 경제 주체라는 것이다. 이
런 논리하에 중국은 국유 기업이 과학기술 발전을 지원하고, 전략산
업을 육성할 수 있는 핵심 수단임을 강조했다.

중국의 당-국가 자본주의 체제는 국유 자본과 민간 자본의 구분
이 모호하다는 특징이 있다. 이 특징은 다른 나라에도 영향을 미친다.
당-국가 자본주의에서는 중국 공산당이 국유 기업은 물론 민간 기업
에 대한 강력한 통제력을 행사한다. 중국 기업과의 무역 및 투자 관
계 비중이 큰 해외 기업들은 중국 공산당의 정치적 영향력에 노출될
가능성도 그만큼 높다. 다시 말해 중국의 민간 기업들이 정치적 무기
로 활용될 수 있다는 뜻이다.

중국이 대외 관계에서 활용한 '경제통치술' 역시 정치 리스크에 속
한다. 자국의 외교적 목적을 위해 경제적 수단을 활용하는 것 말이다.

방대한 시장과 저렴한 노동력을 지닌 중국은 이 막대한 경제적 기회를 다른 국가에 제공할 수 있다. 문제는 중국이 이러한 경제적 영향력을 자국의 정치적 영향력으로 활용한다는 점이다. 그 결과 다른 국가들은 중국 시장에서 얻는 경제적 이익을 지속하기 위해 중국의 외교적 요구를 수용해야만 하는 상황에 놓인다. 만일 한국이 중국 정부의 외교적 요구를 받아들이지 않는다면, 그동안 누려왔던 경제적 이익을 상실할 위험 부담을 해야만 할 것이다.

정치 논리로 비효율에 빠진 중국 경제

공산당이 영도하고 혁신을 추동하는 이 기이한 경제 모델 때문에 중국 경제는 언젠가 성장의 한계에 직면할 것으로 예상된다. 2001년 WTO 가입 이후 시장을 개방했으나 국유 기업 중심의 양적 성장은 한계에 부딪힐 수밖에 없었다. 왜 그런 것일까? 국유 기업의 특성상 도전적인 기업가정신이 발휘되기 어려웠으며, 기술 혁신을 통한 국제경쟁력 면에서는 힘이 약했기 때문이다. 물론 중국의 국유 기업이 국제경쟁력 제고라는 성과를 거둔 것은 부인할 수 없는 사실이다. 하지만 양적인 성장을 거두었을 뿐 비효율이라는 고질적 문제는 심화되었고, 결국 그 한계를 드러내고 말았다.

1990년대 중국에서 개혁 조치가 취해진 이유 역시 국유 기업의 비효율 때문이었다. 양적 성장이 이뤄지기는 했지만, 수익성 면에서는 한계를 보였다. 국유 기업의 경우 수익을 크게 신경 쓰지 않고 예산을 집행하는 '연성 예산 제약'을 근간으로 운영한다. 그러다 보니 적자가 심화된 상황에 처해도 위기 경영에 돌입해 빠르게 대응하는 역량이 부족하다. 국유 기업인 중국 대형은행에서 돈을 빌리거나 정부 예산에서 보조금을 받으면 된다는 안이한 인식이 퍼져 있었기 때문이다.

이런 점들을 파악하고 문제의식을 갖게 된 중국은 1990년대 중반부터 국유 기업 개혁을 시작한다. 이 조치들로 대부분의 국유 기업이 구조조정되거나 개혁이 이뤄졌다. 또한 이 과정에서 중국 정부는 국유 기업 중 일부를 민영화하기도 했다.

시진핑 정부 출범 전인 2012년 중국 국무원 발전연구센터는 세계은행과 공동으로 중국의 개혁 과제를 다룬 〈China 2030〉이라는 보고서를 발간했다. 당시 부총리였던 리커창李克强이 서명한 이 보고서에는 정부 부문과 국유 기업을 축소해 중국 경제가 경쟁적 환경에서 작동해야 한다는 개혁 방향이 담겨 있다. 정부의 공식 싱크탱크들이 모여서 만들어낸 개혁 방향이므로, 상당 부분 정부와 조율되어 나온 보고서라 할 수 있다. 리커창은 기업 부문에서 정부의 역할을 축소해야 한다는 분명한 입장을 갖고 있었던 것으로 보인다.

이 보고서에는 중국이 지속적인 경제 발전을 이루기 위해서는 시장경제와 자유무역을 확대해야 한다는 내용이 명확히 기재되어 있다. 1978년 이후 중국은 세계화된 경제 시장에서 후발주자였다. 그러나 후발주자의 이점을 최대한 활용해 급속한 구조 변화를 시도했으며, 세계 최대의 제조업 국가이자 수출국으로 성장했다. 여러 산업 분야에서 기술을 선도하는 모습까지 보였다.

〈China 2030〉에는 이러한 급속한 성장이 시장경제의 도입과 무역개방을 통한 효율적인 자원배분에 기인했으며, 강력한 경제적 유인이 생산성을 제고했다는 내용도 담겨 있다. 이들은 문제점도 꽤 정확히 파악하고 있었다. 보고서를 통해 중국의 지속적인 고속 성장을 뒷받침했던 시장의 경제적 동력이 점차 약화되었다는 점 또한 지적했다. 이전에는 국가 경제의 주요 부문에서 정부의 지속적인 지배력이 이점으로 작용했으나 앞으로는 생산성 향상, 혁신, 창의성을 제약하는 요인으로 작용할 가능성이 높다는 것이 주요 내용이었다.

이 보고서는 이러한 한계를 극복하고 중국이 지속적인 경제 발전을 이루려면 국유 기업의 비중을 축소하고, 민간 기업 비중을 늘려야 한다는 대안도 제시했다. 간단히 말해 한계를 극복하고 한 단계 더 나아가려면 민간 부문이 성장을 주도해야 한다는 것이다.

또한 〈China 2030〉은 2003년 이후 중국의 급속한 성장은 국유 기업의 구조조정과 민간 부문의 확대에 힘입은 바가 크다는 점도 다룬다. 많은 대형 국유 기업이 민영화했으며 이에 따라 지배구조, 경영 전문성, 수익성 등이 개선되었다는 내용도 담겨 있다.

◆ ◆ ◆

시진핑 정부가 출범한 직후 국유 기업의 민영화 확대 요구가 거세게 번졌다. 정부 투자의 한계 등으로 경제 성장이 둔화했기 때문이다. 경제 활성화를 위해서는 국유 기업의 민영화가 불가피하다는 인식이 확대되었고, 이를 관철하기 위한 요구들이 강하게 나왔다. 비효율적인 국유 기업을 민영화하지 않는다면 경제 위기를 겪게 될 것이라는 우려가 그 바탕에 자리하고 있었기 때문이다.

2013년 11월 18기 3중전회(공산당 중앙위원회 3차 전체회의)에서 제시된 경제체제 개혁안을 통해 시진핑 정부는 시장이 자원배분의 결정적 역할을 주도하도록 했다. 시장 중심 경제체제라는 맥락에서 국유 기업 개혁안이 제시된 것이다. 개방적인 경제체제를 취하는 것은 물론이고 시장 중심적 경쟁 질서를 강화하도록 했다. 더불어 혼합소유제의 추진, 국유 자본 투자 부문의 민간 개방, 국유자산경영제도 개혁이 핵심 내용이었다. 이 중 혼합소유제는 '국유 자본, 집단 자본, 비공유 자본이 상호 융합되는 소유 형태'를 말한다. 혼합소유제가 처음 논의되기 시작한 것은 1997년 제15차 전국인민대표대회에서다. 국유 기업의 지분을 시장과 민간에 매각해 다원화된 경영을 추구하면서 시장의 기능을 강화하자는 의도에서 나온 방안이었다.

18기 3중전회에서 일부 국유 기업 개혁안이 제시되기도 했지만 이 개혁안은 분명한 한계를 갖고 있었다. 중국 공산당은 국유 기업을 경제의 중심에 두는 기조를 유지할 것이라고 밝혔는데, 이는 국유 기업의 민영화에 역행하는 조치다. 다만 정부가 국유 기업과 국유 은행을 통해 시장에 직접 개입하던 데서 벗어나도록 역할을 재정립하겠다는 전제를 달았다. 정부가 공정한 감독자의 역할을 하겠다는 뜻이다.

그러나 혼합소유제 개혁이 전면적인 탈국유화로 가는 방식의 민영화가 아니라는 것은 누구라도 알 수 있다. 국유 기업의 혼합소유제 개혁은 국유 기업의 법인화를 통해 국유 기업 내 국유자산을 지분화하고 일정 한도 내에서 민간 자본의 투자를 제도화한 것에 불과하다. 이 과정에서 현 국유 기업 체제는 오히려 공공화될 수밖에 없다. 국유자산에 대한 국가의 감독이 강화된 것만 봐도 그렇다.

시진핑 국가주석은 18기 3중전회를 앞두고 국유 기업을 전면적으로 개혁하겠다는 의지를 밝히기도 했다. 그러나 현실이 이상을 그대로 따르기는 어려운 법. 실제로 18기 3중전회에서 이러한 개혁의 방향은 도출되지 못했다. 중국 공산당 지도부 200여 명이 국유 기업 개혁이라는 민감한 문제를 두고 격렬한 논쟁을 벌인 것으로 전해졌다.

시진핑, 리커창 등은 개혁의 필요성을 분명히 했지만 이들의 의지는 독점 국유 기업과 금융기관을 보유한 지방정부의 강력한 반발에 부딪혔다. 리커창 총리가 주장하는 시장 중심적인 개혁 방향을 중국 공산당과 정부 내 보수세력은 그대로 두고 보지 않았다. 다시 말해 정부 관료들이 국유 기업 개혁을 가로막고 있다는 뜻이다. 결과적으로 애초 시진핑, 리커창 등이 추진하려 했던 전면적 개혁은 큰 진전을 보지 못했다.

2012년, 중앙 정부가 관리하는 117개 국유 기업이 1조 9,000억 위안(약 369조 5,880억 달러)의 세금을 납부했는데, 이는 10년간 연평균 20퍼센트씩 증가한 금액이다. 이것만 봐도 중국의 국유 기업이 중국 공산당 간부, 정부 관료들과 밀접한 경제적 이해관계를 맺고 있음을 짐작할 수 있다. 게다가 중국 국유 기업은 중국 각 지방의 일자리와 세수에서 높은 비율을 차지하고 있다. 이 점 때문에라도 국유 기업 개혁은 중국 지방정부의 반발을 살 수밖에 없는 상황이었다. 물론 당시 민간 기업이 일자리와 세수에서 차지하는 비중 역시 높은 편이었으나, 기존 국유 기업의 비중을 축소하고 국유 기업의 세수와 일자리 감소까지 감내할 수 있었던 수준은 아니었다.

경제통제의 목표는 당의 생존이다

중국 공산당은 경제적 통제를 강화하기 위해 중국 국유 기업의 역할을 강조해왔다. 이러한 정책이 대두된 배경엔 중국 공산당 정권의 생존이라는 목표가 자리하고 있다. 중국 공산당의 주요한 안보적 목표는 중국을 통치하는 공산당의 안전과 중국 사회를 통치하는 당의 역량 강화다. 이처럼 안보 차원에서 중국 경제에 대한 공산당의 통제가 우선시될 수 있다.

1949년 건국 이후 중국 공산당의 안보적 핵심 이익 중 하나는 '공산당이 이끄는 정권의 생존'이었다. 시진핑은 이러한 공산당의 목표를 더욱 분명하게 내세웠다. 당은 중국의 핵심 이익을 정의하고, 이를 수호하는 주체로 설정되었다. 나아가 중국이 직면한 외국의 군사적 위협에 대응하고, 중국이 국제사회에서 존중받는 국가로 부상하기 위해서는 공산당의 역할이 더욱 확대되어야 한다고 보았다.

중국 공산당은 왜 통제를 강화하려 했던 것일까? 이는 공산당의 위기의식에서 비롯된 측면이 있다. 후진타오 집권 시기에는 국내적 갈등과 문제가 많았다. 신장 위구르 자치구의 분리 독립 운동, 경제 성장률의 저하, 그리고 보시라이 사건과 같은 정치 엘리트 사이에서의 내분 등 심각한 위기가 발생했다. 이에 불안을 느낀 중국 공산당은 단순히 사회적 안정을 유지하는 데 그쳐서는 안 된다고 생각했고, 그 결과 공산당의 생존을 위해 위험을 사전에 차단해야 한다는 강경한 입장을 취하게 된다.

사회주의혁명을 추구한 중국 공산당의 집권이 언제까지 이어질 수 있을지 내부에서도 불확실했을 터다. 중국 공산당이 위기 상황에서 취한 전략적 선택은 최고지도자에게 권력을 집중하는 것과 이에 따른 이념적, 조직적 통일과 단결이었던 것으로 추정된다. 공산당의 통제 강화를 통해 후진타오 집권 시기에 나타났던 지도력의 위기를 극복할 필요가 있었던 것이다. 이후 이 흐름은 지속되고 있다.

시진핑은 시장에 대해 리커창 총리와 다른 관점을 갖고 있었던 것으로 보인다. 2022년 8월 당 지도자들이 해변 도시 베이다이허에서 회동한 직후 리 총리는 중국 개혁개방을 상징하는 지역인 선전을 방문했다. 리 총리는 상징적인 제스처로 덩샤오핑의 대형 동상에 화환을 놓았고 이 장면을 촬영한 동영상은 중국 소셜 미디어에 널리 퍼졌다. 동영상 속의 리 총리는 환호하는 군중을 향해 "개혁과 개방은 반드시 전진해야 한다."라고 말했다. 그는 중국 경제를 자유화하는 과정을 '피를 흘리는 것'에 비유하기도 했다. 그러나 이 동영상은 나중에 중국 검열 당국에 의해 삭제되었다.

리커창 총리와 마찬가지로 시진핑 국가주석 역시 2012년 취임 당시만 해도 국유 기업을 민간 기업처럼 운영하고, 도시와 지방의 재정을 정비하며, 정부가 기업가정신을 장려할 것을 촉구했다. 그러나 이후 시진핑은 태도를 바꾼다. 시장이 정치적 안정을 위협할 수 있다고 보았기 때문이다.

특히 2015년 주식시장의 혼란을 겪은 후에는 시장경제에 대한 불신이 더욱 깊어졌다는 해석도 일부 존재한다. 중국 공산당은 미국과의 전략 경쟁 과정에서 경제적으로 자력과 자강의 길을 선택했다. 그리고 이를 위해서는 국유 기업 중심의 경제 모델이 불가피하다고 판단한 것으로 추측된다. 이에 따라 중국은 2015년 첨단산업 발전 방안을 제시한 '제조 2025'를 발표한다.

이후 2018년 7월 미국이 중국산 제품에 고율의 관세를 부과하면서 미중 전략 경쟁은 본격화되었다. 미중 전략 경쟁이 벌어지는 상황에서 중국 공산당은 1945년, 1981년에 이은 세 번째 결의 즉 3차 역사결의를 발표한다. 이 역사결의에는 공산당의 영도에 따라 당의 혁신을 촉진하며, 과학기술과 산업에서 자립과 자강을 이룩해 '제조 강국'을 추진한다는 내용이 담겨 있다.

이는 중국이 국유 기업을 중심으로 중국식 표준을 만들고 중국 중심의 '가치사슬'을 형성함으로써 미국 중심의 공급망에서 이탈하려는 움직임을 가속화하겠다는 것으로 해석된다. 3차 역사결의에서 중국이 국유 기업 중심의 혁신 모델과 내수 중심의 경제 발전을 강조한 것도 미국 중심의 경제에서 이탈하겠다는 맥락으로 파악된다.

중국 공산당은 미중 전략 경쟁을 공산당의 생존을 위협하는 문제로 인식했다. 그리고 미국과의 무역 갈등이 벌어지는 상황에서 자신들의 생존이 보장되려면 주석에게 권력을 집중시키면서 경제 영역에 대한 당의 통제를 강화해야 한다고 판단했다.

이처럼 경제 분야에 대한 당의 통제를 강화하기 위해서는 필연적으로 국유 기업의 비중과 역할 확대가 필요했다. 특히 중국 공산당은 서방 수입품에 대한 의존도를 낮추고, 중국이 미국과의 경쟁에서 첨단기술을 주도하기를 원했다. 이를 위해 중국 공산당이 선택한 방식은 시장에 대한 당의 통제력을 강화하는 것이었다. 미국과의 긴장이 고조되는 가운데 시진핑 국가주석은 중국의 해외 기술 의존도를 낮추기 위한 노력을 강화했다. 나아가 반도체와 인공지능 등 중국이 전략적으로 중요하다고 생각하는 산업에 정부가 직접 나서서 더 많은 자본을 투입했다.

중진국의 함정과 독재자의 딜레마

시진핑 정부가 출범한 초기에 국유 기업의 민영화 개혁 필요성이 제기됐다. 그러나 실제 시진핑 정부가 꺼내 놓은 개혁안은 민영화를 통한 경쟁 확대 등 시장 중심적인 개혁과는 거리가 멀었다. 그보다는 자동차 국유 기업의 독점을 강화하는 방식에 가까웠고, 오히려 개혁에 역행하는 보수적 성향이 나타났다. 중국 공산당에게 중요한 것은 당의 생존이었고, 경제 성장보다 당이 경제를 통제하는 것이 더욱 중요하다는 인식이 그대로 드러난 결과였다.

국유 기업이 제공하는 일자리와 세수 비중이 높은 지방정부로서는 국유 기업 개혁에 동의할 이유가 없었을 것이다. 당연히 지방정부는 개혁에 반대 입장을 취했다. 무엇보다 지방정부로서는 국유 기업이 민영화되면서 생겨나는 문제들, 즉 구조조정이나 대량 해고 등이 지방 경제에 미칠 영향을 고려하지 않을 수 없었다. 이런 이유들로 시진핑 집권 시기 국유 기업 개혁은 애초 품었던 의지와 달리 큰 진전을 보기 어려웠다.

문제는 국유 기업 중심의 경제 모델이 중국의 경제 성장에 한계를 가져올 수 있다는 점이다. 중국이 이른바 '중진국의 함정'middle income trap이라는 것을 넘어설 수 있을지는 세계가 주목하는 쟁점이기도 하다. 중진국의 함정이란 임금 상승에 따른 생산비용의 증가가 개발도상국의 선진국 진입을 막는 장벽으로 작용한다는 이론이다.

이러한 중진국의 함정을 넘어서기 위해서는 고부가가치를 창출하는 기술 혁신이 필요하다. 그래야 증가하는 생산비용을 커버할 수 있기 때문이다. 그런데 중국 공산당이 시장과 자본을 통제하고 개입을 강화할 경우 혁신이 일어나기는 더욱 힘들어진다.

국제통화기금IMF의 분석에 따르면, 시진핑 집권 이후 10년 동안 생산성 증가율은 평균 0.6퍼센트에 불과했다. 이는 이전 5년 동안의 평균 생산성 증가율 3.5퍼센트에서 급격히 하락한 수치다. IMF는 국영기업의 생산성이 민간 기업의 약 80퍼센트 수준에 불과하며, 일반적으로 수익성이 낮은 것으로 추정했다.

국유 기업인 페트로차이나의 직원 수는 엑슨모빌의 여섯 배에 달하는 40만 명 이상이다. 그럼에도 자산 대비 수익률 기준으로 살펴보면 엑슨모빌의 수익성이 페트로차이나보다 약 세 배 더 높다. 직원 1인당 수익은 엑슨모빌이 두 배 이상 많다. IMF는 민간 기업에 공정한 경쟁의 장을 보장하는 조치와 함께 국가 부문의 개혁을 대대적으로 추진한다면 중국의 연간 생산성 성장률이 약 1.4퍼센트로 두 배 이상 증가할 수 있다고 전망했다.

중국 공산당은 경제 상황이 악화되자 2024년 초 다시금 민간 기업의 역할과 의미를 강조하는 모습을 보이기도 했다. 중국 국가발전개혁위원회National Development and Reform Commission, NDRC 는 "민간 부문의 발전을 지원하기 위한 법적·제도적 틀을 구축하는 데 중점을 두고, 민간 경제 활성화를 위한 입법 절차를 가속화할 것이다."라고 밝혔다. 그에 앞서 2023년 12월에 열린 중앙경제공작회의에서도 중국 고위 간부들은 이렇게 말했다. "민간 기업의 발전과 성장을 촉진하고 시장 접근, 자원 확보, 공정한 법 집행, 권리 보호와 관련된 일련의 조치를 시행할 것이다."

현실은 어땠을까? 민간 부분 활성화에 힘을 싣겠다고 했으나 현실은 그 반대였다. 2023년 첫 11개월 동안 민간 투자는 전년 대비 0.5퍼센트 감소해 같은 기간 6.5퍼센트 증가한 국유 기업의 투자와는 뚜

렷한 대조를 이뤘다. 민간 경제는 중국 세수의 절반 이상, 국내총생산GDP의 60퍼센트 이상, 도시 고용의 80퍼센트 이상을 차지한다. 이처럼 민간 경제가 차지하는 비중과 기여도가 높음에도 여전히 중국 공산당은 민간 부문 투자에 소극적이다.

중국 공산당의 정책이 경제적 성과에 따라 어떻게 변화할 것인지는 아직 미지수다. 중국 공산당은 이념적·조직적 적응을 통해 지금껏 생존할 수 있었다. 중국 공산당의 일당독재체제는 초기엔 항일 투쟁에서 승리했고, 사회주의혁명을 통해 정치적 정당성과 국민의 지지를 얻었다. 사회경제적 변화와 요구에 유연하게 대응하고 능동적으로 적응하며 살아남은 것이다. 무산계급에 의한 사회주의혁명을 추구하는 중국 공산당이 민간 기업가, 즉 자본가를 공산당으로 포섭했던 것도 이러한 적응의 산물이라 할 수 있다.

문제는 시진핑 시기의 권력구조가 중국 공산당의 정책 변화에 어떤 영향을 미치느냐 하는 것이다. 웨스턴 온타리오 대학교 교수이자 정치학자인 로널드 윈트로브Ronald Wintrobe는 '독재자의 딜레마'라는 개념을 제시한 바 있다. 독재자의 권력이 강할수록 권력자가 직면한 위협도 커진다는 의미다. 독재자가 강력한 권력을 가질 경우, 독재자 주변의 정치 엘리트들은 두려움 때문에 독재자의 실패에 침묵하기 마련이다. 그런데 이는 오히려 독재 정권에 위협을 불러올 수도 있다. 독재자의 정책 실패는 대중 저항을 불러올 수 있기 때문이다. 독재자

의 권력 강화가 역으로 독재자를 위태롭게 만드는 '독재자의 딜레마'
에 빠지는 것이다.

즉 시진핑에게 권력이 집중될수록 중국 공산당은 경제적 성과에
따른 정책 기조 변화에 경직된 모습을 보일 수 있다. 그리고 이로 인
한 정책 실패는 시진핑의 권력에 새로운 위협으로 다가올 것이다.

인도는 중국을 대체할 새로운 시장이 될 수 있을까?

많은 기업에게 중국은 상당한 정치적 리스크를 갖는 국가다. 대외
적으로 중국은 미중 전략 경쟁에 따른 미국의 제재 가능성을 갖고 있
으며, 대내적으로는 중국 공산당의 통치에 따른 위험 부담을 안고 있
다. 이 말은 중국에 공급망을 두는 것은 기업으로서 상당한 위험을
안아야 한다는 것과 동의어다.

이런 위험을 감수하면서도 중국을 포기하지 못하는 것은 두 가지
경제적 장점 때문이다. 그것은 바로 중국이 보유한 '낮은 인건비'와
'거대한 소비 시장'이다. 만일 이러한 장점을 갖고 있으면서 정치적
리스크가 낮은 곳이 있다면 어떨까? 아마 중국을 대체할 새롭고도
훌륭한 투자처가 될 수 있을 것이다.

중국을 대체할 투자처로 기업들이 꼽은 곳은 바로 인도다. 인도는

미국과 우호적인 관계를 유지하고 있으며, 시장에 대한 정치적 개입 수준이 낮은 민주주의 국가다. 게다가 인구 13억 명을 보유하고 있어 중국 이상으로 규모 있는 거대한 소비 시장이다. 미국 기업들은 중국을 공급망 위험 지역으로 인식하고 있으며, 이러한 인식은 점차 강해지는 추세다. 따라서 미국을 비롯해 전 세계 기업들이 중국의 대체지를 찾는다면 인도가 수혜국이 될 가능성이 높다. 이는 시장조사에서도 잘 드러난다.

영국 시장조사 기관인 원폴OnePoll은 2024년 1월 한 설문조사 결과를 발표했다. 미국 임원급 관리자 500명을 대상으로 한 설문조사에서 61퍼센트가 중국과 인도가 동일한 제품을 생산할 수 있다면, 중국보다 인도를 선택하겠다고 답했다. 그리고 응답자의 56퍼센트는 향후 5년 내 공급망 수요를 충족시킬 수 있는 국가로 중국보다 인도를 선호한다고 답했다. 그리고 응답자의 59퍼센트는 중국이 다소 위험하거나 매우 위험하다고 답했다. 이들이 중국을 기피하는 이유는 중국이 공급망 지역으로서 위험하다고 보았기 때문이다.

혹시 미국이 중국에 부과한 고율의 관세를 피하기 위해 기업들이 단기적 차원에서 인도를 대안으로 삼는 것은 아닐까? 그렇지 않다. 상당수 기업들이 장기적인 투자처로 인도가 유망하다고 전망했다. 인도는 정치적으로 미국과 우호적인 관계를 맺고 있으며, 이들의 우호성은 점점 강화되는 추세다. 기업들에게는 이러한 국제정치적 요인이 매력적으로 다가왔을 터다.

인디아 인덱스India Index와 보겔 그룹Vogel Group의 대표인 사미르 카파디아Samir Kapadia는 미국 경제 전문 매체 CNBC와의 인터뷰에서 다음과 같이 말했다. "미국 조 바이든 대통령과 나렌드라 모디Narendra Modi 총리가 주도하는 미국과 인도 사이의 관계 개선, 미국 기업이 중국에서 벗어나 다각화하도록 장려하는 정책 등으로 인해 인도가 매력적인 대안으로 부상했다."

기업 입장에서는 공급망을 확보하고 투자처를 선택할 때 국제정치적 차원에서 미국의 동맹국인지 혹은 우방국인지를 고려해야 한다. 이를 '프렌드 쇼어링'friend-shoring이라 부른다.

2024년 6월 인도의 나렌드라 모디 총리가 백악관을 국빈 방문했

─○ 프렌드 쇼어링 ○─

미국에서 생산 시설을 운영하기 어려운 기업이 동맹국, 우방국 간에 공급망을 구축해 전 지구적 공급망 교란을 극복한다는 의미다. 미국은 러시아의 우크라이나 침공, 미중 전략 경쟁 등에서 비롯된 공급망 위험을 극복하기 위한 대안으로 프렌드 쇼어링을 추진했다. 중국이나 러시아에 대한 공급망 의존도를 낮추고 국제정치적 차원에서 우호도가 높은 국가 간에 정치적 위험이 낮은 공급망을 설정한다는 의미로 이해하면 된다.

다. 이 방문으로 국방, 기술 및 공급망 다각화 분야에서 협력을 약속했고 인도와 미국의 관계는 더 가까워졌다. 미국과 중국이 계속해서 갈등을 지속하며 관계가 악화되는 반면, 미국과 인도는 대화와 협의가 긴밀하게 이뤄지는 추세다. 이런 변화에 발맞춰 해외 기업들의 인도 투자도 급증하고 있다.

인도는 강력한 경제 성장률, 젊은 인구 구조에 지정학적으로 우호적인 상황까지 맞물려 매력적인 투자처로 부상했다. 미국 경제 매체 〈월스트리트저널〉에 따르면, 2019년 말부터 2024년 6월까지 MSCI 인도 지수(모건 스탠리의 자회사인 모건 스탠리 캐피털 인터내셔널에서 만든 주가지수)는 110퍼센트 급등해 미국 기술주 지수의 99퍼센트 상승률을 앞질렀다고 한다. 세계 최대 신흥 주식시장인 중국은 같은 기간 동안 30퍼센트 하락했다.

두 아시아 시장의 대조적인 운명은 현실을 여실히 보여준다. 한때 전성기를 구가하던 중국의 기술 기업들은 규제 때문에 침몰하고 있다. 성장세가 둔화하고 부채가 많은 이탈리아와 비슷한 경제 상황이다. 반면에 인도 시장은 강력한 경제적 순풍을 탔다. 인도 경제는 2024년 1분기에 전년 동기 대비 7.8퍼센트 성장해 주요 국가 중 가장 빠른 성장률을 기록했다. 모건 스탠리에 따르면 인도 상장 기업들의 순이익은 해당 분기 동안 전년 동기 대비 17퍼센트 증가했다. 중국으로부터 공급망을 다변화하려는 선진국의 노력은 인도 제조업에 대한 투자 붐으로 이어져 'iShares MSCI 인도 상장지수펀드'의 수익률은 2024년 6월 기준 23배를 기록했다. 골드만삭스에 따르면 인도 주식은 일본을 제외한 아시아·태평양 지역의 다른 시장에 비해 약 60퍼센트의 프리미엄으로 거래되고 있다. 중국 상장지수펀드들의 수익률이 하락하는 모습과는 대조적이다.

물론 인도를 공급망으로 활용하는 데 장점만 있는 것은 아니다. 글로벌 시장조사 기관인 원폴에 따르면 인도에 진출하려는 미국 기업들은 배송 위험과 지적재산권 도난 등을 우려하는 것으로 나타났다. 이러한 문제들이 해결되지 않는 한 미국 기업이 중국에서 완전히 이탈해 인도로 옮기기는 어려울 것이라는 분석도 나온다.

인도와 더불어 베트남도 중국을 대체할 주요 공급망으로 고려되고 있다. 2023년 베트남에 대한 외국인 직접 투자는 2022년에 비해 14퍼센트 이상 급증했다. 문제는 베트남이 인도나 중국만큼 많은 인구를 갖고 있지는 않다는 점이다. 소비 시장이 크지 않다는 것은 한계점으로 작용한다. 이 때문에 베트남이 중국을 대체할 수 있는 수준의 공급망이 되기는 어렵다는 게 중론이다.

미국과 중국은 세계 경제를 움직이는 양대 축이다. 둘의 관계에 따라 세계 경제가 요동을 치니, 이들의 만남과 헤어짐은 투자에서 주요한 고려 사항일 수밖에 없다. 미국에서는 중국이 미국과의 무역에서 얻은 이익으로 자국을 위협한다는 인식이 팽배하고, 중국은 미국을 넘어설 세계 최강의 군사력 확보에 집중하고 있다. 미국과의 현격한 격차를 중국은 어떻게 좁히려는 것일까? 그리고 양국의 군비 경쟁을 투자의 관점에서는 어떻게 살펴봐야 할까?

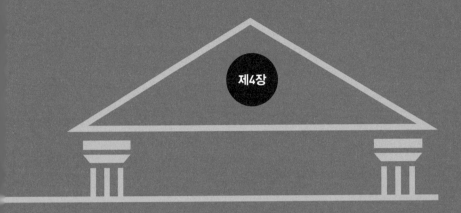

제4장

미중 갈등이 불러올
퍼펙트 스톰

강대국 복합 경쟁 리스크

GEOPOLITICS:
RISKS AND OPPORTUNITIES

동지에서 적으로, 미중 갈등의 시작

두 국가의 갈등과 이별을 이해하기 위해서는 먼저 이들이 만난 과정을 알 필요가 있다. 미국과 중국, 양국은 서로의 정치적·경제적 이해관계가 맞았다. 중국은 개혁개방 이후 미국의 첨단기술과 자본 투자를 필요로 했고, 미국을 비롯한 서방 국가들은 중국이라는 거대한 생산기지와 시장이 필요했다. 미국과 중국은 서로가 필요로 하는 것을 갖고 있었으며, 이들의 만남에서 이러한 이해관계는 중요한 요소로 작용했다.

그러나 양국의 우호적 관계는 지속될 수 없었다. 중국이 급속한 성장을 거듭하면서 자신들의 자본으로 첨단기술을 확보해 제품을 직접 생산했기 때문이다. 더 이상 미국의 첨단기술과 자본이 필요치 않아진 것이다. 심지어 이렇게 생산한 제품을 싼값에 미국에 팔려고 했으니 미국과 중국의 이해관계에 균열이 생기는 건 예견된 일이나 마찬가지다.

1990년대 초 중국 공산당은 미국과의 경제 협력이 절실한 상황이었다. 당시 중국은 개혁개방 정책 시행으로 경제는 발전했지만 특권층의 부정부패가 심화되었고, 개발 이면에 누적된 문제들이 많았다. 이에 대한 분노가 쌓여 결국 민주화 시위로 나타났다. 이 과정에서 군의 무력 진압으로 유혈 참사가 벌어졌으며, 1989년 중국은 톈안먼 사건을 겪어야 했다. 1978년 덩샤오핑이 개혁개방을 추진한 지 10여 년 만의 일이다.

이런 사건들로 유추해보건대 당시 중국 공산주의는 정치체제로서의 수명이 이미 다한 듯 보였다. 외부적으로도 소련, 루마니아 등의 구舊 공산권 국가들이 붕괴하고 있었던 상황이라 안팎으로 중국의 위기감은 고조되었다.

혁명의 열기가 가시고 혁명을 주도했던 지도자들이 역사의 뒤안길로 사라졌다. 존립을 위해서 중국 공산당은 활로를 찾아야 했다. 무엇보다 정권 장악을 합리화할 수 있는 새로운 명분이 필요했다. 이 명분이 바로 '경제 발전'이었다. 가시적인 성과를 기준으로 통치의 정당성을 확보하려 한 것이다. 결국 중국 공산당은 자신의 존립을 위해 서구가 만든 세계 경제의 규칙을 따르며 협력할 수밖에 없었다.

중국 정부는 1990년대부터 경제 성장을 위해 세계 경제 흐름에 동참했다. 당시는 단일 기업의 생산 구조가 세계적으로 분업화되는 세계화 시기였고, 중국은 이러한 글로벌 생산 시스템의 일부가 되었다. 글로벌 기업의 생산과정 중 어느 일부든 중국에 이전할 수 있도록 허용했다. 이처럼 중국은 선진국 기업들에서 대규모 '아웃소싱'을 받아 급속한 경제 성장을 도모할 수 있었다. 예를 들어 애플의 아이폰, 델의 노트북, HP의 프린터와 같은 전자기기들은 중국에 있는 대만 주문 생산업자가 설계하고 조립하는 식이다.

중국은 세계 경제 편입을 위해 제도적인 측면에서도 서구의 일부가 되었다. 이를 '제도의 아웃소싱'이라 부른다. 그 대표적 사례가 회사법이다. 애초 중국의 기업은 관료 조직의 일부에 불과했다. 그러나 외국 기업의 직접 투자가 늘어나자 그들의 눈높이에 맞는 제도와 법률이 필요해졌다. 우선 회사법을 만들어 기업에 독립적인 법적 지위를 부여했다. 나아가 중국 정부는 외국인이 소유한 기업의 중국 진출에 부응해 1994년 전국 인민대표회의를 통해 노사관계를 규율할 수 있는 노동법을 통과시켰다.

중국은 서구에서 거시경제를 관리하는 근본적인 체계를 받아들였다. 중국 경제가 세계화되기 전인 1970~1980년대에는 외국환 거래가 엄격한 사회주의적 통제체제로 관리되고 있었다. 이 때문에 중국의 수출입 기업들은 국가에서 정한 환율로 외국환을 거래할 수 있도록 국가외환관리국에 한도를 신청하는 번거로운 절차를 밟아야만 했다. 중국이 세계 경제체제에 들어가기 위해서는 이런 통제에서 벗어날 필요가 있었다. 보다 자유롭고 신속한 외환거래 방식의 도입이 필요했다. 이런 흐름이 가속화되자 중국의 중앙은행이 공개시장에 나서서 환율에 영향을 미쳤으며, 경제 주체들의 외환거래 자율성을 높였다.

중국의 맹추격과 위기의 미국, 적에서 동지로

서로가 서로를 필요로 하던 미국과 중국의 상호의존적 관계는 점차 파탄 나기 시작했다. 이는 흡사 치킨집을 함께 운영해온 부부가 서로 갈등을 겪는 과정과도 비슷하다. 아내는 치킨을 튀기고 남편은 가게 운영과 배달을 담당하며, 각자의 할 일을 맡아 운영해왔다. 서로 성격이 맞지 않았으나, 함께 운영하는 치킨집으로 상당한 수익을 얻고 있었기 때문에 참으며 결혼 생활을 이어갔다.

문제는 남편이 수익의 상당 부분을 가져가고 아내에게는 일부의 생활비만 준다는 데 있었다. 아내는 이 점이 점점 참기 힘들어졌다. 결

미중 전략 경쟁 일지

날짜	사건
2018년 3월 22일	트럼프 미국 대통령, 중국산 수입품 관세 행정명령
2018년 4월 2일	중국, 미국산 돈육 등 여덟 개 품목에 25%, 120개 품목에 15% 관세 부과
2018년 4월 3일	미국, 중국산 통신장비 등 25% 관세 부과 대상(500억 달러 규모) 발표
2018년 4월 4일	중국, 미국산 대두, 자동차 등 106개 품목에 25% 관세 부과
2018년 7월 2일	중국, 미국 반도체 기업 마이크론 제품 중국 내 판매 금지
2018년 7월 6일	미중, 상호 340억 달러 규모 수입품에 25% 관세 부과
2018년 8월 23일	미중, 상호 160억 달러 규모 수입품에 25% 관세 부과
2018년 9월 24일	미국, 2,000억 달러 규모 중국산 수입품에 10% 관세 부과 중국, 600억 달러 규모 미국산 수입품에 관세 부과
2019년 5월 10일	미국, 2,000억 달러 규모 중국산 수입품 관세율을 10%에서 25%로 인상
2019년 6월 1일	중국, 600억 달러 규모의 미국산 수입품 관세율을 5~25%로 인상
2019년 8월 5일	미국 재무부, 중국 환율조작국 지정
2019년 9월 1일	미국, 1,120억 달러 규모 중국산 수입품에 15% 관세 중국, 750억 달러 규모 미국산 수입품 일부에 10%, 5% 보복관세
2019년 12월 13일	미중, 1단계 무역 합의안 발표
2020년 5월 21일	트럼프 행정부, '미국의 대중국 전략' 의회 제출
2021년 1월 20일	조 바이든 미국 대통령 취임
2021년 11월 16일	바이든 대통령과 시진핑 국가주석 영상 정상회담
2022년 5월 21일	윤석열 대통령과 미 바이든 정상회담, 한국과 미국 주도로 IPEF 참여 발표

국 아내는 치킨 조리 비법을 익혀서 가게 운영과 배달까지 본인이 직접하고, 수익도 모두 가져가겠노라 선언한다. 하지만 남편이 이런 상황을 받아들일 리 없었다. 남편은 아내를 가게에서 몰아내고 직접 치킨을 튀기면서 다른 주방 보조 인력을 구하기 시작했다. 그뿐만이 아니다. 아내가 치킨 조리 비법을 익히지 못하도록 방해하기도 했다. 치킨집을 운영하던 부부의 이해관계에 균열이 생기고 심각한 갈등으로 번진 것이다.

치킨집을 운영하던 부부의 관계가 어그러진 것처럼 중국이 첨단기술 확보에 나서면서 미국과의 관계에 금이 가기 시작했다. 중국은 과거처럼 미국과 서방 기업의 생산기지 역할에만 머물지 않겠다는 입장을 취했다. 먼저 정보통신 분야를 포함해 첨단기술 개발에 나섰다. 중국은 통신 네트워크, 배터리, 드론, 태양광 등에서 기술적 우위를 점했고 첨단 제조업 경쟁력을 확보했다.

이런 흐름 속에서 중국은 2015년 '중국제조 2025'를 발표한다. '중국제조 2025'에는 정부 차원에서 대규모 자본을 투입해 첨단기술 자립 역량을 강화하겠다는 내용이 담겨 있다. 기술 혁신을 위한 연구개발 분야의 지출을 살펴보면 2020년 기준 미국은 6,400억 달러, 중국은 5,800억 달러다. 20년 전인 2000년 미국이 2,700억 달러, 중국이 300억 달러였던 것에 비하면 그 격차가 상당히 줄어들었음을 알 수 있다.

경제적 상호의존

국가 간 경제적 상호의존이 깊어질수록 전쟁을 하지 않는다는 개념. 경제적 상호의존도가 높은 국가 간에 전쟁을 할 경우 각국에 막대한 경제적 비용이 발생하기 때문에 전쟁을 회피하게 된다는 뜻이다. 그러나 꼭 그런 것은 아니다. 경제적 상호의존도가 높을수록 그만큼 갈등 요인도 확대될 수 있으므로, 경제적 상호의존도가 오히려 국가 간 분쟁을 유발하기도 한다.

미국에서는 중국이 미국과의 무역에서 얻은 이익으로 미국을 위협한다는 인식이 대두되고 있었다. 그도 그럴 것이 2017년 미국의 대중 무역수지 적자 규모는 3,752억 달러(약 521조원)에 이른다. 상황이 이렇다 보니 미국은 중국의 첨단산업 발전 전략인 '중국제조 2025'를 매우 불편한 시선으로 바라봤다. 중국이 미국의 지식과 제조업 기술을 불공정하게 획득해 미국의 경쟁자가 되려 한다고 인식한 것이다. 결국 미국은 2017년 〈국가안보전략보고서〉National Security Strategy를 통해 중국을 수정주의 국가이자 미국의 전략적 경쟁자로 규정한다.

미국은 자국이 확보한 기술적 우위를 바탕으로 첨단산업을 발전시키며 중국과의 무역에서 이익을 얻어왔다. 그런데 중국이 첨단기술 개발에 나서면서 미국은 그동안 중국과의 무역 구조에서 얻었던 이익을 상실할 수 있는 상황에 놓인 것이다. 이를 그냥 두고 볼 미국이 아니었다. 트럼프 행정부는 중국의 첨단산업 기술 분야가 발전하는 것을 저지하기 위해 무역 전쟁을 벌였다. 그리고 미국이 중국에 취한 무역 제재 조치들은 미중 간 안보 관계 훼손으로 이어졌다. 특히 미국 통상법 301조에 따른 미국의 관세 부과 대상 품목 70퍼센트가 '중국제조 2025'와 관련된 신기술 산업에 속한 제품들이었다.

미국의 공급망 재편, 득을 보는 자와 실을 보는 자

도널드 트럼프는 중국의 기술 부상을 가리켜 중국의 경제적 침공이라고 표현했다. 중국의 첨단기술 확보를 미국의 국가안보에 대한 위협으로 규정한 것이다. 미국의 산업과 경제의 기반이 첨단기술 경쟁력에 있기 때문에 중국의 약진은 위협일 수밖에 없으며, 미국은 어떻게든 이를 막아야만 했다. 트럼프 행정부는 중국의 첨단기술 발전을 차단하고자 중국에 관세를 부과했다.

내용을 좀 더 구체적으로 살펴보자. 중국은 2014년에 반도체 메모리 및 파운드리 육성을 위한 펀드, '국가집적회로 산업투자기금'을 만들었다. 이어 '중국제조 2025'를 통해 본격적인 반도체 산업 지원 정책을 펴기 시작했다. 미국은 이런 중국의 변화를 그냥 두고 보지 않았다. 트럼프 행정부는 취임 이후 미국의 대중 첨단 반도체 및 장비 수출 규제를 강화했다. 미국이 이렇게 대응한 결과, 중국은 첨단 반도체 제조 부문의 기술 혁신에서 난관에 부딪히게 된다.

중국의 첨단기술 발전을 차단하려는 미국의 노력은 조 바이든 대통령 집권 이후에도 지속되었다. 미중 전략 경쟁에 따른 공급망을 재편하는 과정에서 미국 정부는 해외 기업을 자국 본토로 불러들이거나 자국 산업 보호 정책을 강력하게 추진했다. 2022년 7월에는 미국 의회와 행정부에서 미국 내에 반도체 공장을 건설해야 한다는 주장이 나왔다.

이후 미국은 중국을 겨냥한 대응책들을 속속 발표했다. '미국 반도체 칩과 과학법'CHIPS and Science Act(일명 반도체법)에는 중국과의 기술 패권 경쟁에서 미국의 기술 우위를 강화하기 위해 반도체 및 첨단기술 생태계 육성에 총 2,800억 달러를 투자한다는 내용이 담겨 있다. 이 법은 2022년 7월 27일 미국 상원을 통과했고, 8월 9일 조 바이든 대통령이 서명함으로써 시행되었다.

이어 미국 조 바이든 대통령이 2022년 8월 16일 서명하고, 같은 해 9월에 발의한 '인플레이션 감축 법안'Inflation Reduction Act, IRA도 있다. 총 7,730억 달러 규모의 정부 예산을 기후변화 대응, 보건 분야 복지 개선, 기업 과세 개편 등에 투입하겠다는 것이 법안의 주요 내용이다. 이 법안은 미국의 재정적자를 해소하고, 친환경 경제로 전환함으로써 미국의 인플레이션을 감축하는 것을 목표로 한다. 그러나 근원적으로는 중국을 직접 겨냥한 조치 중 하나로 볼 수 있다.

이 법에 따르면 친환경 차의 판매를 진작해 인센티브의 수혜 대상이 되기 위해 갖춰야 할 조건이 있다. 미국 내에서 제조되는 전기차와 배터리에 한정되도록 했으며, 이를 법률에 명시해두었다. 다시 말해 인플레이션 감축법은 미국 내에서 또는 북미 지역에서 제조된 전기차에 대해서만 정부 보조금과 세액공제의 혜택을 주었으며 외국산 전기차에 대해서는 차별적인 조치를 가했다. 중국 등 이른바 '우려국가'에서 공급되는 핵심 광물critical minerals(2025년 1월 이후 적용)이나 소재(2024년 1월 이후 적용)가 일부라도 사용된 전기차는 보조금 및 세액공제 대상에서 제외된다.

중국은 전기차량용 배터리 소재 분야에서 압도적인 경쟁력을 갖고 있다. 전기차량용 배터리의 일부 소재는 중국산 비중이 90퍼센트 이상인 것도 있다. 미국의 전기차 산업은 배터리 소재에서 중국에 과도하게 의존해온 상황이다. 그러니 보조금을 제한하는 미국 정부의 조치는 중국산 배터리 소재에 대한 제재라고 봐야 한다.

무엇보다 전기차 배터리 분야는 중국뿐 아니라 EU, 한국 등의 적극적인 산업 정책 때문에 '보조금 경쟁'이 치열한 분야이기도 하다. 물론 미국이 자국 기업을 중심으로 인센티브를 제공해 '공정한 경쟁

미국의 인플레이션 감축법

① **최종 조립 요건:** 북미(미국, 캐나다, 멕시코)에서 최종 조립되어야 한다.

② **핵심 광물 요건:** 미국 또는 미국과 자유무역협정을 체결한 국가에서 생산되거나 북미에서 재활용된 일정 비율 이상의 배터리 핵심 광물이 사용되어야 한다.

③ **배터리 소재 요건:** 북미에서 제조된 배터리 소재가 일정 비율 이상 사용되어야 한다.

※ 최종 조립 요건은 2022년 즉시 발효되었으며, 핵심 광물 요건의 경우에는 2023년부터 40퍼센트 비율을 충족해야 하는 것으로 명시되어 있다. 그리고 2024년 이후 50퍼센트, 2025년 이후 60퍼센트, 2026년 이후 70퍼센트, 2027년 이후 80퍼센트의 사용 비율 기준을 충족해야 한다. 배터리 소재 요건은 2023년 이후 50퍼센트 충족 기준부터 시작해 2029년 이후 100퍼센트의 사용 비율 기준을 충족해야 한다.

환경'level playing field 을 조성하겠다는 취지에서 나온 조치다. 하지만 실질적으로는 중국 기업에 배타적 태도를 취함으로써 미국 기업을 보호하는 데 더 큰 의미를 둔 것으로 보인다.

앞서 언급했듯이 미국의 인플레이션 감축법은 '우려 국가'인 중국의 전기차 배터리 소재를 제한하는 효과를 지니고 있다. 이는 역으로 한국의 전기차 배터리 소재 기업에는 기회일 수 있다는 뜻이다.

대표적인 사례 기업으로 한국 최대 전해액 생산 기업 엔켐을 들 수 있다. 엔켐은 이차전지 주요 소재 중 하나인 전해액을 생산하는 업체로, 중국의 세 개 기업에 이어 4위 기업이다. 그런데 미국이 인플레이션 감축법을 발효함에 따라 중국의 전해액 상위 3위 기업들이 배제되면서 엔켐이 그 공백을 파고들 기회를 얻게 되었다.

엔켐은 미국에서 배터리 소재인 전해액을 생산하는 시설을 지속적으로 확충해왔던 터라 미국 정부의 공급망 재편 리스크를 이미 제거한 셈이다. 글로벌 전해액 시장의 71.3퍼센트를 중국 업체가 차지하고 있는 상황에서 미국의 인플레이션 감축법은 엔켐의 글로벌 시장 점유율 상승에 긍정적 요인으로 작용했다. 한국의 엔켐이 미중 갈등의 수혜를 입었다고 할 수 있다.

엔켐은 2021년 미국 첫 생산 거점을 조지아주에 마련했다. 생산능력은 연간 2만 톤 규모로 2024년까지 생산능력을 14만 톤으로 확대할 예정이다. 엔켐은 미국의 전기차 확장에 대응하기 위해 미국 내 네 개 주에 전해액 공장을 추가로 증설할 계획이다. 신규 생산 거점으로 미시간주(6만 톤), 켄터키주(4만 톤), 테네시주(4만 톤), 오하이오주(2만 톤) 네 곳을 선정했다. 2026년 신규 공장 네 곳의 준공이 최종 마무리되면 엔켐은 미국에서만 30만 톤 규모의 전해액 생산능력을

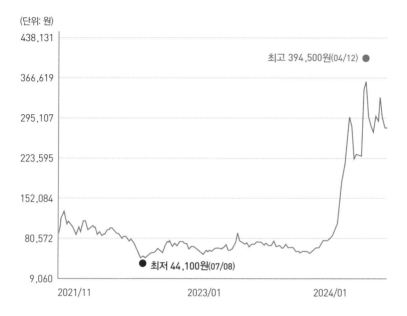

(단위: 원)

438,131

최고 394,500원(04/12) ●

366,619

295,107

223,595

152,084

80,572

● 최저 44,100원(07/08)

9,060

2021/11   2023/01   2024/01

보유하게 된다. 또한 미국의 인플레이션 감축법 시행으로 북미 지역의 시장 점유율 확대는 더욱 가속화할 전망이다.

미래전의 주도권을 차지하기 위한 각축전

미중 전략 경쟁은 군사안보 차원에서도 전개되고 있다. 그중에서도 인공지능 군사기술을 둘러싼 경쟁이 심화되는 추세다. 인공지능 기반의 자율무기체계가 미중 패권 경쟁의 결과를 좌우할 수 있다고 보기 때문이다. 미국은 중국을 러시아와 함께 인공지능 군사기술의 경쟁자로 지목했다. 이때 전통적인 군비 경쟁과 대비되는 의미로 '인공지능 군비 경쟁'AI Arms Race 이라는 말이 사용되기도 한다.

⟶◦ 인공지능 군비 경쟁 ◦⟵

군비 경쟁은 서로 위협을 느끼는 국가들이 경쟁적으로 군비를 확대하면서 긴장이 고조되는 상황을 말한다. 특히 이러한 군비 경쟁이 인공지능 기술을 중심으로 이뤄지는 최근의 상황을 가리켜 인공지능 군비 경쟁이라 한다.

그러나 자율무기체계 군사기술에 대한 미국과 중국의 인식 차이는 상당하다. 패권국인 미국은 인공지능, 자율무기체계 군사기술을 통해 세력 전이를 차단할 수 있으리라 인식하고 있다. 반면 도전국인 중국은 이들 기술이 세력 전이를 가속화할 수 기회라고 인식하고 있다.

군사기술 자체가 세력 전이의 중요한 변수가 될 수 있다는 인식은 인공지능, 자율무기체계 군사기술 개발 경쟁으로 이어졌다. 인공지능과 자율무기체계 군사기술은 저비용으로 경제력 격차를 극복할 수 있다는 점에서 기존의 재래식 군사 전력과는 성격이 사뭇 다르다. 중국은 인공지능과 자율무기체계를 통해 미국의 재래식 전력에 대한 열세를 극복하고, 아시아 지역에서 정치적 지도력을 확대할 수도 있으리라 기대하고 있다. 반대로 미국은 이러한 중국의 도전을 좌절시키기 위해 군사기술 혁신 경쟁에 나설 수밖에 없는 상황이다.

자율무기체계가 제대로 작동하려면 전장 상황을 명확히 인식하고 판단한 뒤 행동을 결정할 수 있는 인공지능 기술이 결부되어야 한다. 자율무기체계가 주변 환경과 장애물을 인식하고 감각 자료를 활용해 이동 경로를 설정하며, 다른 자율무기체계와 소통하기 위해서는 인공지능 기술이 구현되어야만 한다. 이처럼 인공지능 기술은 자율무기체계를 가능하게 할 뿐 아니라 자율무기체계와 인간의 합동 작전을 수행하는 데 필수적이다. 특히 로봇 간의 전투, 사이버 공간 중심의 전쟁, 무인 경계 시스템의 확대 등 미래전未來戰 방식에서 인공지능 기술은 전투와 전쟁의 승패를 가를 수 있는 가장 핵심적 요인으로 평가받는다.

중국은 미국을 넘어설 수 있는 세계 최강의 군사력 건설을 추진하는 중이다. 문제는 중국과 미국 사이의 군사력 격차가 단기간에 좁혀지기 어렵다는 데 있다. 중국이 군사력을 급격히 증강시키려 노력하고 있지만, 핵 전력과 재래식 전력 등 모든 면에서 미국과 현격한 격차가 존재하는 게 현실이다.

이 격차를 중국은 어떻게 좁히려는 걸까? 중국은 미래전에서 주도권을 장악할 수 있는 정보화, 지능화 전쟁 수행 역량을 강화하는 데서 그 답을 찾고자 한다. 즉 인공지능, 자율무기체계 등 미래전 방식을 대칭적 전력에서의 열세를 상쇄할 수 있는 비대칭 전력이라고 보는 것이다.

중국이 재래식 전력이나 핵 전력 면에서 단시간 내 미국을 추월하기는 불가능하다. 하지만 지능화 전력을 강화한다면 미국과의 군사적 격차를 줄일 수 있다고 판단한 것으로 보인다. 중국은 이를 '곡선도로 추월'에 비유한다. 속도가 느린 차량이라 해도 곡선 도로에서는 운전 기술을 이용해 속도가 빠른 차량을 추월할 수 있는 것처럼 기술을 활용해 미국을 따라잡겠다는 뜻이다.

곡선 도로에서 1등 차를 추월할 수 있는 비결은 운전 기술이다. 중국은 군사 분야에서 운전 기술에 비견되는 것이 바로 과학기술이라고 보았다. 이에 따라 군사 전력 2등 국가가 1등을 따라잡기 위해서는 새로운 전장 상황의 변화에 따른 군사기술의 급속한 개발이 필요하다는 결론을 내렸다. 다시 말해 중국은 세계 최강 군사 대국인 미국을 추월하기 위해 지능화, 정보화 기술을 활용한 비대칭 전력의 개발과 확보가 관건이라고 판단한 것이다.

세력 전이를 둘러싼 태풍의 눈, 인공지능과 자율무기체계

중국의 지능화 전쟁 역량 강화는 미국과의 군사력 경쟁과 밀접한 관련이 있다. 중국은 1990년대부터 미국의 취약점을 이용할 수 있는 비대칭 전력 강화에 집중해왔고, 새롭게 부상하는 기술에서 미국과 대등하거나 미국을 넘어설 수 있는 군사적 기회를 찾으려 애써왔다. 그렇게 찾아낸 것이 바로 지능화 전쟁 수행 역량을 강화하는 것이다. 중국은 이를 통해 미국의 군사력을 상쇄할 수 있으리라 여겼다.

미래 전장에서는 인공지능 기술이 세력 균형에 균열을 일으키고, 미중 간의 전략적 안정성을 흔들 수 있는 요소로 작용할 가능성이 높다. 류궈즈劉國治 중국 공산당 중앙군사위원회 과학기술위원회 주임은 이와 관련해 이렇게 말했다. "군사 지능화 발전은 중국이 기존 강대국을 추월해 강군을 건설할 수 있는, 얻기 어려운 전략적 기회다." 중국 시진핑 국가주석 역시 중대한 기술적 진보는 전쟁 양상에 심대한 변혁을 가져올 수 있음을 밝혔다. 군사안보에서 과학기술의 중요성을 강조한 것이다. 중국의 군사기술 전문가들은 미래전에서 지능화, 자율무기체계가 중심적인 역할을 할 것이라고 내다보면서 이와 관련된 미국의 지능화, 무인 군사기술 개발에 주목하고 있다.

2019년 중국은 1998년을 시작으로 열 번째 〈국방백서〉를 발표했다. 백서를 통해 미국 등 세계 군사 대국과의 경쟁에서 승리하려면 인공지능, 자율무기체계에 집중해야 함을 강조했다. 중국은 군사 대국들이 군사 경쟁에서 전략적 우위를 점하기 위해 새로운 형태의 군사 전력을 발전시키고 있다는 데 주목했다. 미국이 군사력의 절대적 우위를 위해 기술 및 제도 혁신을 추진 중이며, 인공지능, 양자 정보, 빅데이터, 클라우드 컴퓨팅, 사물 인터넷과 같은 첨단기술이 군사 분야에 적용되는 속도가 점점 더 가속화하고 있음을 포착한 것이다.

장거리 정밀 무기long-range precision, 지능화 군사기술, 스텔스·자율 무기체계 개발 등은 군사기술 혁신의 핵심이다. 이런 흐름을 읽어낸 중국은 정보전의 역량을 강화하면서 진화하는 중이다. 또한 곧 다가올 미래전은 지능화 전쟁의 양상을 띨 것임을 지적하기도 했다. 〈국방백서〉는 전쟁 양상이 급변하는 상황에서 중국이 어떤 전략을 취해야 할지도 명확히 제시하고 있다. 세계 최고 군사력(미국)에 크게 뒤처진 중국 인민해방군이 군사혁명Revolution in Military Affairs, RMA 을 시급하게 발전시켜야 함을 명확히 밝힌 것이다.

중국은 세력 전이에 대해 인식하고 있으며, 이에 따라 미국과 인공지능 군사기술 경쟁을 전개하는 중이다. 비록 중국의 인공지능 군사기술 수준에 대한 지표는 나와 있지 않지만, 인공지능 기술 수준에 대해서는 이미 다양한 지표들이 존재한다. 중국은 민간의 인공지능 기술을 안보 분야로 이전하는 방식을 채택했다. 이른바 '민-군 통합 발전 방식'이다.

국가	인재	사회 기반 시설	운영 환경	연구	개발	정부 전략	민간 투자	종합 지수	순위
미국	100	100	96	100	100	83	100	100	1
중국	26	66	70	54	69	66	48	54	2
싱가 포르	30	50	55	25	21	59	27	32	3
영국	32	27	90	23	12	65	25	30	4
프랑스	25	31	70	18	31	59	19	28	5
한국	20	42	64	11	37	69	14	27	6
독일	35	32	83	16	14	59	17	27	7
캐나다	26	27	75	15	14	70	23	26	8
이스 라엘	27	25	47	17	19	35	29	26	9
인도	42	15	90	10	13	55	14	24	10

출처: Tortois intlligence, Global AI Index 2024.

중국 인공지능 기술의 이 같은 성격 때문에 미국 '인공지능 국가안 보위원회'National Security Commission on Artificial Intelligence 의 최종 보고서는 중국에서 기업과 학계의 인공지능 기술은 중국의 군사력과 통합된 성격을 갖는다고 지적했다. 따라서 중국의 인공지능 기술 수준은 중국의 인공지능 군사기술 수준을 가늠할 수 있는 지표라고도 볼 수 있다.

영국의 데이터 분석업체 토터스 인텔리전스Tortoise Intelligence 의 2024년 '글로벌 인공지능 지수'Global AI Index 에 따르면, 중국의 인공지능 지수는 미국에 이어 2위인 것으로 나타났다. 글로벌 인공지능 지수는 인공지능과 관련된 인재, 사회기반 시설, 운영환경, 연구, 개발, 정부 전략, 민간 투자 등 분야별 지수를 산출해 국가별 인공지능 발전 수준을 상대적으로 측정한 것이다.

미국은 중국의 패권 확대를 용인하지 않겠다는 전략을 취했다. 미국이 중국의 패권 확대를 차단하기 위해 주목한 군사기술은 인공지능, 자율무기체계다. 미국은 인공지능에 기반한 무기체계와 지휘통제 역량이 미중 간 군사력 격차를 현저하게 줄일 수 있으리라 판단하고 있다. 비록 핵무기, 재래식 전력에선 미국이 현격한 우위를 갖고 있지만 인공지능과 자율주행 기술 등 지능화 무기체계가 이러한 상황을 역전시킬 수 있다고 본 것이다.

미국은 미래전의 새로운 양상을 선점하기 위해 군사기술을 개발하고 있으며, 이를 적용하기 위한 노력을 지속하는 중이다. 이에 따라 미국과 중국 간에는 인공지능, 자율무기체계 군사기술 분야에서 벌어지는 '군사기술 양극체제', 혹은 '인공지능 군비 경쟁'이 나타날 수 있다. 전통적으로 기술은 강대국 간 세력 전이의 주요 요인으로 지적되어왔다. 그리고 지능화 전쟁 수행 역량이야말로 미국과 중국 사이에 세력 전이가 나타날 수 있는 대표적 분야다.

인공지능, 자율무기체계 군사기술을 바탕으로 미국은 중국의 위협에 대응해 '제3차 상쇄전략'Third Offset strategy을 제시한 바 있다. 2014년 당시 미국 국방부 장관 척 헤이글Chuck Hagel은 "중국, 러시아 같은 국가들이 군사 현대화 계획에 막대한 투자를 지속하면서 미국의 군사기술 우위를 약화시키고 있다."라고 지적했다. 더불어 미국이 앞으로 군사적 우위를 지속적으로 점하지 못한다면, 미국 동맹들이 미국에 대해 가졌던 신뢰가 무너지고 미국이 설정한 국제 규범들을 지켜낼 수 없을 것이라고 했다. 또한 이는 많은 미국인을 위협에 빠뜨릴 것임을 지적했다.

헤이글이 제시한 제3차 상쇄 전략은 이러한 안보 환경 변화에 따른 대응책이다. 로보틱스 기술, 자율화체계, 소형화, 빅데이터, 3D 프린트 등 첨단기술을 바탕으로 미국의 군사적 우위를 유지하겠다는 뜻이다.

그동안 미국은 전투기나 항공모함, 구축함 등 고비용 무기체계에 많은 예산을 소모해왔다. 그러나 중국을 비롯한 경쟁국과의 군사 경쟁에서 우위를 점하기 위해서는 기존의 고비용 무기체계에서 벗어날 필요가 있었다. 저비용의 소규모 자율무기체계를 갖추는 것이 경쟁 우위를 획득하기에 더욱 효과적이라고 판단한 것이다. 가령 3D 프린팅 기술로 값싼 드론을 대량 양산해 드론 무리로 적을 에워싸 궤멸시키는 전략이 가능하다. 미국은 드론을 일종의 저렴한 소모품으로 여겼으며, 고비용 재래식 무기보다 비용 대비 효과가 매우 높다고 보았다.

미국의 원격 조정 무인수상함인 시헌터의 경우 하루 운용비용이 2만 달러에 불과하다. 전통적인 구축함의 하루 운용비용이 70만 달러인 것과 비교하면 35분의 1 수준이다. 시헌터는 유인 및 무인 합동 작전을 위한 함대 적응 훈련을 비롯해 전술과 기술 개발을 진행한 바 있다. 시헌터가 실전에 배치되면 해양에서 자율 항해를 하며 적의 잠수함을 수색 및 공격하는 임무를 수행하게 된다. 시헌터는 적은 예산으로 중국의 잠수함 전력 확대에 대응할 수 있는 무기체계라는 평가를 받고 있다.

미국은 중국의 수적 우세에 대응하기 위해 드론 같은 자율무기체계를 활용한 스워밍Swarming 전략을 강조한다. 중국이 미국의 재래식 전력을 추월하는 데 집중한 반면, 미국은 중국의 추격을 막기 위해 스워밍 전략을 취한 것이다. 미국은 자율무기체계에 기반한 스워밍 전략을 활용해 다양한 방식으로 적의 전력을 약화시킬 수 있을 것으로 기대한다. 전투기, 함정, 잠수함에서 발사되는 드론은 마치 작은 낙하산 부대처럼 적진에 떨어져 적의 혼란을 유발할 수 있다.

드론은 이동식 미사일 발사대를 찾기 위해 자율 비행하다가 목표물을 발견하면 인간 통제관에게 좌표를 전달하기도 한다. 그뿐만이 아니다. 자율무기체계는 어디까지나 값싼 소모품이기 때문에 적의 비행장에서 무리 형태로 비행하도록 함으로써 적의 전투기 이착륙을 방해하거나 격추하는 데도 활용될 수 있다. 적의 비행장 활주로 파괴에 드론 무리를 동원하는 전술도 가능하다. 상륙 작전 시엔 무인 상륙정 무리를 해안에 먼저 상륙시켜 해안포를 비롯해 적의 상륙 저지 수단을 무력화할 수도 있다.

이처럼 중국과 미국은 모두 인공지능, 자율무기체계 군사기술 개발을 가속화하는 방향으로 나아가는 중이다. 군사력의 급진적인 도약을 가져올 수 있는 군사기술 혁신이 나타날 때는 군사기술을 둘러싼 경쟁이 보다 심화되는 게 일반적이다. 인공지능과 자율무기체계 군사기술 역시 예외는 아니다. 둘 다 군사력에 급진적인 도약을 가져올 수 있는 기술로 인식되기 때문에 미국과 중국이 이들 기술을 둘러싸고 극심한 경쟁을 벌이는 건 필연적이다. 두 나라는 각기 인공지능, 자율무기체계 군사기술 자체가 세력 전이를 가속화하거나 차단하는 데 영향을 미칠 수 있다고 보기 때문이다.

인공지능, 자율무기체계는 막대한 재정 지출을 필요로 하는 전투기, 항공모함, 전차 등 기존 재래식 전력과는 다르다. 즉 경제력이 상대적으로 취약하더라도 인공지능, 자율무기체계라는 저비용 군사기술을 활용해 군사력에서 상대를 추월할 수 있다는 뜻이다. 이처럼 저비용 군사기술로 군사력을 추월할 수 있다면 근대전의 양상에 질적 변화를 가져올 수도 있다. 미국, 중국, 러시아 등 강대국들이 인공지능, 자율무기체계 개발을 위한 경쟁에 나서는 것은 바로 이런 이유에서다.

* * *

미국과 중국의 인공지능 군비 경쟁도 산업이나 투자의 관점에서 살펴볼 수 있다. 미국과 중국의 인공지능 군비 경쟁은 전투기, 탱크를 만드는 전통적인 방위산업과는 사뭇 다른 양상을 보여준다. 방위산업 중에서도 인공지능을 활용한 분야가 주목을 끌고 있다. 따라서 무인기나 무인함정을 만드는 방산 기업들의 투자 가치가 상승할 가능성이 크다. 특히 인공지능에 기반한 자율무기체계는 소모품의 성격을 지니고 있어서 총알이나 포탄처럼 계속 양산해야 하는 특성이 있다. 이런 점들로 판단하건대 인공지능을 접목한 방위산업은 지속적인 확장이 이뤄질 것으로 예상된다.

미국 경제 전문지《포브스》에 따르면, 미국 방위산업 기업들은 이미 전장 상황 인식 개선, 전술적 의사 결정 개선, 병력 보호, 전투 작전에서의 부수적 피해 감소 등 각 분야에서 군사용 인공지능 도입에 나서고 있다. 미국 항공우주 방산 기업 노스럽 그러먼Norhtop Grumman이 대표적이다. 군사 인공지능의 경우 일반적인 환경이 아닌 역동적으로 변화하는 전장 환경에서 인간의 판단을 요구하기 때문에 더욱 고도화된 알고리즘과 소스 코드를 필요로 한다. 전시에는 신뢰할 수 있는 일반적 규칙이 거의 없으며 모든 종류의 비정상적인 상황에 민첩하고 정확하게 대처할 수 있어야 한다. 바로 이것이 가능한 군사 인공지능을 개발하고 접목하는 게 관건이다.

세계 최대 군수업체인 록히드 마틴도 인공지능을 전장에서 활용하기 위해 수억 달러를 투자해 인공지능 전문가를 대규모로 채용하는 중이다. 록히드 마틴의 인공지능 작업 중 일부는 해상 기반 이지스 사격 통제 시스템의 성능 향상과 같은 전통적인 영역은 물론 새로운 방위산업 분야에서도 활발하게 전개된다. 록히드 마틴의 경쟁사인 RTX 역시 엔진 유지·보수, 비행 운영, 레이더 센서 처리 등 다양한 군사 분야에 인공지능을 도입하는 연구를 진행하고 있다. 미국의 방위산업 기업들은 인공지능이야말로 방위산업의 미래라고 인식하고 있으며, 이를 모든 군사 분야에 적용할 수 있는 게임 체인저라고 여긴다.

군사인공지능을 활용한 방위산업에서 스타트업 기업이 출현하는 것도 새로운 현상이다. 벤처캐피털 자금이 방위기술 기업으로 유입되고 있다는 방증이다. 수십 년 동안 미국 정부는 스텔스기부터 스파이 위성에 이르기까지 새로운 무기를 개발하기 위해 록히드 마틴과 같은 방위 기업에 자금을 지원했다. 그러나 인공지능 같은 분야에서 연구 개발을 위한 민간 부문의 자금은 이제 정부의 지출을 앞지르고 있다. 지난 3년 동안 투자자들이 이 분야에 지출한 금액은 그 이전에 비해 70퍼센트 이상 증가했다. 시장분석업체 피치북PitchBook에 따르면, 2021년부터 2024년 6월 중순까지 벤처 캐피털리스트들은 방위기술 스타트업에 총 1,300억 달러를 투자했다. 참고로 미 국방부가 매년 R&D에 지출하는 금액은 약 900억 달러 수준이다.

페이스북 출신의 31세 팔머 러키Palmer Freeman Luckey가 설립한 '안두릴'Anduril이 대표적인 방산 스타트업이다. 안두릴은 J.R.R. 톨킨의 소설《반지의 제왕》에 나오는 마법의 검에서 따온 이름으로, 2017년 설립 이후 37억 달러(약 5조 원)의 투자금을 모았다. 이런 스타트업 방산 기업들은 고가의 제트 전투기나 공격용 헬리콥터 대신 드론이나 무인 잠수함 같은 자율무기를 개발해 판매한다. 이들은 미국이 중국과 같은 제조 및 기술 강국에 맞서기 위해서는 먼바다에서 효과적으로 대응할 수 있는 더 저렴하고 지능적인 시스템을 대량으로 확보해야 한다고 말한다. 안두릴은 시진핑 중국 국가주석이 대만을 침공할 준비를 해야 한다고 말한 2027년까지 완성할 수 있는 무기 개발에 집중하고 있다.

민간 자금의 물결을 타고 최근 몇 년 동안 수백 개의 새로운 회사가 등장해 전장용 인공지능, 드론, 심지어 극초음속 미사일과 항공기까지 연구하고 있다. 《월스트리저널》에 따르면 현재 10억 달러 이상의 가치를 지닌 비상장 기업, 즉 '유니콘'으로 불리는 국방 분야 기업만 해도 안두릴, 실드Shield AI, 렐러티버티 스페이스Relativity Space, 에피루스Epirus 등 열 곳이 넘는다.

분단 때문에 해상 물류에 대한 의존도가 압도적으로 높은 한국이 부를 얻기 위한 전제 조건은 바닷길의 안전이다. 그러나 현재, 해상교통로를 두고 주변 강대국들의 갈등이 불거지며 해양에서 자유와 안전은 잠재적 위협을 받고 있다. 중국을 비롯한 미국의 경쟁국들이 인도·태평양 지역에서 부상하며 해상교통로를 통제하기 위한 움직임을 보이고 있으나 지리적 거리 때문에 미국의 힘이 미치기엔 한계가 있다. 이런 상황에서 한국은 과연 어떤 기회를 얻을 수 있을까?

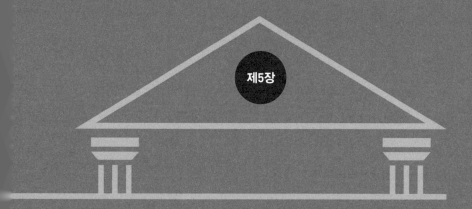

제5장

부의 원천,
바다를 둘러싼 첨예한 대립

인도 · 태평양 리스크

GEOPOLITICS:
RISKS AND OPPORTUNITIES

경쟁의 소용돌이에 휘말린 바닷길

역사적으로 바다는 부의 원천이었다. 과거 역사를 살펴보면 영국
은 해상무역에 전념했고, 이를 위해 세계 각 지역에서 자유로운 통상
을 확보할 수 있는 평화 협정을 체결했다. 국가의 모든 역량이 세계
경제에서 자유무역을 확대해 나가는 데 모아졌다. 해상을 통한 자유
로운 무역 네트워크는 영국이 경제적 번영을 얻는 수단이었다.

애초 영국은 유럽의 주변 지역이면서 고립된 섬이라는 지정학적
한계를 갖고 있던 나라다. 그런데 영국은 이러한 한계를 역이용해 해
외로 진출할 수 있는 기회로 삼았고, 식민지와 대서양 무역을 통해

유럽의 부강한 제국으로 부상할 수 있었다. 국가에 부를 가져다줄 수 있는 원천은 유럽 대륙에서의 전쟁이나 패권 추구가 아니라 안정된 통상에 있으며, 영국의 상선을 보호할 수 있는 해군력에 있음을 내다 본 것이다.

미국이 부를 쌓으며 패권국으로 부상했던 방식도 영국과 유사하다. 미국은 자국의 운명을 결정지을 수 있는 분기점이었던 1823년 12월 2일 먼로독트린Monroe Doctrine을 발표했다. 이는 먼로 대통령이 미국 의회에 보낸 연두교서에서 밝힌, 아메리카 지역에서 미국의 시장 확보를 위한 외교 기조였다. 당시 유럽 강대국들은 아메리카 대륙에서 식민지를 확보하기 위해 앞다투어 나섰고, 미국은 자신들이 부를 일굴 수 있는 터전을 자칫 유럽 열강들에게 빼앗길 수도 있는 상황이었다. 이러한 위기에서 경제적 부를 확보하기 위한 외교 전략을 수립해야만 했던 미국은 먼로독트린을 통해 통상의 확대, 그리고 이를 위한 해양에서의 자유를 추구했다. 바다를 통한 번영이었다. 자결, 독립, 비식민화, 불개입, 유럽 정치에 대한 연루 반대, 해양에서의 자유, 통상의 자유가 핵심 요소였다. 미국은 남북전쟁 이후 '통상 제국' commercial empire의 기치를 내걸었으며 여기서 통상의 중심은 바다였다.

앞서 말했듯 한국이 부를 얻기 위해 필요한 전제 조건은 바닷길의 안전이다. 한국은 해양에 대한 경제적 비중이 압도적으로 높은 국가이며, 그만큼 해양 안보의 중요성도 높다. 한국은 2020년 기준 대외

무역의존도가 59.83퍼센트로 일본(31.56퍼센트)이나 중국(28.17퍼센트)의 두 배에 달한다. 게다가 한국의 수출입 화물의 99.7퍼센트가 선박을 통해 운송된다. 같은 해 해운 산업의 외화 수입은 반도체, 자동차에 이어 세 번째로 많은 273억 달러였다. 그런데 예멘의 후티 반군이 홍해에서 민간 무역선들을 공격하기 시작한 2023년 12월부터 해운 물류비용이 증가한다. 수에즈운하를 이용해 홍해로 왔던 무역선들이 아프리카 대륙을 우회해야만 했기 때문이다.

탈냉전 시기에는 미국 해군력에 기반해 해상교통로의 안전이 유지되어왔다. 탈냉전 이후 미국은 우월한 군사력을 기반으로 해양, 공중, 우주라는 공공재에 대해 통제권command of the commons을 행사했다. 강력한 해군력을 바탕으로 해상교통로에 대한 항해의 자유 역시 보장해주었다. 미국은 세계의 주요 분쟁에 해군력을 투사함으로써 해상교통로라는 공공재를 제공한 것이다.

그러나 미국이 보장했던 해양에서의 자유와 안전이 잠재적 위협을 받을 수 있는 상황에 처하고 말았다. 앞서 말했듯 해상교통로를 두고 미국과 다른 나라들의 갈등이 불거지고 있기 때문이다. 인도·태평양 지역에서 중국을 비롯해 미국의 경쟁국들이 해상교통로를 통제하려는 움직임들이 나타나고 있다.

중국 공산당은 2012년 11월 제18차 전국대표대회에서 '해양 강국' 건설의 의지를 밝혔다. 해양 자원 개발, 해양 경제 발전, 해양 생태계 보호 등을 비롯해 해양에서 국가의 권익을 단호하게 보호하고, 강력한 해양 국가 건설을 위해 능력을 향상하겠다는 것이 주요 내용이다.

해양 패권, 도전하는 자와 지키려는 자

미국은 해상교통로의 안전이라는 공공재를 제공해왔다. '항행의 자유'라는 국제 규범은 미국의 강력한 군사력을 바탕으로 지켜진 셈이다. 그러나 최근 미국과 중국의 전략 경쟁이 첨예해지면서 해상교통로에 대한 경쟁도 치열해졌고, 그 결과 안전이 잠재적 위협을 받을 수 있는 상황에 처하고 말았다. 부상하는 중국이 기존 해양 질서를 흔들어 변경하려는 시도를 할 가능성이 높기 때문이다. 중국의 학자들 역시 해양에서 중국과 미국의 충돌이 불가피할 것으로 예상했다. 중국의 해양력 발전은 역사적 흐름이며, 해양력을 둘러싼 중국과 미국의 경쟁은 지속될 것이라는 게 대체적인 분석이다.

미국은 19세기 말부터 앨프리드 머핸Alfred Thayer Mahan의 해양 전략 사상에 기반해 강대국으로 부상했다. 미 해군 제독이자 전략지정학자인 머핸은 국가의 경제적 이익과 통상의 자유를 보장할 수 있는 해군력의 역할을 강조한 사람이다. 그는 미 해군이 해안경비나 초계, 통상 보호 활동과 같은 방어적인 역할에 머물러서는 안 된다고 지적했

세력 전이 시기 해양 지배국은 '자유해양론'mare liberum을 주장
하는 반면, 도전국은 해양에서 자국의 독점적 권리를 강조하는
'폐쇄해양론'mareclausum 을 주장하는 경향을 보인다. 지배국이
자유해양론을 주장하는 이유는 국제정치와 국제경제의 질서
가 이미 지배국에게 유리하게 편성되어 있기 때문이다. 반면 도
전국은 자국의 배타적인 해양 권리를 주장하는 모습을 보인다.
지배국 미국에 도전하는 중국은 자국의 해양 권리를 강조하는
폐쇄해양론적 성향을 드러냈다. 중국은 남중국해에 인공섬을
만들며 영유권을 주장하는 반면, 미국은 남중국해에서 '항행
의 자유' 훈련을 전개하고 있다.

다. 잠재적 위협 국가가 미국의 국익과 생존을 저해하려는 목적으로
대양에서 해상 봉쇄를 시도하거나 해안을 공격하려고 접근을 시도할
경우, 미국 함대를 원하는 시간과 장소에 집결시켜 결전해야 한다고
주장한 것이다.

머핸은 우수한 기동성을 갖춘 해군 함대는 해상교통로에 자유롭게
접근할 수 있으며, 나아가 육상의 경제를 통제하는 임무까지 수행할
수 있다고 했다. 강력한 대양 해군은 해상교통로에서 국가의 이익인
통상의 자유를 보장할 수 있는 수단이 된다는 의미다.

머핸은 대양 해군과 함께 해양 영역을 지배하거나 통제, 점유하기 위한 해외 전진기지를 확보할 필요가 있다는 주장도 펼쳤다. 원정 함대가 해상교통로와 통상의 자유를 보장하기 위해 활동하려면 연료와 식량 등을 보급받을 수 있는 해외 기지가 필수라고 판단했기 때문이다. 미국은 머핸의 해양 전략 사상에 따라 세계 각 지역에 해군 원정 함대가 기항할 수 있도록 기지를 배치했다. 그리고 해상교통로를 배타적으로 통제하지 않고 '항해의 자유'라는 해양 질서를 구축했다. 이처럼 머핸이 제시한 해양 전략 사상 덕분에 미국은 해양 지배국으로 부상할 수 있었다.

그러나 미국의 해양 지배는 2010년대부터 난관에 부딪히게 된다. 머핸주의적 '해양굴기'海洋崛起를 추구하는 중국의 본격적인 해양 패권 도전에 직면했기 때문이다. 머핸의 해양 전략에는 잠재적 위협이 되는 국가의 해상교통로 접근을 제한하거나 배제하는 방식이 포함되어 있다. 중국이 해상교통로에 대한 제해권을 확보하는 과정에서 미국과 충돌한다면, 미국은 중국의 해상교통로 접근을 제한하거나 배제할 수 있다.

그런 일이 벌어진다면 한국은 상당한 피해를 입을 수밖에 없다. 한국의 해상교통로는 지정학적으로 미국과 중국의 해양력 경쟁이 이뤄지는 지역에 있기 때문이다. 다시 말해 해상교통로에 대한 불안정성은 한국이 그동안 누려왔던 해양을 통한 통상의 자유를 위협하는 요소가 될 수 있다는 뜻이다.

중국은 2015년 5월 26일 제10차 〈국방백서〉를 발간하고, 해양 안보 전략을 제시했다. 백서를 통해 전략적 수요에 따라 근해 방어에서 근해와 원해open sea 방위를 결합한 형태로 전략 범위를 확대해야 함을 밝혔다. 지속적인 경제 발전을 위해 필수적으로 해양 안보에 전념해야 한다는 중국의 인식을 엿볼 수 있다.

해양 안보 전략에 따라 중국은 국가 주권, 해상교통로의 보호, 해외 이익 등을 위해 해군의 작전 범위를 확대하기로 했다. 특히 원해 방어를 강조했는데 이는 미국을 잠재적 위협으로 설정했다는 증표로 봐야 한다. 해상교통로를 둘러싼 미국과 중국의 충돌을 이미 상정하고 있는 것이다.

중국 해군이 원해로 작전 범위를 확대한 것은 인도·태평양 지역의 해상교통로에 대한 통제권을 갖겠다는 의미로 파악할 수 있다. 근해 방어는 중국의 주권과 해양에서의 권리와 이익을 보장하는 지역적 방어 전략에 초점을 둔다. 그렇다면 근해는 어느 범위까지를 가리키는 걸까? 중국 황해, 동중국해, 남중국해 등 제1도련선 안쪽의 중국 주변 세 바다가 여기에 포함된다. 이들 해역에 대해 중국은 주권적 문제임을 강조한다.

반면 원해 방위는 근해를 넘어선 해역으로 그 범위를 명확하게 제한하고 있지 않다. 글로벌 수준에서 중국이 경제적 이익을 지키기 위한 해상 공간 정도로 의미를 파악할 수 있다. 다만, 중국 해군의 확대된 작전 반경이 주로 서태평양과 인도양임을 감안할 때 이 두 대양을 가리켜 원해라고 하는 것으로 짐작된다.

중국 해군의 작전 범위 확대는 '두 개의 대양Two Oceans 전략'을 통해서도 파악할 수 있다. 중국 해군이 자국 근해의 '세 바다'三海를 넘어 두 개의 대양, 즉 서태평양과 인도·태평양으로 작전 범위를 확대하겠다는 것이다. 이처럼 중국 해군의 확대된 전략 공간은 미국의 해양력과 중첩되는 곳으로, 두 국가가 충돌할 수 있는 지역이다. 중국이 추진 중인 두 개의 대양 전략은 미국의 인도·태평양 전략에 대한 도전이 될 수 있다.

중국이 석유, 천연가스 등 주요 에너지를 운송하는 해상교통로는 중동에서 말라카해협을 지나야 한다. 만일 중국이 자국의 해상교통로를 보호하기 위해 해군력을 육성한다면, 아시아 전역의 해상교통로에 해군력을 투사할 수밖에 없다. 중국이 인도·태평양 지역 전체를 아우를 수 있는 해군력 확대에 집중하는 것은 이러한 지정학적 요인 때문이다.

중국 해군은 전략 범위 확대에 따른 원해에서의 전투 능력을 강조해왔다. '해상 실크로드'의 안전을 지키기 위해 원해 기동 능력을 갖추어야 하며, 이를 지원할 수 있는 정보 수집과 보급을 비롯한 해상 전장 시스템을 구축해야 한다는 것이다. 특히 해외 해군 기지 건설을 통해 중국 해군의 원정 작전을 지원해야 한다는 점을 강조했다. 해군 원정 함대를 위한 보급 기지를 건설해야 한다는 뜻이다.

인도양에서 동중국해로 이어지는 해상교통로는 중국 해군의 방어 대상이면서 한편으론 한국의 해상교통로이기도 하다. 따라서 중국의 두 개의 대양 전략은 중국에게는 자국의 해상교통로를 방어하는 것이지만, 한국 입장에서는 해상교통로 접근이 통제되는 위협일 수 있다. 특히 미국과 중국 사이에 군사적 충돌이 발생할 경우 한국은 해상교통로의 안전을 보장받기가 더욱 어려워진다.

인도양에 쏟아지는 막대한 투자

중국의 해양 전략 범위 확대에서 특히 주목할 지역은 인도양이다. 공식적으로 설정한 것은 아니지만, 중국은 해양 전략 차원에서 섬들을 이은 방어선 개념으로 '도련선'을 채택해왔다. 그리고 기존 중국의 도련선은 서태평양에서 인도양으로 확대되었다. 제1도련선은 일본 본토, 오키나와, 대만, 필리핀, 인도네시아를 잇는 선이며 이어 제2도련선은 일본에서 마리아나제도, 미크로네시아를 잇는 선이다. 제3도련선은 하와이를 중심에 둔 선이다. 제1도련선에서 중국의 적대국 전력의 접근을 차단하고, 제2도련선에서 통제력을 행사하며, 제

3도련선에서 대양 해군을 운영한다는 게 중국의 계획이다.

그런데 최근 인도양에서 중국의 도련선들이 나타났다. 제4도련선은 파키스탄의 과다르항, 스리랑카의 함반토타를 연결하는 선으로 이는 인도에 대한 도전으로 해석된다. 제5도련선은 지부티의 도라레항에서 시작한다. 인도양에서 중국이 해양력을 확대하는 지역은 기존에 미국의 군사적 영향력이 미치던 곳과 중첩된다. 중국이 운영권을 갖고 있는 파키스탄 과다르항과 스리랑카에서 99년 동안 운영권을 양도받은 함반토타항을 잇는 도련선은 미국의 군사기지인 디에고가르시아를 관통한다. 중국이 2017년 지부티에 건설한 도라레항과 스리랑카 함반토타항은 모두 미국의 해군 기지와 인접해 있다. 결과적으로 인도양에서 미국의 해양력은 중국의 해양 전략 범위 확대에 따라 제한을 받게 된다. 인도양은 아프리카·중동·남아시아 지역이 접해 있는 곳으로 지정학적인 중요도가 매우 높은데, 이곳에서 미국과 중국이 패권을 두고 경쟁하게 된 것이다.

2017년에 지부티에 첫 해외 군사기지를 개설하기 시작하면서 중국은 인도양에서 자국의 군사력을 투사할 수 있는 지역에 막대한 경제적 지원을 추진했다. 중국은 지부티 기지를 해외 물류 공급 시설이라고 했지만, 중국군이 주둔 및 관리하고 있으므로 군사시설이라 할 수 있다. 실제로 지부티 기지에서 중국군은 실사격 훈련을 비롯해 군사훈련을 실시했다. 지부티는 GDP의 88퍼센트에 해당하는 공공 부채를 떠안고 있는데, 이 부채의 대부분이 중국에게 진 것이다. 이 같은 부채 때문에 지부티 정부는 중국의 요구를 거부하기 어려운 상황인 것으로 추정된다. 다시 말해 중국은 경제적 영향력을 활용해 인도양에서의 안보적 이익을 취하고 있는 것이다.

중국이 지부티에 해외 군사기지를 건설한 것은 미국과 중국 간의 해군력 경쟁을 보여주는 상징적 사건이라고 할 수 있다. 지부티에는 미국의 주요 해외 군사기지인 캠프 레모니어Camp Lemonnier 가 있으며, 중국이 새로 건설한 군사기지는 미국 기지에서 불과 수 마일 떨어져 있을 뿐이다. 미국의 안보 전문가들은 이를 두고 중국이 글로벌 패권을 확대하려는 시도로 읽었으며, 미국에 대한 위협으로 인식했다.

지부티는 인도양, 아덴만, 홍해, 수에즈운하로 이어지는 바브엘만데브Bab-el-Mandeb해협에 위치한 국가로, 해상교통로의 중요한 길목이자 지정학적으로 중요한 지역이다. 중국은 지부티를 비롯해 인도양 지역의 전략적 요충지에 거점을 구축했다. 그렇게 함으로써, 자국의 무역과 자원 군사기지를 통해 아프리카에서 인도양으로 이어지는 해상교통로에 대한 영향력을 확대할 전망이다.

중국은 자국의 해양 이익을 위해 상륙전 부대인 해군육전대海軍陸戰隊를 창설했다. 시진핑 국가주석은 중국의 주권과 영토뿐만 아니라, 자국의 해외 이익 수호라는 해군육전대의 역할을 강조했다. 1957년 해산되었던 해군육전대는 당 중앙위원회와 중앙군사위원회의 국방

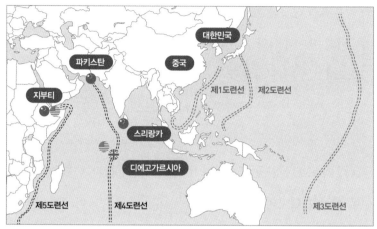

중국의 도련선 확대

:::: 현존 도련선   :::: 확장 예정 도련선

대한민국

파키스탄   중국

지부티

제1도련선   제2도련선

스리랑카

디에고가르시아

제5도련선   제4도련선   제3도련선

출처: Wilson Vorndick, "'China's reach has grown: So should the island chains', Asia Maritime
T.ransparency Initiative", CSIS Report, 2018.

및 군사 개혁 심화에 대한 결정과 배치에 따라 2017년에 다시 창설
되었다. 중국의 해군육전대는 미중 해양력 경쟁 상황에서 중국 부근
해역을 넘어선 군사력 투사에 활용될 것으로 예상된다.

이는 해상교역로를 보호하고, 확대된 해외 이익을 관철하겠다는
뜻으로 해석 가능하다. 중국의 이 같은 의도는 2017년 합동 해상 훈
련이 중국에서 멀리 떨어진 발트해에서 진행되었다는 점에서도 이미
짐작된다. 중국은 전 세계에 군사력을 투사할 수 있는 미국 해병대
전력을 모방하고 있다. 미국의 상륙준비단ARG, 원정타격단ESG 의 무
기체계와 편제를 그대로 따라 한 것만 봐도 그렇다.

중국이 근해 지역에 취하는 비대칭 방어체계 역시 미국의 해양 접근을 위협하는 요인이다. 중국은 지리적으로 중국에 근접할수록 지리적 이점을 잘 활용할 수 있으리라 여기고 있으며, 해양력 경쟁에서 자국이 유리하다고 생각한다. 대륙이라는 군사 전략적 자산을 활용할 수 있기 때문에 스스로를 대륙 해양 세력이라고 여기는 것이다.

여기서 주목해야 할 점이 있다. 인도·태평양 지역에서는 미국의 해군력이 반드시 중국을 압도한다고 장담할 수 없다는 점이다. 중국은 대륙 국가인 동시에 해상 국가라는 이중적 성격을 지니고 있다. 가까운 바다에서뿐만 아니라 육지에서도 동시에 미국의 해군 전력을 공격할 수 있는 지리적 이점을 갖고 있는 것이다. 즉 중국은 강력한 해군 함대를 보유하지 않고도 육상에서 발진하는 전투기, 드론, 대함 순항미사일, 탄도미사일 등의 무기로 미국과 경쟁할 수 있다. 또한 유사시 동중국해에 진입하는 미국 항공모함을 중국 본토에서 요격할 수 있는 둥펑 21DF-21, ASBM 등의 시스템 파괴 전력도 이미 갖춘 상태다. 반면 미국의 해군 전력은 주로 바다에서 싸워야 한다는 지리적 약점을 갖는다. 중국은 해상 위협에 대응하기 위해 대륙에 순항미사일과 탄도미사일을 다수 배치했고 이에 미 해군 전력은 중국 연안에 근접한 600킬로미터 이내로 접근하는 데 큰 장애를 갖는다. 중국의 국방 전문가들은 미국과 미국의 동맹국이 배치한 요격 미사일이 중국의 탄도미사일을 격추하는 데 성공할 가능성이 낮을 뿐만 아니라, 비용이 너무 비싸다는 점을 지적했다.

중국은 해양을 통한 미국의 군사적 개입을 막기 위해 비대칭 방어 체계를 구축해왔다. 비대칭 방어체계는 중거리탄도미사일 둥펑-21, 대함 순항미사일, 핵추진 잠수함, 전투기 등 다양한 화력 수단을 동원해 미군 항공모함 전단을 비롯한 미 해군력의 진입을 차단하기 위한 전략이다. 미국은 중국의 이러한 전략을 '반접근·지역 거부 전략'Anti-Access, Area Denial, A2/AD이라고 부른다. 미국은 유사시 5~6개의 항모전단을 중국 연안에 투입할 수 있는데, 이를 막는 게 중국의 주요 목적이다. 이 전략은 1995년과 1996년 대만 위기 고조 시 미국 항공모함이 중국 연안에 진입한 이후 수립되었다.

미국이 핵심 위협으로 인식하는 중국의 무기체계는 대함탄도미사일Anti-ship Ballistic Missile, ASBM이다. 탄도미사일이지만 움직이는 배를 잡기 위한 것이므로 유도용 레이더와 광학 센서를 갖추고 있다. 대함탄도미사일은 아시아·태평양 지역의 군사적 균형을 바꾸는 '게임 체인저'라는 평가를 받기도 했다.

이 때문에 미국 항공모함 전단은 중국 근해에 접근하지 못하고 일본 오가사와라제도-괌-팔라우섬을 잇는 제2도련선으로 물러날 상황에 처할 수 있다. 항공모함의 작전 반경은 1,000킬로미터 내외로 대중국 군사 작전에 제한을 받을 수 있다. 이런 이유로 미국은 중국의 대함탄도미사일이 미국의 해군력 투사의 상징인 항공모함 전단에

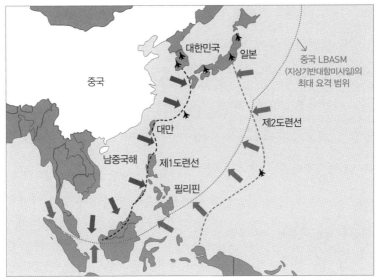

중국의 반접근·지역 거부 전략과 미 해군 전력의 접근 범위

➡ 중국 해군 전력   ➡ 미국 해군 전력

중국

대한민국   일본

중국 LBASM
(지상기반대함미사일)의
최대 요격 범위

제2도련선

대만

남중국해   제1도련선

필리핀

출처: 미국 국방부.

최대 위협이라고 인식한다. 이에 따라 미국은 중국의 비대칭 방어체
계에 대한 대응 전력을 확보하기 위해 노력을 기울이는 중이다.

　인도·태평양 지역에서 미국이 처한 한계는 본토와의 지리적 거리
다. 이를 미국의 안보 전문가들은 '거리의 압제'Tyranny of Distance 라고
표현한다. 분쟁 지역이 워싱턴에서 점점 더 멀어질수록 미군이 수행
하는 군사 작전의 성과가 감소하는 경향을 보인다는 뜻이다. 반대로
미국은 지리적으로 자국에 근접한 지역에서의 군사 작전에 더 성공
적이다. 결과적으로 중국에 근접하고 미국 본토에서 먼 인도·태평양

지역에서 미군은 군사적 한계를 보인다고 해석할 수 있다.

미국의 군사 안보 싱크탱크인 랜드Rand연구소의 시뮬레이션 분석에 따르면, 미 해군 전력은 남중국해와 대만해협 분쟁에서 시간이 지날수록 군사적 우위를 잃어가는 것으로 나타났다. 미국 항공모함을 비롯해 수상함대가, 중국이 지상에서 발사하는 정밀 탄도와 순항미사일 위협에 노출될 수 있다는 말이다. 중국의 현대화된 잠수함 함대, 전투기, 해상 감시정찰ISR 자산들이 결합하면 미국 해군에 위협이 될 수 있다는 뜻이기도 하다. 만일 미국 해군이 중국 해안에서 1,500킬로미터 이내 지역에서 작전을 수행한다면 상당히 도전적인 위험에 직면할 수도 있다.

특히 미국 항공모함 전단에 대한 위협은 심각하다. 정밀 탄도미사일과 지상 및 공중 발사 순항미사일은 한국과 일본의 미군 기지에 심각한 위협이 된다. 그뿐만 아니라 괌에 있는 미국의 앤더슨 공군기지에도 위협이 될 수 있다. 이 지역에 있는 미군 항공기는 대부분 무방비 상태인 반면, 중국 미사일은 광범위하고 파괴적인 치명상을 입힐 수 있기 때문이다. 마찬가지로 중국 잠수함 함대의 현대화는 해상 타격 항공기 및 향상된 해상 감시정찰 능력과 결합되어 중국 해안을 기준으로 1,500킬로미터 이내에서 작전하는 미 수상함에 점점 더 큰 위협을 가하는 중이다.

중국 인민해방군은 미국의 인도·태평양 지역 육상 기지와 항공모

대만해협과 남중국해 분쟁에서 미국과 중국의 군사력 우위 변화

미중 공격 능력

■ 미국 압도적 우세/중국 압도적 열세　■ 미국 우세/중국 열세
■ 거의 동등　□ 미국 열세/중국 우세

영역별 전쟁 수행능력	대만 분쟁				남중국해 분쟁			
	1996	2003	2010	2017	1996	2003	2010	2017
1. 중국 공군기지 공격력								
2. 미국 대 중국의 공중 우세								
3. 미국의 공중 침투력								
4. 미국 공군기지 공격력								
5. 중국 대함전								
6. 미국 대함전								
7. 미국 대우주 역량								
8. 중국 대우주 역량								
9. 미국 대 중국의 사이버전								

10. 핵 안정도 (2차 공격 능력 보장)	국가	1996, 2003, 2010		2017
	중국	낮은 확실성		보통
	미국	높은 확실성		

출처: 미국 랜드연구소.

함을 공격할 수 있는 군사적 수단을 점점 더 고도화하고 있다. 중국이 미사일과 전투기 등을 동원해 인도·태평양 지역의 미 공군기지를 먼저 타격할 경우, 미군이 공중전에서 중국군에 우위를 점하기 어려운 상황에 직면할 위험도 있다. 미 공군 전력이 중국군의 공격에서 안전을 확보하려면 중국과 더 멀리 떨어진 공군기지에서 출격해야만 한다. 이 경우 미군 전투기의 출격 횟수나 작전 시간이 줄어들고 중국의 잠수함을 공격하는 데도 제한을 받기 때문에, 중국의 잠수함으로서는 다시 미군 공군기지를 타격하는 데 더욱 용이해진다.

군함 경쟁이 한국에 가져다줄 기회는?

미국은 인도·태평양 지역에서 점증하는 중국의 위협에 직면해 있다. 부상한 중국의 군사력을 막기에는 현재 미국이 지닌 군사적 역량이 힘에 부치는 듯한 모습마저 보인다. 결국 미국이 인도·태평양 지역에서 해상교통로의 안전이라는 공공재를 확보하기 위해서는 이 지역 동맹국들과의 협력이 불가피할 것으로 보인다.

미 해군 지휘부는 중국과 러시아가 유라시아 대륙의 중요한 '주변 지역' Rimland 과 그 인접 해역을 통제하지 못하도록 막는 합동 전력의 핵심 역량이 바로 해군이라고 규정했다. 그리고 미국과 동맹국 및 파

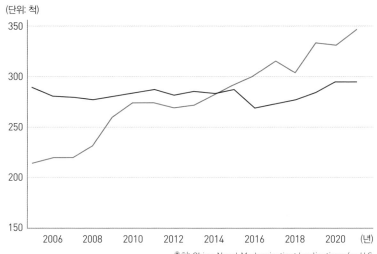

미국과 중국의 해군 군함 척수

— 미국 — 중국

(단위: 척)

출처: China Naval Modernization: Implications for U.S.
Navy Capabilities—Background and Issues for Congress Updated December 1, 2022, p.8.

트너 간의 해상교통로 보호를 미 해군의 주요 임무로 설정했다. 만일 미국이라는 단일 국가의 군사력으로 충분한 억지력을 갖지 못할 경우, 아시아 지역 국가들은 독자적으로 해군력을 강화할 수밖에 없을 것이다. 특히 잠수함과 같은 비대칭 전력 수요는 지속적으로 늘어날 전망이다. 이 경우 한국의 조선 산업이 떠오를 수 있다.

한국은 해양에서의 현상 유지를 목표로 설정할 필요가 있다. 미국은 해군력을 바탕으로 인도해, 서태평양 해상교통로의 안전을 공공재로 제공해왔다. 한국은 미국이 제공하는 공공재를 향유해온 국가

중 하나다. 그러므로 지배국 미국이 형성한 해양 질서를 현상 유지하는 것이 한국의 국익과 부합한다고 봐야 한다. 결과적으로 한국 입장에서 합리적인 선택은 미국의 해양력 우세를 지원하는 안보 정책을 마련하는 것이다. 즉 해양에서 도전국의 현상 변경 시도를 차단하는 정책을 추진함으로써 도전국에게 '기회의 창'을 허용하지 않는 것이다. 미국의 상대적인 해양력 쇠퇴 위협을 보완하기 위해 미국의 해군력을 지원할 수 있는 정책을 추진해야 한다는 의미다.

미국 해군 전력이 중국의 위협에 대응하기 위해서는 먼저 군함 건조 능력을 확보할 필요가 있다. 과거 미국은 제2차 세계대전 당시 막대한 조선업 경쟁력을 바탕으로 항공모함과 구축함을 대거 건조하며 승리를 거머쥘 수 있었다. 미국 내에서 운항하는 선박은 미국에서 건조돼야 한다는 취지로 1920년 제정된 '존스법'도 조선업의 경쟁력을 높여준 요인이었다. 그 후로 미국의 조선업은 자국 내 독점시장의 이점을 활용해 호황을 누려왔다. 그러나 중국과 한국이 가격 경쟁력을 바탕으로 부상하고, 1980년대 자유경쟁을 내세운 로널드 레이건 정부가 조선업에 대한 보조금을 축소하면서 미국 조선업은 점차 추락했다. 계속된 경제 호황으로 임금이 빠르게 상승해 건조비용이 상승한 것도 문제였다.

현재 미국의 조선 역량은 현저하게 뒤떨어진 상태다. 미국이 중국에 맞서기 위해서는 동맹국인 한국의 조선 역량에 의존할 수밖에 없

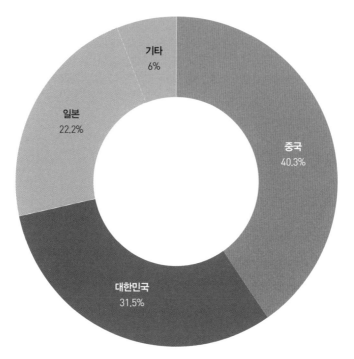

세계 시장에서 상업 선박 생산 비율(2020년)

- 기타 6%
- 일본 22.2%
- 중국 40.3%
- 대한민국 31.5%

출처: ChinaPower, "How is China Modernizing its Navy?"

는 구조가 되었다. 한국의 해군 함정 건조는 세계 최고 수준이므로, 미국의 군함 건조 역량을 지원하는 정책을 추진할 수 있다. 전 세계를 기준으로 미국의 선박 생산량 비율은 0.1퍼센트에도 미치지 못하는 반면, 한국의 선박 생산량 비율은 2020년 기준 31.5퍼센트를 차지한다. 중국의 선박 생산 비율이 40.3퍼센트인 것을 고려하면, 미국으로서는 해양력 우세를 유지하기 위해 동맹국 한국의 조선 산업 지원을 받지 않을 수 없다. 다만 군함에 탑재하는 레이더나 미사일 기술 등의 고도화를 위해선 미국의 기술 지원도 필요하다. 한국은 이 과정에서 미국 첨단 군함 장비 기술을 습득하는 기회도 얻을 수 있다.

문제는 한국의 조선소들이 있는 지역이 중국의 반접근 지역 거부 전략의 범위 안에 들어간다는 점이다. 한국의 조선소는 중국의 미사일 타격 범위 안에 들어가기 때문에 군사적 위험을 안은 채 군함을 건조해야 한다. 따라서 미국 군함 건조 지역은 강력한 미사일 방어체제에 따라 보호를 받아야 하며 무엇보다 방공망 구축이 우선시되어야 하는 것이다.

또한 한국 내 미국 해군 기지 제공이 필요할 수도 있다. 미국 해군 전력이 한국의 조선소를 방어할 수 있도록 하고, 미 해군 함정이 본격적인 군함 건조 전에 한국에서 군함 정비를 받도록 하는 사전 단계가 필요하다. 이러한 해양 안보 협력을 촉진하기 위해서는 한·미 양국의 방위산업체 및 첨단기술 기업 간의 긴밀한 소통과 공조도 필요하다. 이는 국가안보뿐 아니라 양국의 경제적 이익에도 기여할 것이다. 방위산업 분야의 협력을 통해 새로운 비즈니스 기회를 창출하는 것은 물론이고 고용을 증대시킬 수 있으며, 두 나라의 기술 혁신 및 제조 능력을 높일 수 있다.

이런 지정학적 상황이 펼쳐진 가운데 한국에서 군함을 건조해온 조선사들은 방위산업 분야에서 적극적으로 사업을 확대하고 있다.

한화오션은 2023년 2조 원 규모의 유상증자를 결정했으며, 그중 절반 가량(9,000억 원)을 방산 인프라 구축에 투입한다고 밝혔다. 글로벌 안보 수요에 대응하기 위해 무인·첨단기술과 해외 생산 거점도 확보할 계획이다. 이를 통해 2040년까지 '매출 30조 원, 영업이익 5조 원'을 달성한다는 목표도 제시했다. 미국과 유럽을 중심으로 한 글로벌 해양 방산 시장에 진출하기 위한 '초격차 방산' 인프라 구축을 우선 추진할 계획이다.

한편 미국은 국내 조선업계의 함정 건조·정비 역량에 주목하고 있다. 2024년 2월 카를로스 델 토로 미 해군성 장관은 HD현대중공업 울산조선소와 한화오션 거제 사업장을 방문해 함정 건조 및 정비 역량을 확인하고 미 해군 함정 유지·보수·정비MRO 시장 진출을 권고했다. 두 조선사는 미국에 진출할 수 있는 자격인 MSRA(함정 정비 협약)를 체결했으며 한화오션은 아예 미국 필라델피아에 위치한 조선소를 인수한 바 있다.

현재 지구촌 곳곳에서는 약 60조 원에 달하는 캐나다의 12척 잠수함 도입 사업, 3조 원가량의 폴란드 차기 잠수함 사업 '오르카 프로젝트', 9조 원대의 호주 호위함 도입 사업 등 대형 프로젝트들이 추진 중이다. 한화오션이나 HD현대중공업이 MRO 사업을 통해 미국 첨단 군함 건조 기술을 확보한다면 이는 향후 해외 군함 수주에서 경쟁력을 갖출 수 있는 요인으로 작용할 것이다.

생존 위기에 직면한 중국 공산당에게 대만과의 통일은 정치적 정당성을 상징하는 과제였다. 게다가 권력이 공산당에서 시진핑 국가주석에게 옮겨감에 따라 정책 결정 권한도 지도자 한 사람에게 집중되어 있는 상황이다. 중국이 대만에 대한 군사력 사용 가능성을 밝힌 지금, 중국과 대만의 정세 변화는 세계 경제 그리고 한국에 어떤 나비효과를 불러올까?

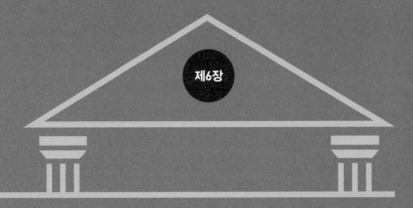

제6장

대만의 위기가 가져올
나비효과 시나리오

대만해협 리스크

대만을 맴도는 정치적 폭풍우

대만과의 통일은 중국 공산당에게는 정치적 정당성을 상징하는 과제였다. 제국주의 일본은 대만을 식민 통치했고, 장제스蔣介石의 국민당은 공산당과의 전쟁에서 패배한 뒤 대만에 진주했다. 이런 역사적 배경을 근거로 중국 공산당은 대만을 통일함으로써 제국주의 침략의 유산을 청산하고, 중국을 완전하게 건국할 수 있다는 명분을 내세우고 있다. 사회주의혁명이라는 무기로 더 이상 국민들을 설득하기 어려운 중국 공산당 입장에서는 자신들의 정치적 정당성을 중화 민족주의에서 찾을 수밖에 없는 것이다. 다시 말해 대만 통일은 중국 공산당의 정치적 정당성을 다시 확보할 수 있는 목표인 셈이다.

이런 생각을 더 공고히 하기 위해 시진핑 중국 국가주석은 2019년 신년 연설에서 대만이 중국과 '반드시 통일되어야 하고 통일될 것'임을 강조했다. 나아가 대만과의 통일을 위해 군사력 사용도 완전히 배제할 수 없다는 뜻을 밝혔다.

개혁개방 이후 중국 공산당은 유연하게 변화하며 중국의 급속한 경제 성장을 이끌었다. 그런데 중국 공산당 집권의 상징적 정당성이 되어주었던 경제 성장이 역으로 중국 공산당의 생존을 위협하기 시작한다. 민영기업들이 세계적 기업으로 급성장하면서 반대급부로 중국 공산당의 통제력이 약화된 것이다. 중국 공산당 본래의 사명은 사회주의혁명을 이끌고 완수하는 것인데, 개혁개방으로 자본주의를 받아들이면서 공산당의 존재 이유가 근본적인 한계에 직면한 것이다. 2000년대 말부터 생존 위기에 직면한 중국 공산당은 다시 집권의 명분을 찾아야 했고, 그것이 중화 민족의 위대한 부흥이라는 '민족주의'로 귀결되었다.

반면 민주주의 체제의 대만 민주진보당(민진당) 정권은 일당독재 국가인 중국과의 통일에 회의적 모습을 보였다. 2016년 대만 민진당의 차이잉원蔡英文이 대만 총통으로 당선된 이후 중국 본토와의 긴장은 더욱 고조된다. 차이잉원 전 총통은 양안 관계에서 중국의 야망에 대해 강경한 입장을 취했다. 또한 대만이 무력 통일을 절대 받아들이

지 않을 것임을 강조하면서 대만의 민주주의를 지키겠다는 결의를 강하게 내보였다.

차이잉원 총통은 "대만의 미래는 민주적 방식을 통해 대만 국민에 의해 결정되어야 한다"라고 주장했다. 2024년 1월 13일 치러진 대만 선거에서 차이잉원의 뒤를 이어 라이칭더賴清德가 당선되면서 반중 성향의 민진당이 세 번 연속으로 집권을 이어가게 된다. 이 선거에서 민진당은 '민주주의(대만)와 독재(중국) 사이의 선택', 국민당은 '전쟁과 평화 사이의 선택'을 선거의 프레임으로 내세웠다. 그래서인지 이번 선거를 '미중 대리전'으로 해석하는 시각이 많았다.

중국 인민해방군은 라이칭더 대만 총통 취임 3일 만에 대만을 포위하는 대규모 군사훈련에 돌입했다. 중국 인민해방군은 2024년 5월 23일과 24일 대만해협과 대만 북부, 남부, 동부 및 진먼다오, 마쭈섬, 우추다오, 둥인다오 등에서 육군, 해군, 공군, 로켓군 병력을 동원해 합동 군사훈련을 실시했다. 이 훈련은 대만을 한가운데에 두고 주변 해역에서 동시다발적으로 이뤄졌으며 대만을 포위하는 형태였다. 중국 인민해방군은 이 훈련이 독립을 추구하는 대만의 분리 독립 세력에 대한 강력한 응징이라고 밝혔는데, 대만 민진당 정권을 겨냥한 중국의 무력시위 성격의 훈련으로 볼 수 있다.

중국이 대만을 상대로 군사력을 사용한다면?

중국과 대만 사이에 군사적 긴장 관계는 점점 심해졌다. 중국 인민해방군은 대만해협 인근에서 군사훈련을 지속적으로 확대했으며, 2021년에는 대만 방공식별구역 상공에 950회 출격했다. 이는 2020년에 비해 두 배 가까이 늘어난 수치다. 특히 2021년 10월 4일에는 하루 동안에만 출격 횟수가 56회에 달했다. 대만해협에서는 중국과 미국이 서로의 군사적 영향력을 과시하는 훈련을 벌이기도 했다. 한국 해군 함장을 지냈던 제독들에 따르면 대만 부근 해상을 지날 때면 중국, 미국은 물론 대만, 일본 해군 전력의 각축전을 실감할 수 있었다고 한다. 이처럼 대만 주변 바다는 마치 동아시아의 화약고와 같은 일촉즉발의 위기감이 감도는 지역이 되었다.

일례로 2022년 3월 18일 바이든 미국 대통령이 시진핑 국가주석과 통화하며 러시아의 우크라이나 침공을 논의하기 불과 몇 시간 전, 중국 해군이 무력시위를 벌인 사건도 있다. 중국 항공모함인 산둥함이 이날 대만해협 내 진먼다오 부근을 지난 것이다. 진먼다오는 중국 푸젠성 샤먼시와 지척에 있지만 1949년 국공 내전이 끝난 뒤에도 계속 대만이 실효 지배하고 있는 섬이다. 대만 입장에서는 안보의 최전선인 셈인데 이곳을 중국 항공모함이 지나갔다는 것은 엄청난 사건이다.

산둥함이 진먼다오에서 약 30해리(약 56킬로미터) 거리까지 접근하자, 미 해군의 알레이버크급 미사일 구축함인 랠프 존슨함이 산둥함에 따라붙었다. 대만군 역시 산둥함의 움직임을 관찰하기 위해 해군 함정을 파견했다. 이런 중국의 행위들로 짐작컨대, 중국 공산당의 정책 결정자들은 러시아-우크라이나 전쟁에서 잘못된 교훈을 얻은 것으로 보인다. 이와 관련해 미국 외교안보 전문지《포린 어페어스》the Foreign Affairs 2022년 5월호에 실린 내용을 살펴보자. 여기서는 중국이 얻은 잘못된 교훈을 설명했는데, 내용을 간추려 소개하면 이렇다.

러시아-우크라이나 전쟁에서 러시아 군대에 대응해 미국이 직접 참전하지 않았다. 미국은 러시아처럼 핵무기를 보유한 국가와 직접적인 군사적 충돌을 회피하는 모습을 보였다. 중국 공산당은 러시아-우크라이나 전쟁처럼 중국군이 대만을 향해 군사적 공격에 나서더라도, 미국이 개입하지 않을 수 있다는 잘못된 교훈을 얻은 것이다. 중국은 자신들이 러시아처럼 핵무기를 보유하고 있기 때문에 미국이 대만 문제에 쉽게 군사력을 투입하기 어려울 수 있으며, 러시아-우크라이나 전쟁은 미국의 군사적 억지력에 한계가 있음을 보여준 것일 수 있다고 판단했다. 미국이 그대로 대만을 중국에 내어주는 상황이 올 수도 있다고 생각한 것이다.

미국 국방부는 중국의 군사적 개입에 대한 분석 보고서에서 중국이 대만에 군사력을 동원하는 상황을 다음과 같이 여섯 가지로 제시했다. 공식적인 대만 독립 선언과 대만 독립을 향한 정의되지 않은 움직임, 대만 내부의 불안, 대만의 핵무기 획득, 통일을 위한 양안 대화 재개의 무기한 지연, 대만 내정에 대한 외국의 개입, 대만에 외국 군이 주둔하는 경우 등이다. 이는 중국이 대만과 협상을 통한 통일이 아닌 무력 사용을 촉발하는 요인이라고 할 수 있다. 중국의 의사는 명확하다. 신뢰할 수 있는 무력 위협이 정치적 진전을 위한 조건이며, 독립을 향한 대만의 움직임을 막는 데 필수적이라고 밝혔다.

시진핑에게 집중되는 권력, 불안해지는 대만

중국 시진핑 국가주석은 집권 이후 지속적으로 자신에게 권력을 집중시켜왔다. 이는 중국의 군사력 사용을 보다 쉽게 하는 하나의 조건이기도 하다. 이러한 시진핑의 권력 집중은 마오쩌둥 사후 덩샤오핑을 비롯한 중국 공산당 정치 엘리트들이 설계한 집단지도체제에 균열을 가져왔다. 시진핑에게 권력이 집중된다는 것은 정책 결정이 집단지도체제에서 최고지도자 중심으로 재편될 수 있음을 의미하는 것이기 때문이다.

문제는 시진핑이 대만과의 무력 통일 가능성을 시사했다는 데 있다. 2022년 10월에 열린 중국 공산당 20차 당대회 개막식에서 시진핑 국가주석은 대만과의 평화적 통일을 지향하지만, 대만에 무력을 사용할 수도 있음을 밝혔다. 그의 결정을 견제할 수 있는 장치가 약화된 상황에서 시진핑이 대만에 무력을 사용하기로 결정한다면, 시진핑의 뜻대로 관철될 가능성이 꽤 높다.

물론 중국이 당장 전면적인 군사력을 사용할 것으로 보이지는 않는다. 그보다는 해상 훈련을 통한 무력시위, 대만 선거 개입 등의 수단을 활용할 가능성이 높다. 한편으론 대만이 자위 능력을 자신하지 못하도록 심리적인 압박을 가할 수도 있다. 하지만 대만과의 무력 통일 가능성을 시사했다는 점, 그것이 양국에 불안과 긴장을 가져온다는 점은 주지의 사실이다.

이런 상황에서 미국은 어떻게 대응하고 있을까? 반대로 미국은 중국이 군사적 수단을 활용할 경우 치러야 할 비용을 상승시킴으로써 중국의 군사력 사용을 억지할 수 있다. 그러나 이러한 선택지들이 대만에 대한 중국의 군사력 사용 가능성을 없애주는 것은 아니다. 군사적 수단은 여전히 중국이 취할 수 있는 선택지 중 하나다.

일인지배 권력 구조에서 최고지도자는 자신의 생각을 정책으로 관철하기 쉽다. 그러니 독단에 의해 군사력 동원을 결정할 가능성이 높으며, 군사안보 영역에서 실험적인 정책을 활용해 재난을 초래할 위험도 존재한다. 군사력 동원이라는 정책 결정 역시 단시간 내에 별다른 견제 장치 없이 이뤄질 수 있다. 현재 중국의 상태가 그렇다.

실제로 제20차 당대회 이후 시진핑에게 권력이 집중되는 현상은 더욱 심화되고 있다. 윌리엄 번스William Burns 미국 중앙정보국CIA 국장은 "중국의 국가주석이 2027년까지 대만을 침공할 수 있도록 준비하라는 지시를 인민해방군에 내렸다."라고 밝혔다. 이것이 사실이라면 현재 대만해협의 군사적 긴장이 매우 높은 상황이라고 봐야 한다. 문제는 중국의 군사력 동원 결정이 중국 공산당의 의사결정기구가 아니라, 시진핑의 독단적 판단에 의해서 이뤄질 경우다.

시진핑 집권 시기에 들어와 중앙군사위원회의 주석책임제가 강화되는 현상이 나타났다. 사실 중앙군사위원회는 군사 부문의 최고 의사결정기구인데, 주석책임제가 강화되면서 정책의결기구에서 주석의 결정을 집행하는 기구로 그 성격이 점차 변화되었다. 그러니 중앙군사위원회는 유명무실해지고, 군사적 주요 안건들이 시진핑 국가주석의 단독 결정으로 이뤄질 가능성이 높을 수밖에 없다.

시진핑은 권력을 자신에게 집중시키는 노력을 꾸준히 해왔다. 최고지도자로서 주요 정책을 결정할 수 있는 위원회를 신설한 것이 그중 하나다. 이는 정책 결정 권한을 분산시키는 분공(업무 분담)과 집단지도체제의 원리보다는 지도자 일인의 권한을 강화하기 위한 제도적 장치다.

18차 당대회 이후 시진핑은 위원회 여섯 곳의 조장 혹은 주석을 맡았다. 이들 위원회 조직은 중앙위원회, 중앙군사위원회 직속 기관 등으로, 시진핑은 정치국이나 군사위원회 등 합의제 기구 대신 자신이 통제하는 위원회 조직을 강화한 것이다. 또 개혁 심화, 국가 안전, 사이버 안보, 국방 분야 등 국정 영역에 대한 포괄적인 정책 결정 권한을 자신에게 집중시켰다.

특히 군사 분야에 대한 정책 결정 권한의 제도적 강화가 두드러진다. 시진핑은 중앙전면심화개혁영도소조中央全面深化改革領導小組, 중앙군사위원회 연합작전 지휘부 총사령관의 조장 직책을 모두 맡았다. 이들 영도소조는 국방 개혁과 같은 군사 정책뿐만 아니라 인사와 전력 합동 작전까지 군사 전반에 걸친 영역을 포괄한다. 따라서 시진핑은 군정과 군령 모두에 대한 권한을 행사할 수 있게 된 것이다.

시진핑은 2017년 신설된 중앙군민융합발전위원회의 위원장도 맡고 있다. 이 위원회는 방위산업, 그리고 이와 관련된 민간산업 영역에 대한 정책을 수립·추진하는 곳이다. 중앙군민융합발전위원회는 방위산업을 관장하고 있기 때문에 중국군의 무기 구매와 관련된 군부의 음성적 수익과 관계가 깊다. 시진핑이 군의 부패와 관련된 영역에 있어서도 강력한 영향력을 갖고 있다는 뜻이다.

이처럼 한 명의 최고지도자에게 권력이 집중되는 것은 여러모로 많은 문제를 양산해낸다. 군사력 사용에 대한 정책 결정의 권한이 지도자에게 집중될 경우, 이를 견제할 힘이 취약해진다. 이는 다른 말로 군사력 사용이 전적으로 지도자 한 명의 판단에 의존해 결정됨을 의미한다. 자국 내에서는 견제 세력이 약하므로, 군사력 사용을 억지하려면 다른 국가들이 권위주의 국가의 지도자에 대한 분명한 반대 메시지를 전달해야만 한다.

권력이 중국 공산당에서 시진핑으로 옮겨감에 따라 시진핑이 대만 문제와 관련해 위험을 감수할 수 있는 역량도 확대되었다. 국제적 파장을 불러일으킬 중요한 결정을 독재자 한 명이 결정할 때 일어나는 문제들을 우린 역사적으로 이미 겪어왔으며, 그 위험에 대해서도 알고 있다. 따라서 지도자의 오판을 줄이기 위한 안보 정책이 절실히 필요하다.

대만에 대한 중국의 군사력 사용 가능성은 미국의 군사적 억지 역량의 상대적 쇠퇴와도 결부된다. 미국이 중국의 군사력 사용을 억지하기 위해서는 미국 해군 전력이 아시아로 투입되어야 한다. 중국의 대만 점령을 저지하려면 서태평양 지역에 미국의 항공모함이 진출해야 한다는 뜻이다. 그런데 현실은 그리 간단치 않다. 중국 본토의 방어체계가 미 해군 전력의 기동에 상당한 위협이 되기 때문에 대만을 방어하기 위해 미 해군 전력이 진출하는 게 쉽지 않은 상황이다.

대만이 봉쇄될 경우 세계 경제가 입을 타격

중국이 대만을 공격할 경우 세계 경제가 타격을 입을 수 있는데, 이는 크게 세 가지 차원에서 나타날 수 있다. 첫째, 대만과 중국이 직접적으로 경제적 피해를 입고 이 충격이 세계 경제로 파급되면서 나타나는 경제적 손실이다. 둘째, 대만 반도체 공급망이 입을 수 있는 피해다. 대만 반도체에 대한 의존도가 높은 첨단기술 기업들은 대만 반도체의 공급 중단으로 완제품 생산에 차질을 빚을 수 있다. 셋째, 대만 주변 해역의 해상교통로 통항이 중단되면서 입게 되는 해운 물류 피해다. 중국이 지상군을 투입해 대만을 점령하는 대신 지속적인 해상 군사훈련을 통해 대만 해역의 제해권을 갖게 될 수도 있다. 이 경우에도 대만 주변 해역을 주요 해상교통로로 이용하는 기업들에게는 물류 지연에 따른 손해가 발생할 것이다.

대만과 중국이 직접 입는 경제적 피해

먼저 대만과 중국 경제가 직접적으로 입을 수 있는 피해를 살펴보자. 중국이 대만을 침공할 경우 집적회로ic, 전자 부품, 석유화학제품 등 대만의 주요 수출품이 심각한 피해를 입을 수 있다. 국제 공급망 모니터링 회사 에버스트림에 따르면, 중국의 대만 봉쇄로 첫해에만 전 세계 경제 생산량이 2조 7,000억 달러(약 3,745조 원) 감소할 수 있다고 한다. 기존의 경제 상산량 대비 2.8퍼센트 줄어든 수치다. 경제적 손실의 60퍼센트는 중국과 대만에서 발생할 것으로 추정된다. 중국의 대외 무역액은 약 20퍼센트 이상 감소하며 전자, 섬유, 플라스틱, 고무, 화학, 비금속 수출에 영향을 미칠 것으로 예상된다.

반도체 공급망이 입을 타격

다음은 반도체 공급망이 입을 타격을 살펴보자. 대만은 반도체 제조에 있어 매우 중요한 지역이다. 사이버 공격, 해상 봉쇄, 제한적 군사 작전, 전면 침공 등 분쟁이 더 확대되면 대만 반도체의 글로벌 공급망이 치명적인 타격을 입게 된다. 대만은 선도적인 반도체 생산국이며, 2021년부터 2030년까지 운영 예정인 반도체 시설에 대해 세 번째로 큰 투자 수혜국이기 때문이다.

만일 대만의 반도체 공급 중단이 장기화된다면 대만의 반도체 생산 능력을 대체하는 데 약 3,500억 달러(약 486조 원)의 비용이 들고 기간도 3년 이상 소요될 것으로 추산된다. 대만에서 생산하는 반도체에 대한 의존도가 높은 기업들은 완제품 생산에 큰 차질을 빚을 수 있다. 특히 TSMC는 대만에서 반도체를 위탁 생산하는 파운드리Foundry 기업인데, 이 기업에서 반도체를 조달하는 미국의 기술 기업들은 큰 타격을 입게 될 것이다.

대만이 국제 반도체 시장의 제조 부문에서 우위를 점하기 시작한

2022년 8월 대만 위기 당시 TSMC 주가 추이

(단위: 대만달러)

8월 2일
미국 낸시 펠로시 하원의장 대만 방문

것은 1980년대부터다. 당시 인텔과 텍사스 인스트루먼트 같은 세계
유수의 반도체 기업들은 생산 시설을 갖추고 미국 내에서 자체적으
로 칩을 제조했다. 그러나 칩이 점점 더 복잡해지면서 제조에 막대한
비용이 소요되는 문제가 생긴다. 이러한 상황에서 1987년 모리스 창
은 설계가 아닌 칩 제조에만 전념하는 세계 최초의 '위탁 제조업체'
인 대만 반도체 제조 회사 TSMC를 설립한다.

이러한 공급망 혁신으로 반도체 엔지니어링 회사들은 더 이상 자
체 제조 능력의 제약을 받지 않아도 되었다. 복잡성이나 크기에 관계

없이 설계한 모든 칩을 TSMC에 의뢰해 제조할 수 있었기 때문이다. 반도체 위탁 생산 기업의 출현과 더불어 미국에서는 '팹리스'fabless 모델이 나타난다. 이 모델에 따라 운영되는 기업들은 반도체 칩 연구와 설계에 투자를 집중하고, TSMC는 이 기업들이 설계한 것을 받아 반도체를 제조했다.

팹리스 모델이 확장되면서 미국의 반도체 제조 능력은 1990년 세계 시장 점유율의 약 40퍼센트에서 2020년에는 약 12퍼센트로 하락한다. 대신 대만과 TSMC가 그 자리를 메꾸며 반도체 공급망의 핵심으로 자리한다. 2020년에는 전 세계 파운드리 매출의 54퍼센트를 TSMC가 차지했을 정도다. 대만 수출품에서 반도체가 차지하는 비중 역시 상당히 큰데 약 30퍼센트 정도에 이른다. 특히 첨단 반도체의 경우 92퍼센트를 생산하고 있다. 이에 비해 미국에 본사를 둔 최대 제조 회사인 글로벌 파운드리의 점유율은 7퍼센트에 불과했다.

애플, 아마존, 구글, 엔비디아, 퀄컴 등 미국 첨단기술 기업 중 일부는 사용하는 칩의 90퍼센트를 대만에 기반을 둔 위탁 생산업체에 의존하고 있다. 덧붙이자면 TSMC는 한국의 삼성과 함께 최첨단 3나노미터 반도체를 제조할 수 있는 기업이다.

중국이 대만에 군사력을 사용할 경우, 한국의 반도체 기업들은 상대적으로 수혜를 입을 가능성도 있다. 대만해협 위기가 커질수록 글로벌 첨단기술 기업들은 반도체 공급선을 다변화할 수밖에 없다. 반

실리콘 방패 이론

대만은 반도체 공급망의 중심 지역이다. 만일 중국이 대만에 군사력을 동원할 경우, 대만에서 제조하는 반도체 칩에 대한 의존도가 높은 국가들은 군사적·경제적·외교적으로 대만을 지지할 것이라는 데서 나온 이론이다. 대만의 TSMC 같은 파운드리 기업의 반도체 제조 시설이 대만을 중국의 군사적 위협에서 보호해준다는 의미로 '실리콘 방패'라는 말이 붙었다.

도체 공급망 리스크를 최소화하려고 하기 때문이다. 이런 점에서 보면 삼성전자의 파운드리 사업 부분은 대만해협의 불안을 성장의 기회로 삼을 수 있을 것이다.

그러나 TSMC도 반도체 생산 시설을 대만이 아닌 다른 국가에 분산함으로써 대만해협 분쟁 위험에 대비하는 모습을 보이고 있다. 대만에만 반도체 공장을 둘 경우, 무력 분쟁 위험을 고스란히 짊어져야 하기 때문이다. TSMC는 연구개발센터 외에 반도체 공장도 일본에 건설하는 중이다. TSMC가 일본 소니와 공동으로 구마모토현 기쿠요마치에 건설 중인 반도체 공장은 2024년 12월 생산을 시작한다.

그런가 하면 중국의 대만 침공에 대비해 미국에서는 반도체 공급망을 확보하기 위한 비상 작전에 대한 논의가 나오기도 했다. 미국 육군 전쟁 대학U.S. Army War College에서 발간하는 군사전략 학술지 〈파라미터〉Parameter에 언급된, '깨진 둥지'broken nest 전략이 그것이다. 이에 따르면 미국은 중국이 대만을 점령하려 할 경우 먼저 대만의 최첨단 반도체 생산 시설을 파괴해야 한다. 그리고 반도체 공급 중단으로 야기되는 미국 기술 기업의 혼란을 막기 위해 대만의 반도체 생산 핵심 인력을 미국으로 이주시켜야 한다는 것이 주요 내용이다.

해상교통로의 안전 문제

대만해협 무력 분쟁에 따른 또 다른 문제는 해상교통로의 안전이다. 전체 컨테이너 선박의 절반이 통과하는 대만해협이 봉쇄되면 동남아시아를 오가는 운송에 큰 차질이 빚어질 것으로 예상되며, 한국도 타격을 입는다. 중국의 대만 해역 봉쇄 가능성 역시 남중국해와 동중국해에서의 해상교통로를 위협하는 요인이다. 중국이 대만 주변 해역을 봉쇄할 경우 대만해협뿐만 아니라 남중국해와 필리핀해의 해상교통로가 차단될 수 있다. 중국의 해군력이 이제 대만해협을 넘어 대만과 주변 해역을 봉쇄할 수 있는 수준에 이르렀기 때문이다.

1995년, 1996년 대만해협 위기 당시만 해도 미국의 항공모함 전단이 대만해협에 진입하자 중국의 해안이 위협을 받았다. 그런데 2022년 8월 낸시 펠로시Nancy Pelosi 미국 하원 의장의 대만 방문으로 위기가 초래되었을 때는 상황이 사뭇 달랐다. 중국 해군의 해상 대응 훈련 범

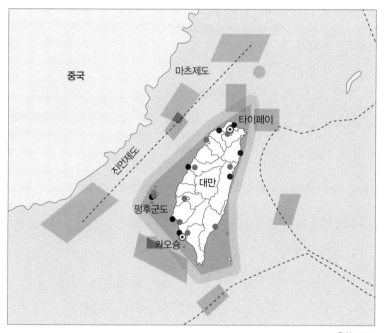

훈련 해역: ■ 1995~1996년 ■ 2022년
주요 기지: ● 공군기지/공항 ● 해군기지/항구

중국

마츠제도

타이페이

진먼제도

대만

펑후군도

카오슝

출처: CSIS.

위가 대만을 봉쇄할 수 있는 수준으로 확대되어 있었기 때문이다. 특히 당시 미국의 항공모함은 대만 주변 해역에 진입하지 않았다.

중국과 미국 사이의 대만 해역 훈련 접근 범위가 달라지면, 한국의 해상교통로 역시 위협을 받게 된다. 대만 해역과 그 주변의 남중국해, 동중국해 루트는 글로벌 공급망의 핵심 경로라는 점에서 통상의 보호가 중요하다. 만일 남중국해에서 동중국해로 이어지는 해상교통로가 차단될 경우 수출입 물동량의 99.7퍼센트를 해상수송에 의존하는 우리 경제는 결정적으로 타격을 입을 수밖에 없다. 대외경제정책연구원KIEP 보고서에 따르면, 대만해협 또는 그 부근을 통과하는 해상교통로는 우리나라 해상 운송량의 33.27퍼센트를 차지하는 것으로 나타났다. 이 해상교통로를 통과하는 데 문제가 생긴다면 한국은 자원, 부품, 소재, 제품 등의 물류가 마비될 것이며 매일 약 4,452억 원의 경제적 손실이 발생할 것으로 추산된다.

전략국제문제연구소Center For Strategic and International Studies, CSIS에서는 중국이 대만을 군사 공격하는 워게임 시나리오를 작성했다. 이 시나리오에 따르면 전쟁 기간이 7일에서 길게는 70일 정도로 나타났다. 순수한 전투 기간만 따지더라도 최대 31조 원 이상의 경제적 손실이 발생할 것으로 추산된다. 해상 운송 중단이나 지연에 따른 공급망 위험까지 고려하면 한국의 경제적 손실은 더욱 클 것이다.

만약 대만해협에서 전쟁이 일어날 경우 글로벌 GDP의 10퍼센트에 해당하는 약 10조 달러의 천문학적인 손실이 예상된다. 무역 의존도가 매우 높은 한국은 글로벌 공급망 재편에 따른 리스크로 큰 손실을 볼 것이다. 한국의 무역 물동량의 43퍼센트가 대만해협을 통과한다는 것을 고려하면 큰 손실은 불가피하다.

전면전 상황에 이르지 않는 훈련 상황에서도 대만 주변 바다를 통과하는 공급망은 위협을 받았다. 중국이 대만 주변 해역에서 실시한

대만해협 해상교통로 유사시 한국의 경제 피해 규모

(단위: 억 원)

수출입 지역 (인근 해상 교통로 병합)	우리나라 경제에 대한 영향력이 큰 주요 자원 및 제품					1일당 손실 규모
	원유·석탄 및 가스 (석탄·석유 제품 포함)	화학 제품	철강 및 금속 제품	운송 장비	금속 및 비금속광물 (비금속광물 제품 포함)	
유럽	245	163	73	142	9.6	632.6
중동· 아프리카	2,535	121	57	94	39.8	2,846.8
남아시아	482	231	156	59	45	973
합계	3,262	515	286	295	94.4	4,452.4

출처: 대외경제정책연구원.

군사훈련만으로도 이 지역의 바닷길이 막혔던 전례가 있다. 대만해협 위기가 발생할 경우 한국 역시 해운 물류에 차질을 빚는데, 이는 한국 제조업의 공급망을 교란하는 상황으로 이어진다.

2022년 8월 낸시 펠로시 미 하원의장이 대만을 방문한 것에 대한 항의로, 중국은 대만의 주변 해역에서 대만을 포위하는 대규모 군사훈련을 실시했다. 중국군은 군용기 100여 기, 군함 10여 척을 훈련에 투입했으며, 로켓 실사격 훈련 및 최신예 전투기 J-20 스텔스기, 첨단 구축함 등이 동원되었다. 이 훈련으로 우리나라를 비롯한 다수 국가의 화물선과 여객선의 통항이 제한되는 문제가 있었다. 대만해협에서의 군사적 충돌은 한국 경제에 심각한 영향을 미칠 것으로 예상된다. 이는 한국의 제조업에 심각한 부담으로 작용할 수 있다. 대만 주변 해역을 통과해 한국으로 부품, 소재, 원유, 천연자원 등을 실어 나르는 화물선이 해상교통로를 우회하면서, 해상 운송 기간이 늘어나는 문제가 발생하는 것이다. 여기서 비롯된 물류비용 증가는 물론 한국 기업의 조업 차질로 이어질 수 있다.

세계 경제 수준에서는 대만의 반도체 공급 불안정성이 심각한 위협이 될 것으로 예상된다. 이에 미국의 기술 기업들이 반도체 수급을 다변화할 가능성이 높은데, 이 경우 한국의 반도체 파운드리 산업에는 기회가 될 수도 있다.

러시아-우크라이나 전쟁은 서방과 러시아의 구조적 갈등을 드러낸 사건이다. 안보에 위협을 느낀 유럽 국가들은 러시아에 대한 전례 없는 경제 제재를 대폭 확대했고 저마다 군비 증강에 나서는 모습이다. 이에 북한과의 전쟁에 대비해 지난 70년 동안 성장해온 한국의 방위산업이 주목받고 있다. 미국, 독일 등과의 오랜 기술 이전을 통해 그 수준이 상당한 데다, 러시아 무기에 대한 의존도를 낮추려는 아시아 국가들로 인해 한국산 무기에 대한 수요는 앞으로도 지속 증가할 전망이다.

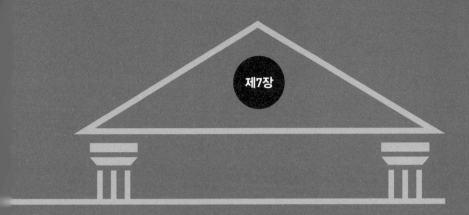

제7장

러시아-우크라이나 전쟁과
한국의 방위산업

유라시아 리스크

GEOPOLITICS:
RISKS AND OPPORTUNITIES

전쟁이 시작되고, 상실과 고통도 시작되었다

러시아-우크라이나 전쟁은 2013년 11월 21일 우크라이나에서 발생한 '유로마이단Euromaidan, Євромайдан(유럽 광장이라는 뜻) 혁명'에 기인한다.

간단하게 내용을 살펴보자. 우크라이나 국민들은 친親 러시아 성향의 빅토르 야누코비치Viktor Yanukovych 대통령의 탄핵을 요구했다. 야누코비치 대통령은 당시 크림반도에 대한 러시아군의 주둔 기한을 연장하고, 우크라이나의 EU 가입을 중단하는 등 친러 정책을 펴왔던 인물이다. 그는 러시아어를 유창하게 구사했지만, 우크라이나어는 서툴렀을 정도로 강한 친러파였다.

시위가 이어지는 상황에서 블라디미르 푸틴이 이끄는 러시아는 2014년 2월 우크라이나 영토인 크림반도를 러시아에 합병한다. 또한 코사크 민병대 등 준군사조직을 투입해 도네츠크를 비롯한 우크라이나 동부지역을 장악한 뒤 친러 자치정부를 수립한다. 결국 2014년 2월, 우크라이나의 야누코비치 대통령은 러시아로 망명했다. 이후 우크라이나에서는 민주적 선거가 이뤄지고 친서방 성향을 지닌 기업가 출신 페트로 포로셴코Petro Poroshenko가 대통령에 당선되었다. 이어 2018년 선거에서는 부패 청산을 내걸었던 방송인 출신 볼로디미르 젤렌스키Volodymyr Zelensky 현 대통령이 당선되었다.

유로마이단 혁명 이후 우크라이나 정부는 지속적인 친서방 움직임을 보였고, 러시아는 이런 우크라이나를 곱게 보지 않았다. 푸틴 러시아 대통령은 "나토의 동진東進에 반대한다."면서 2022년 2월 24일 우크라이나를 대대적으로 침공한다. 이것이 바로 러시아-우크라이나 전쟁의 시작이다.

이 전쟁이 일어난 배경에는 서방과 러시아, 양측의 인식 차이가 상당 부분 자리하고 있음을 알 수 있다. 서방 세계는 러시아를 팽창 야욕을 가진 '강대국'으로 인식했다. 왜냐하면 러시아는 역사적 경험을 통해 자국 안보 환경에 대한 우려 및 서방에 대한 두려움, 즉 서구공포증Zapadophobia을 갖고 있는 국가이기 때문이다. 이런 이유로 유럽에서는 루소포비아Rusophobia, 즉 러시아에 대한 강한 반감이 존재한다.

서방에서는 러시아가 나토의 동진 위협을 과장해서 해석한다고 보았다. 이들은 푸틴 대통령이 현 집권 세력과 함께 지배력을 영속화하기 위해 안보 문제를 빌미 삼아 서방과의 긴장을 고조시키고 있다고 주장했다.

러시아가 서방에 줄곧 적대적이었던 것은 아니다. 사실 소련 해체 후 러시아는 친서방 노선을 선택하면서 미국과 새로운 파트너십을 구축하려 했다. 그러나 1990년 이후 미국의 일극체제를 목도하면서 파트너십에 대한 기대감이 좌절되고 만다. 무엇보다 나토의 세르비아 공습(1999년), 이라크 전쟁(2003년) 등을 거치면서 패권국으로서의 지위 상실을 절감한 것이 큰 영향을 미쳤으리라 짐작된다. 정리하자면 푸틴은 집권 초기 서방과 협력을 모색하려 시도했으나 서방은 러시아를 동등한 파트너로 인정하지 않았다.

파트너십에 대한 의지가 좌절당한 러시아 역시 서방에 우호적인 태도를 지닐 수 없었을 터다. 러시아는 2003~2004년 미국이 색깔 혁명을 지원했을 것으로 의심했다. 게다가 나토 동진을 의심만 하던 러시아에 실존적 위협으로 인식되는 일들이 벌어졌다. 2021년 10월 미국이 주도하는 나토의 흑해 군사훈련에 우크라이나가 참여했으며, 2022년 2월 젤렌스키 대통령이 뮌헨 안보회의에서 핵무장의 필요성을 언급했다. 이러한 나토 확장, 유럽 MD 추진 등은 러시아를 자극

했으며, 강대국의 지위를 회복하고자 하는 열망을 부추기는 요인으로 작용했다.

러시아-우크라이나 전쟁은 2022년 2월 24일 푸틴 대통령이 '특별 군사 작전'을 내세우며 우크라이나를 침공하면서 발발했다. 소련 해체 이후 종식된 것으로 여겨지던 동서 진영 갈등이 동유럽 완충지대에서 재현된 것이다. 전쟁이 일어났을 당시 러시아가 고전할 것이라고 예상한 전문가는 거의 없었다. 러시아는 세계 3위의 군사력 대국이며 육군력에선 미국이나 중국에 필적하는 국가다. 이에 반해 우크라이나는 과거 소련에 속해 있다가 독립한 취약한 국가이기 때문이다.

전쟁 초기 우크라이나 수도 키이우는 러시아군에게 함락당하기 직전까지 갔으나 얼마 안 돼 전세가 바뀐다. 1년 후 러시아는 우크라이나군에 밀려나 우크라이나 동부 일부 지역에서 고전하는 상황에 처한다. 그뿐인가. 러시아군은 1년간 러시아-우크라이나 전쟁을 치르며 매우 큰 손실을 입었다. 이 기간에 러시아군은 탱크와 장갑차 4,500대를 잃었고, 그 외에 군함 12척, 고정익기 63대, 회전익기 70대 등을 상실했다.

특히 러시아는 탱크 2,300대를 잃었는데, 이는 러시아군이 가진 전차 전력의 절반을 차지하는 숫자다. 병력의 손실 역시 상당하다. 개전 초기 수주 동안 사상자가 5만여 명을 넘었던 것으로 추산된다. 이는 개전 초기 투입 병력의 절반 수준이다. 러시아는 수백만 명의 징집 자원이 남아 있다고 허세를 부리지만, 실제로는 전쟁이 시작된 이후 러시아 징집 대상자 약 50만 명이 러시아를 떠난 것으로 추정된다.

러시아가 압도적으로 우세할 것이라던 초반의 예상과 달리 서방의 지원을 받은 우크라이나의 저항은 매우 강력했다. 그러나 러시아군이 열세에 처한 데는 다른 문제도 있었다. 바로 러시아군의 비효율적인 전략이다. 전쟁 목적이 모호했고, 명령체계도 부실했기에 생각만큼 압도적 전세를 보이지 못한 것이다. 이런 이유로 동부지역 접전 이후 전쟁은 교착상태에 접어들게 된다.

전쟁이 터진 이후 몇 차례 전선의 변화가 있었지만, 2022년 11월 이후 전선이 교착되는 상황이 이어지고 있다. 초기 러시아는 단기전을 목표로 북쪽에서 키이우로, 동쪽에서 돈바스로, 남쪽에서 마리우폴로 진격하며 우크라이나를 침공했다. 그러나 우크라이나의 결사항전, 러시아군의 사기 저하, 우크라이나 지형 등의 원인으로 1단계 작전은 큰 성과를 얻지 못했다.

전선이 교착상태를 유지한 채 러시아군이 점령지를 조금씩 확대하는 모습이 이어지고 있다. 러시아군은 돈바스 해방을 목표로 우크라이나 동부와 남부에 집중했고, 헤르손과 하르키우 지역의 상당 부분을 점령했다. 그러나 고속기동포병 로켓 시스템 하이마스HIMARS 등 서방의 무기 지원으로 우크라이나군이 공세를 펼치자, 결국 러시아군은 하르키우 지역에서 퇴각한다.

러시아-우크라이나 전쟁에서 나타난 전선의 변화

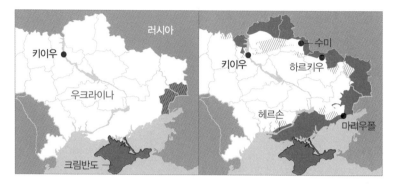

2022년 2월: 침공 전

2022년 3월: 러시아의 급격한 진군

2022년 11월: 우크라이나 일부 영토 수복

2024년 5월: 러시아 전선의 전진

■ 러시아 점령 우크라이나 영토　　■ 우크라이나 수복 영토

\\\\ 러시아 군대 일부 점령 지역　　□ 러시아의 무력 합병 지역(2014)

▨ 러시아 지지 분리주의자 지역

출처: Institute for the Study of War 자료 재구성.

2022년 9월 30일 러시아는 도네츠크, 헤르손, 루한스크, 자포리자 지역의 병합을 선언하며 전선을 방어했다. 그러나 우크라이나의 강한 공세도 만만치 않았다. 러시아군을 헤르손의 드니프로강 동쪽까지 밀어내기도 했다. 이 같은 공방전 끝에 러시아는 2024년 5월 초 우크라이나 제2도시 하르키우를 점령한다. 그럼에도 우크라이나 동부지역에 형성된 전선의 교착상태에는 아직 전략적인 변화가 나타나지 않고 있다.

러시아-우크라이나 전쟁은 왜 일어나게 된 것일까?

러시아-우크라이나 전쟁의 구조적 원인으로 지적되는 것이 있다. 바로 나토와 러시아 사이에 발생한 세력 불균형이다. 러시아는 신유라시아주의에 근거해 강대국 지향 대외정책을 수립했다.

이와 달리 나토는 우크라이나 지역으로 점차 동진했기 때문에 우크라이나가 서방과 러시아 사이에 끼어 불가피하게 갈등의 충돌 지점이 되었다는 분석도 있다. 2013년 유로마이단에 의해 야누코비치가 실각한 이후 러시아는 우크라이나에 행사하던 영향력을 상실할 것으로 판단했다. 그리고 이를 저지하기 위해 크림반도를 병합했다. 크림반도 병합 이후, 우크라이나에 대한 러시아의 약해진 통제력을 무력으로 확보하기 위해 러시아가 우크라이나 침공을 결정했다는 것이다.

다른 분석도 있다. 러시아는 우크라이나가 대러 봉쇄의 전초기지로서 나토에 의해 군사기지화되는 것을 방지하고자 했으며, 자국의 사활적 안보 이익의 확보를 위해 선제공격한 예방전쟁Preemptive Strike 이라는 것이다.

2014년 러시아의 크림반도 병합 이후 우크라이나는 영토의 안전 보장을 위해 다양한 수준에서 미국이 주도하는 나토와 군사적 결속을 강화해왔다. 워싱턴은 우크라이나의 자주국방과 군의 현대화를 위해 25억 달러 이상의 군사 원조를 제공했다. 총기 및 탄약뿐 아니라 대전차 미사일 재블린Javelin 같은 고성능 무기 및 장비의 공급도 있었다. 그뿐만이 아니다. 나토와 미국은 군사고문단도 파견했고 장교 훈련 프로그램도 지원했다. 순항미사일을 탑재한 나토 군함의 흑해 순환배치가 지속되었으며 전략폭격기 기동도 확대했다.

2019년 2월 우크라이나는 개헌을 통해 나토 가입을 헌법에까지 명시한다. 나토는 2020년 6월 우크라이나에 '강화된 기회의 동반자'EOP 지위를 부여했으며, 우크라이나와 나토의 공동 군사훈련이 진행되는 등 우크라이나와의 우호성은 점차 확대되었다.

2015년 우크라이나는 나토와 연합훈련을 실시한다. 이것이 끝이 아니다. 2021년 7월 흑해에서도 연합훈련을 2주간 실시했으며, 같은 해 9월에는 미군 등 다국적군과 우크라이나군의 합동훈련을 진행한 바 있다. 더불어 우크라이나에서 서방이 사용할 수 있는 '훈련센터'라는 이름의 군사기지 건설도 추진했다.

나토와 러시아는 서로를 위협으로 적시하고 분쟁의 원인이 된다며 비난했다. 러시아는 소련 붕괴 이후 미국과 나토가 일방적·지속적으로 동진·팽창하면서 자국의 안보를 심각하게 위협하고 있음을 토로했다. 러시아는 미국과 나토가 독일 통일 과정에서 합의한 동진 금지에 대한 구두 약속을 어겼으며, 자국의 지속적인 우려와 반대를 무시한 채 '다섯 차례'에 걸쳐 팽창·확장을 거듭해왔다고 주장했다.

물론 이런 러시아의 주장에 나토 역시 반박 의견을 내놓았다. 나토는 러시아의 안보 우려를 완화하기 위해 1997년 '상호관계·협력·안보 기본조약'을 체결하고, 2002년 '나토-러시아 이사회'를 창설하는 등의 노력을 기울여왔다. 그런데 러시아가 나토와 유럽안보협약기구osce가 1999년 공식 합의한 '안보 불가분성'의 원칙을 심각하게 훼손하고 있다는 것이다.

안보 불가분성의 원칙

미국과 서방 세력이 1997년과 2002년 합의를 통해 '안보 불가분성'의 원칙을 적시했다. 이는 '누구도 다른 나라의 안보를 희생해 자신의 안보를 강화해선 안 된다'는 것을 의미한다.

서방 세계, 러시아를 대상으로 에너지 제재를 가하다

전쟁이 일어난 이후 서방은 우크라이나에 군사 및 경제적 지원을 해주었고, 대러 경제 제재로 대응했다. 러시아도 가만히 있지는 않았다. 적대국에 대한 원유·가스 수출 통제 등 자원을 무기 삼아 맞서는 등 점차 '세력 전쟁'의 양상을 띠기 시작했다. 우크라이나는 미국과 EU의 적극적인 지원을 바탕으로 러시아와 동등한 수준으로 전쟁을 이끌어가고 있다는 평가를 받는다.

2022년 1월 24일부터 2023년 2월 24일까지 우크라이나에 지속적인 지원(금융·인도적·군사)이 있었다. 미국이 713억 유로, EU가 619억 유로, 영국을 비롯한 기타 국가가 234억 유로 규모로 우크라이나를 지원했다. 그러나 다연장 로켓, 곡사포, 탱크 등에서 우크라이나에 지원이 확정된 무기 규모가 여전히 러시아의 무기 규모와 비교하면 부족하다는 평가도 존재한다.

EU 차원에서 대러시아 에너지 대응을 통해 전쟁의 양상을 바꾸고자 했으며, 전쟁 이후에는 러시아산 에너지 의존도를 줄이기 위한 대응책을 추진했다. 그 결과로 2022년 5월 EU가 발효한 것이 에너지 수급의 다각화, 에너지 절약, 재생 에너지 개발 촉진 등의 목표를 골자로 하는 '리파워 EU'REPowerEU 다.

2022년 6월 천연가스비축 규정Gas Storage Regulation 을 통해 2022년

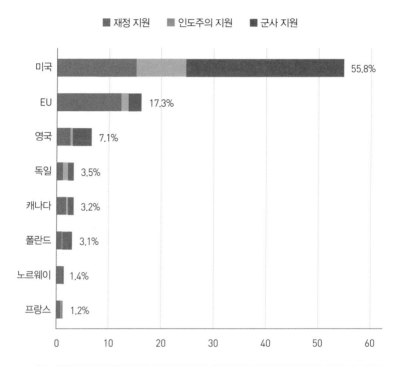

서방 국가들의 우크라이나 지원 규모

■ 재정 지원   ■ 인도주의 지원   ■ 군사 지원

- 미국: 55.8%
- EU: 17.3%
- 영국: 7.1%
- 독일: 3.5%
- 캐나다: 3.2%
- 폴란드: 3.1%
- 노르웨이: 1.4%
- 프랑스: 1.2%

0   10   20   30   40   50   60

출처: 황원준. "동맹의 복합 딜레마: NATO와 러시아-우크라이나 전쟁." 〈국제지역연구〉 32권. 1호. 2023.

11월까지 저장 시설 총용량의 80퍼센트, 2023년부터는 총용량의 90퍼센트를 저장하는 것이 목표다. 러시아산 에너지 의존도를 줄이기 위해 EU는 러시아산 원유를 비롯해 정제 유류 제품에 가격 상한제를 도입했다. 그리고 고급 석유 제품과 같은 고부가가치 상품은 배럴당 100달러로, 중유와 같은 저부가가치 제품은 배럴당 45달러로 가격을 결정했다.

이러한 EU의 대러시아 에너지 제재는 상당한 효과가 있었다. 러시아산 원유와 관련 제품의 비중이 수입액 기준 2022년 2월 22.8퍼센트에서 9월에는 12.1퍼센트까지 감소했다. 그뿐만이 아니다. 천연가스 비축량도 8월 말에는 80퍼센트, 11월에는 무려 94퍼센트까지 증가했다. 전쟁 직후 배럴당 120달러 이상까지 상승한 원유 가격은 2022년 11월 OPEC+의 감산 정책으로 가격이 일시적으로 추가 상승했다. 하지만 그 이후 현재까지 원유의 초과 공급으로 가격은 하락한 상태다.

이뿐 아니라 러시아의 우크라이나 침공 직후 러시아에 대한 서방 국가들의 대러 금융 제재도 시행되었다. 2022년 2월 말 미국과 EU는 러시아 중앙은행과 주요 금융기관들을 즉각 제재 대상 리스트에 올렸다. 중앙은행을 제재함으로써 해외 금융기관에 예치된 러시아 외환보유액이 동결되도록 만든 것이다. 이와 동시에 서방 금융기관과 러시아 국부펀드, 러시아 직접투자펀드, 재무부와의 금융거래도 금지시켰다. 러시아 중앙은행, 국부펀드, 재무부의 채권 발행과 유통을 제한하는 등 러시아 금융기관의 해외 시장에서의 자금조달에 대한 제재도 이루어졌다.

미국은 자국 시장에서 러시아 국채 발행을 2021년 4월부터 제한하기 시작했고, 2022년 2월 이후 국채 유통도 제한했다. 2022년 3월 초 미국과 EU는 VTB, 오트리트리Otkritie, 뱅크 로시야Bank Rossiya, 프

롬스비아즈 Promsvyaz, 소브콤 Sovcom, 노비콤 Novikom, VEB 등 7개 주요 러시아 은행을 대상으로 국제자금결제망인 스위프트 SWIFT 에 접근하지 못하도록 차단하는 스위프트 제재를 단행했다.

EU는 러시아를 압박하면서 동시에 우크라이나를 지원하는 정책을 펼쳤다. 먼저 러시아에 우크라이나의 영토 보전을 비롯해 주권과 독립을 완전히 존중할 것을 요구하면서 러시아에 대한 전례 없는 경제 제재를 대폭 확대한 것이다. EU는 2022년 2월 23일 이후 4월 8일까지 총 다섯 차례에 걸친 경제 제재를 시행했고, 2022년 3월 8일부터 벨라루스에 대한 제재도 시행했다. 한편으로 우크라이나에는 인도적, 정치적, 재정적, 물질적 지원을 제공했으며, 전쟁 난민을 수용하기 위한 지원에도 나섰다.

러시아에 대한 여러 제재가 지속되던 가운데 2023년 6월 23일 EU 이사회는 제11차 대러시아 제재안을 통과시킨다. EU는 러시아의 이웃 국가들이 러시아 제재를 우회해 군사 및 안보 관련 기술과 상품을 이동하는 통로로 활용되고 있음을 의심했으며, 이를 차단하는 내용으로 제재안을 구성했다. 러시아가 거듭된 제재를 회피하기 위해 사용하는 수단들을 차단함은 물론, 러시아의 전쟁 수행 역량을 더욱 약화시키는 것이 이 제재안의 목적이다.

전쟁이 식량 인플레이션 위험을 가져오는 과정

모든 전쟁이 그렇듯 러시아-우크라이나 전쟁 역시 많은 피해를 양산했는데, 그중 하나가 식량 인플레이션이다. 우크라이나는 세계적인 곡창지대로 북아프리카 지역에 밀, 보리 등을 제공하는 곡물의 주요 공급원이었다. 기름을 만드는 해바라기씨 역시 우크라이나의 주요 수출품이다. 그런데 전쟁으로 주요 곡물을 수출하는 항구와 바닷길이 막혔고, 주요 경작지가 파괴되었다. 그 결과 우크라이나의 GDP는 2021년에 비해 전쟁이 일어난 2022년에는 29퍼센트 이상 감소했다. 또한 우크라이나 GDP에서 농업이 차지하는 비중 역시 2021년에 비해 2022년에는 39퍼센트 감소했다. 이런 피해가 속출한 것은 러시아가 우크라이나의 주요 수출 분야인 농업에 타격을 입히는 전략을 취한 탓이다.

전쟁을 하는 동안 우크라이나의 농업 부문은 러시아의 주요 공격 대상이었다. 이는 농장, 밭, 가공 시설, 창고 등 생산 인프라와 도로, 철도, 교량, 저장 시설, 항구 등 수출 인프라, 그리고 농업 노동력 전반에 걸쳐 영향을 미쳤다. 2023년 3월, 세계은행의 추정에 따르면 전쟁 때문에 우크라이나는 농업 부문에서 총 402억 달러의 손실과 피해를 입은 것으로 나타났다.

2023년 6월 6일에는 러시아가 카호브카댐을 공격한다. 러시아의 공격으로 댐이 붕괴되면서 관개 인프라가 파괴되었고 이 지역의 농지를 사용할 수 없게 되었다. 그 피해액은 3억 8,050만 달러로 추산된다.

우크라이나는 곡물 이니셔티브BSGI에 따라 흑해 항구 세 곳을 통해 곡물 대부분을 안전하게 수출할 수 있었다. 그러나 2023년 7월, 러시아는 곡물 이니셔티브를 종료하고 우크라이나가 곡물을 수출하는 항구를 공격했다. 유엔의 집계에 따르면, 2023년 7월부터 12월까지 러시아가 우크라이나의 곡물 생산 및 수출 능력을 손상시키거나 파괴한 공격 횟수는 31건이다. 게다가 2023년에 우크라이나는 세계에서 지뢰가 가장 많이 매설된 국가가 되었는데, 이는 우크라이나의 현재는 물론 미래의 농업 생산성을 저해하는 커다란 문제 요인이다.

우크라이나의 곡물 수출이 감소하자 세계적인 식량 인플레이션이 나타났다. 유엔 식량농업기구 식량가격지수에 따르면 2022년 3월 세계 식량 가격은 명목상 사상 최고치를 기록했다. 대외경제정책연구원에 따르면 밀 수출 규모는 2015~2019년 기준 러시아가 연평균 3,173만 톤으로 가장 크며 이어서 미국 2,590만 톤, 캐나다 2,352만 톤, 프랑스 2,001만 톤, 그리고 우크라이나 1,759만 톤 순이었다. 러시아와 우크라이나가 전 세계 밀 수출량의 약 21.5퍼센트를 차지하는 것이다. 옥수수의 경우 우크라이나가 세계 옥수수 시장에서 차지하는 비중이 매우 높다. 같은 기간 우크라이나의 옥수수 수출량은 연평균 2,201만 톤으로, 세계 옥수수 시장의 12.9퍼센트를 차지하는 수준이다. 글로벌 식량 위기 보고서에 따르면 2022년에 2억 5,800만 명의 사람들이 심각한 식량 불안으로 고통받았다.

도네츠크, 루한스크, 헤르손, 자포리자 등 러시아의 우크라이나 점령 지역은 2016년부터 2020년까지 우크라이나에서 생산된 밀의 약 21퍼센트, 보리의 17퍼센트, 해바라기 씨앗의 19퍼센트를 차지했던 곳이다. 미 항공우주국NASA 산하 국제 식량 안보 및 농업 연구기관인 '하베스트'Havest 의 분석에 따르면, 2023년 우크라이나에서 전쟁으로 버려진 농경지의 양은 우크라이나 전체 농경지의 약 7.5퍼센트에 해당하는 것으로 추산된다.

전쟁으로 농경지만 파괴되고 농산물 생산만 감소한 것이 아니다. 피해는 더 있다. 곡물 및 기타 농산물을 수출 시장으로 운송하는 데 드는 비용도 증가했다. 이러한 비용 대부분은 우크라이나 생산자들이 가격을 내리는 방식으로 해결했는데, 이는 결국 밀과 옥수수 같은 작물의 수익성을 떨어뜨리는 요인으로 작용했다. 그 결과 우크라이나 농민들은 더 적은 농작물을 심고 수확할 수밖에 없게 되었다. 미국 농무부USDA 는 2023년 밀, 옥수수, 보리 수확 면적이 2021년 수준보다 각각 32퍼센트, 27퍼센트, 37퍼센트 감소할 것으로 추정한 바 있다. 해바라기 수확 면적도 15퍼센트 감소했다.

흑해의 운송이 중단되면서 우크라이나의 유럽 수출은 증가하고,

사하라 이남 아프리카와 아시아 등의 지역으로 가는 수출은 감소했다. 2021년 1월부터 2022년 2월까지 우크라이나 전체 밀 수출량의 2퍼센트 미만이 유럽 시장으로 수출되었지만, 2022년 2월 이후 유럽 시장은 전체 밀 수출량의 50퍼센트를 차지했다. 터키를 포함한 중동 및 북아프리카 국가는 여전히 우크라이나의 큰 시장이지만, 같은 기간 동안 수출 비중은 53퍼센트에서 34퍼센트로 감소했다. 밀 수출에 가장 큰 영향을 미친 지역은 사하라 이남 아프리카인데, 수출량이 10퍼센트에서 3퍼센트로 줄어들었다. 남아시아 및 동남아시아의 피해도 적지 않은데, 밀 수출량이 30퍼센트에서 12퍼센트로 감소했다.

개전 직후 급등했던 세계 곡물 가격은 2022년 7월 우크라이나가 곡물 수출을 재개하면서 하락했다. 2022년 7월 22일 유엔과 튀르키예의 중재로 우크라이나와 러시아가 흑해 곡물 수출을 재개하기로 합의한 데 따른 결과였다. 이에 따라 러시아의 침공 이후 봉쇄됐던 흑해 항로를 통해 곡물 수출선이 출항할 수 있었다. 유엔 식량농업기구FAO에 따르면 세계곡물가격지수는 6월 166.3포인트에서 7월 147.3포인트로 떨어졌다. 그러나 곡물 가격 상승 위험이 완전히 사라졌다고 보기는 어렵다. 러시아의 결정에 따라 우크라이나의 곡물 수출이 다시 막힐 수 있기 때문이다. 러시아-우크라이나 전쟁에서 나타날 수 있는 경제 위험 요인은 곡물 가격이고, 곡물 가격 상승은 세계적인 인플레이션으로 이어졌다. 세계 경제에서 인플레이션은 미국

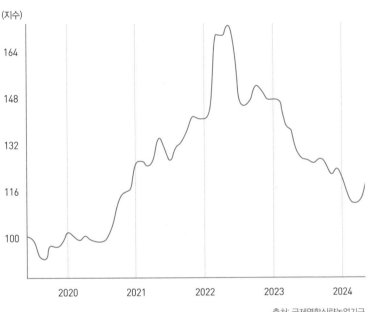

(지수)

164

148

132

116

100

2020   2021   2022   2023   2024

출처: 국제연합식량농업기구.

금리 정책과도 연관된다.

유럽 국가들은 왜 대규모 군비 증강에 나설까?

러시아-우크라이나 전쟁 이후 유럽 국가들은 군비 증강에 나서고

있다. 러시아의 우크라이나 침공으로 유럽 국가들의 안보 위협이 심

화되었으며, 전쟁 위협이 현실화될 수 있다는 공감대가 형성되었기

때문이다. 유럽은 냉전 종식 이후 경제적 상호의존성을 증진하며 평화 안보 정책을 펼쳐왔다. 그런데 안보에 위협을 느끼면서 이런 정책들을 전면 수정해야 하는 상황에 직면한 것이다. 2022년 유럽 국가들은 국방비 예산을 대폭 증액하면서 군비 증강에 나섰다.

러시아-우크라이나 전쟁은 러시아와 EU 사이 구조적인 갈등을 그대로 보여준다. 이 전쟁이 끝난다고 해도 러시아의 본질적 위협은 사라지지 않을 것이다. 게다가 고립주의가 심화되는 미국이 유럽의 안전을 지켜줄 것이라 막연히 기대하기도 어렵다. 결국 유럽 국가들은 스스로를 지켜야 하는 상황에 처한 것이다.

다만, 유럽 국가들이 군사력을 현대화하는 데는 상당한 시간이 필요할 것으로 보인다. 그동안 유럽 국가들은 경제 통합과 협력에 집중하면서 상대적으로 안보 분야에 대해서는 관심을 덜 쏟았기 때문이다. 나아가 현재 유럽 국가들의 무기 구입은 우선적으로 우크라이나를 지원하는 데 사용되고 있어서 유럽 국가들의 군사력이 증강되려면 수년 이상 소요될 것으로 예상된다.

현재 유럽 국가들은 경기 침체 가능성, 높은 인플레이션, 에너지 가격 상승 등 재정 부담이 증가한 상태다. 따라서 실제 국방비 증액이 어느 정도까지 이뤄질 수 있을지는 불확실하다. 그럼에도 유럽 국가들은 러시아가 가할 잠재적 위협을 늘 염두에 두고 있기에 국방비 증액을 불가피한 선택으로 받아들일 가능성이 높다.

유럽 국가들의 국방비 증액 규모

국가	국방비 증액 목표	목표 연도
벨기에	GDP 대비 1.5퍼센트	2030
체코	GDP 대비 2퍼센트	2025
덴마크	GDP 대비 2퍼센트	2033
에스토니아	GDP 대비 2.5퍼센트	2022
핀란드	향후 4년간 220만 유로 증액	2026
독일	GDP 대비 2퍼센트 이상	–
헝가리	GDP 대비 2퍼센트	2024
이탈리아	GDP 대비 2퍼센트	2028
라트비아	GDP 대비 2.5퍼센트	2025
리투아니아	GDP 대비 2.52퍼센트	2022
룩셈부르크	GDP 대비 1퍼센트	2028
네덜란드	GDP 대비 2퍼센트	2025
북마케도니아	GDP 대비 2퍼센트	2024
노르웨이	GDP 대비 약 0.1퍼센트 증액	2022
폴란드	GDP 대비 3퍼센트	2023
루마니아	GDP 대비 2.5퍼센트	2023
슬로바키아	GDP 대비 2퍼센트	2022
슬로베니아	GDP 대비 2퍼센트	2030
스페인	GDP 대비 2퍼센트	–
스웨덴	GDP 대비 2퍼센트	–
영국	GDP 대비 3퍼센트	2030

출처: Esme Kirk-Wade and Sanjana Balakrishnan, "Defence spending pledges by NATO members since Russia invaded Ukraine," Insight, House of Commons Library, UK Parliament.

유럽 국가들 중 독일은 그동안 다른 국가에 대한 무기 수출에 신중한 입장이었다. 2022년 1월 러시아가 우크라이나 국경에 병력을 증강하자 독일 정부는 야전 병원과 우크라이나 군인을 위한 헬멧만 지원하기로 합의했다. 그러나 러시아가 우크라이나를 침공한 이후에는 이러한 기조를 바꾼다.

전쟁이 일어난 후 올라프 숄츠Olaf Scholz 독일 총리는 우크라이나에 대전차 무기 1,000대, 대공 스팅어 미사일 500기, 스트렐라 지대공 미사일 500기를 제공하기로 결정한다. 나아가 독일은 자국을 재무장하는 데 1,000억 유로를 투자하겠다고 발표한다. 이에 따라 독일은 제2차 세계대전 이후 EU에서 가장 많은 국방비를 지출하는 국가가 되었다.

독일의 군사 정책 전환은 시사하는 바가 크다. 이는 독일, 프랑스 등 EU 국가들이 추진하는 유럽 국방 통합과 강경한 안보 정책이 지속적으로 강화될 것이라는 전망을 낳았다. 러시아-우크라이나 전쟁이 유럽에서 지정학적 안보 위험을 각성하는 계기가 된 것이다. 이에 따라 EU와 회원국들은 제고된 지정학적 위협에 대응하기 위해 기존의 경제 통합 차원을 넘어선 군사안보 협력을 강화하는 움직임을 보이고 있다.

안보 위협을 느낀 유럽 국가들의 반러 정책은 점차 확고해지는 추세다. 그 일환으로 유럽평화기금EPF 등을 활용한 군사적 지원 기능을 확대해왔다. EU는 제3국 및 국가 연합을 위한 군사 및 방위 지원 기금인 유럽평화기금을 우크라이나에 살상 무기를 공급하는 데 사용하기로 결정했으며, 기금을 더욱 확대할 전망이다. 사실 EPF는 대규모 전쟁에 개입하기 위한 목적으로 마련된 것은 아니었다. 상대 국가가 반군이나 다른 무장 단체와 싸우는 것을 돕기 위한 수단으로 만들어졌다. 그리고 EU가 전쟁 중인 국가는 물론 제3국에 무기 공급을 위해 자금을 지원한 것은 우크라이나가 처음이다.

전쟁 발발 전까지 EU는 우크라이나를 지원하기 위해 군사, 의료 및 물류 장비 등 비살상 물자를 제공했다. 지원 규모는 3,100만 유로로, EPF를 통해 3년에 걸쳐 지원하겠다는 것이 협상의 주요 내용이었다. 그러나 전쟁이 일어나고 상황이 급박해지면서 EU의 우크라이나 지원 정책도 달라진다. 2022년 2월 24일 러시아 침공 직후 EU는 우크라이나에 4억 5,000만 유로의 무기와 5,000만 유로의 비살상 원조를 추가로 제공하기로 결정한다. 그리고 2주 후, EU 이사회는 우크라이나에 대한 전체 군사 원조를 10억 유로 이상으로 늘리며 초기 약속한 것의 두 배를 지원했다.

EU는 어째서 이런 결정을 한 것일까? 물론 우크라이나를 지원하겠다는 목적도 있지만, 러시아가 유럽의 안보를 위협하는 국가라는 데 동의했기 때문이다. 이에 따라 EU는 러시아의 위협에 대응하기 위한 공동 계획을 마련하기로 합의하고 2022년 3월 21일 안보 전략

서부 발칸 지역 국가의 EU 가입 현황(2024년)

■ EU 회원국　■ 공식 가입 후보국　■ 잠재적 가입 후보국

슬로베니아
크로아티아
보스니아
헤르체고비나
세르비아
몬테네그로
코소보
아드리아해
북마케도니아
알바니아

출처: European Commission 자료 재구성.

이자 실행 계획인 '전략적 나침반'을 채택한다. '전략적 나침반'에는 러시아가 EU와 회원국에 어떤 위험을 가할 수 있는지가 담겨 있으며, 2030년까지 EU의 안보 및 방위 활동에 대한 공동의 위협 분석과 대응 방향이 제시되어 있다.

　유럽 지도자들은 2025년까지 여러 회원국의 기여를 통해 병력

5,000명 수준의 신속 배치 능력을 개발하기로 합의했다. 신속 배치 부대는 EU의 지휘를 받게 될 예정이다. 이와 함께 EU는 첨단 군사 능력을 개발하기 위한 공동 계획을 마련하고, 군사 작전의 효율성을 증진하기 위해 작전지휘 체계를 마련하는 데도 협력하기로 했다.

러시아의 우크라이나 침공으로 안보에 대한 우려가 증가하면서 동유럽 국가들의 EU 가입이 확대되는 움직임도 나타나고 있다. 러시아의 우크라이나 공격이 유럽 전역에 충격을 주면서 EU와 동유럽 국가 간의 결속을 강화하는 형태로 나타나고 있는 것이다.

우크라이나 젤렌스키 대통령이 우크라이나의 EU 가입 신청서를 제출한 후 조지아와 몰도바도 곧바로 가입 신청서를 제출했다. 서부 발칸반도에서 EU 지도자들이 고위급 회담을 잇달아 개최한 것은 10년 넘게 EU 가입을 열망해온 이 지역에 대한 EU의 의지를 보여주는 것으로 해석된다. 2022년 3월, 호세프 보렐Josep Borrell EU 외교안보 최고대표는 이 지역을 방문한 자리에서 "EU의 확대 과정을 다시 활성화하고 서부 발칸반도 지역 국가들이 불가역적인 방식으로 EU에 통합되도록 해야 할 때다."라고 말했다.

동유럽과 발칸 국가들의 EU 가입 절차가 빠르게 진행될 가능성은 현실적으로 낮다. 그럼에도 러시아-우크라이나 전쟁과 같은 위협에 대응하기 위해 협력할 필요성이 높아진 것이 현실이므로, EU 가입국을 확대하는 정책이 나타날 가능성이 높다. 적어도 EU가 동유럽과 발칸 지역 비회원국들과의 결속은 지속적으로 강화할 것으로 예상된다.

갈등 속에서 급부상한 한국의 방위산업

러시아-우크라이나 전쟁은 서방과 러시아의 구조적인 갈등을 드러낸 사건이다. 루마니아, 불가리아는 이미 2007년 EU 회원국으로 공식 가입했고, 폴란드는 2004년 러시아를 견제하기 위해 EU와 나토에 공식 가입했다. 우크라이나 역시 EU에 가입하기 위한 시도를 거듭해왔다.

이처럼 러시아와 인접한 동유럽 국가들은 러시아의 위협에 대응하고, 서방과 경제적으로 협력하기 위해 그동안 친서방 정책을 취해왔는데 이런 점들이 러시아를 자극하는 요인이 되었다. 러시아는 이런 움직임에 대해 미국을 위시한 서방의 동진이라고 보았다. 이러한 구조적 갈등 축을 전면화하는 데 뇌관 역할을 한 것이 바로 러시아-우크라이나 전쟁이다.

이 전쟁에는 드론을 비롯해 첨단 장비가 동원되기도 했지만, 전차, 장갑차, 전투기 등 재래식 무기가 사용되며 복합전의 양상을 보여주었다. 근래 일어난 가장 큰 전쟁에서 재래식 무기 병력 사용이 주도하는 것을 목도한 동유럽 국가들은 대규모 군비 증강에 나섰다. 즉 대규모의 재래식 무기 구입을 하려는 것이다.

러시아-우크라이나 전쟁으로 유럽에선 이전과 질적으로 다른 무기 시장이 열렸고, 한국의 방위산업이 부각되었다. 한국은 북한과 오랫동안 군사적 대치를 해왔기 때문에 재래식 무기의 개발과 도입이 지속적으로 이뤄져왔다. 러시아-우크라이나 전쟁으로 수요가 폭발한 유럽 시장에서 이렇게 축적된 재래식 무기가 관심을 받기 시작한 것이다.

특히 한국의 방위산업은 북한과의 전쟁에 대비해 지난 70년 동안 꾸준히 성장해온 데다 미국, 독일 등과의 오랜 기술 이전으로 그 수준이 상당하다. 이런 요인으로 한국의 전차, 장갑차, 자주포, 다연장로켓포, 전투기는 유럽 시장에서 경쟁력이 높다. 대표적으로 한화에어로스페이스는 K-9 자주포, 현대로템은 K1A1 전차, 한국항공우주산업은 경공격기 FA-50을 각각 개발했다.

2023년에는 한국의 방위산업 기업들이 폴란드에서 140억 달러 (약 19조 4,460억 원)에 달하는 대규모 계약을 따냈다. 스톡홀름 국제평화연구소SIPRI에 따르면 한국은 2000년 방위산업 수출국 세계 31위에서 2022년에는 세계 9위로 부상했다. 게다가 러시아의 우크라이나 침공으로 서방 국가들뿐만 아니라 러시아 무기에 대한 의존도를 낮추려는 아시아 국가들로 한국산 무기 수요는 더욱 증가하는 추세다.

한화에어로스페이스를 포함한 국제 방산업체에 대한 투자자들의

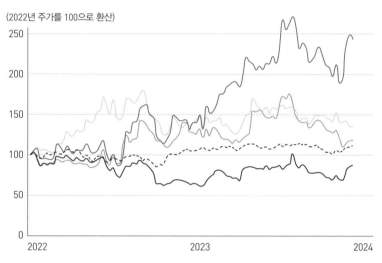

한국 방위산업 기업 주가 추이

---- MSCI 세계 항공우주 및 방위산업 지수
— 한화에어로스페이스　—— 한국항공우주　……… 현대로템　— 한화시스템

(2022년 주가를 100으로 환산)

2022　2023　2024

출처: 〈파이낸셜 타임스〉.

관심이 급증한 것은 2022년 2월 러시아의 우크라이나 침공 이후다. 서방 정부의 군사비 지출이 증가할 것에 대한 기대감이 영향을 미친 것이다. 이 기간 동안 한화에어로스페이스의 주가는 두 배 이상 상승했다. 한국은 경쟁국에 비해 재래식 무기를 대량생산할 수 있는 역량이 훨씬 강하다. 전차, 곡사포, 저사양 전투기 등의 무기는 가격 대비 가치가 높다는 장점도 있다. 한국의 방위산업 기업들이 무기 구매국에 대한 기술 이전에 관대하다는 점 역시 경쟁력을 갖는 요인이다.

우크라이나와 국경이 인접한 루마니아는 전쟁 위협 때문에 국방예산을 GDP 대비 2퍼센트에서 2.5퍼센트까지 확대하고 군의 현대화를 서두르고 있다. 그 일환으로 전차 300여 대를 도입하기로 결정하고, 지난해 미국 M1A2 에이브럼스 전차 54대의 계약을 체결했다. 주력 전차인 T-72 60여 대를 우크라이나에 지원하면서 전력 공백이 발생한 데다 노후 전차 교체 수요가 늘었기 때문이다.

이 같은 안보 상황에서 루마니아는 한화에어로스페이스가 생산하는 K-9 자주포를 구매하기로 결정한다. 구매 금액은 9억 2,000만 달러(약 1조 2,776억 원)다. 2024년 7월 한화에어로스페이스와 루마니아 국방부 간의 실제 계약이 진행되었다. 이번 수출에는 K-9 자주포 54문은 물론이고 탄약 운반차와 기타 계열차 등도 포함됐다. 이는 루마니아의 최근 7년간 무기 도입 거래 중 최대 규모다.

중동 지역의 국제정치적 불안이 세계 경제에 미치는 파장은 단기적이며 제한적인 형태로 머무는 경우가 많았다. 즉 중동 지역이 안고 있는 지정학적 리스크는 현재의 불안정성이 향후 증폭될 것인가에 달려 있는데, 그 위험 상황이 앞으로 확대할 것으로 보이지는 않는다. 이란이 현재의 상태를 전환시킬 만큼의 군사력을 사용할 가능성이 크지 않기 때문이다. 이는 투자 면에서도 중요한 시사점을 갖는다.

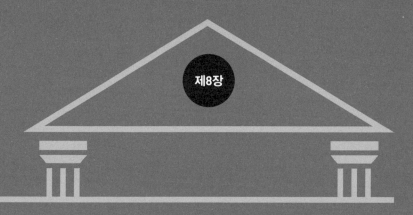

제8장

중동 무장단체는
무엇을 노리는가

중동 리스크

GEOPOLITICS:
RISKS AND OPPORTUNITIES

중동이 지닌 지정학적 리스크의 좌표 가늠하기

종교와 민족적 갈등이 복잡하게 뒤얽힌 중동은 여러 위험이 동시 다발적으로 존재하는 지역이다. 그리고 중동 지역의 정치적 위험 요소를 과장하는 분석은 언제나 설득력을 갖는다. 하지만 많은 이의 우려, 그리고 예상과 다르게 중동 지역은 상당히 오랜 기간 안정적이었다. 정치적 위험 요소가 존재하지만, 정치적 불안이 확대되지 않는 상황이 지속되었기 때문이다. 지정학적 리스크가 존재하면서도 그 리스크가 확대되지 않은 채 관리되고 있다는 점은 중동 지역이 갖는 매우 독특한 특징이다.

그간 중동 지역의 국제정치적 불안이 세계 경제에 미치는 파장은 단기간에 제한적인 형태로 머무는 경우가 많았다. 이는 투자에 있어서도 중요한 시사점을 갖는다. 중동 지역에서 정치적 리스크는 단기적 영향을 미치기 때문에 거시적 차원에서의 장기 투자에는 오히려 기회일 수 있다.

중동에서는 이란의 지원을 받는 무장단체와 이스라엘, 미국 간 무력 충돌이 동시다발적으로 지속되는 중이다. 이스라엘과 팔레스타인 무장 정파 하마스의 전쟁은 2023년 10월 7일에 일어났으며, 1년 가까이 이어지고 있다. 역시 이란의 지원을 받는 헤즈볼라가 이스라엘을 공격하고 있으며, 이스라엘 역시 레바논, 시리아, 이라크에서 이란의 지원을 받는 무장단체에 공격을 가했다. 2024년 1월에는 이란 혁명수비대 사령관이었던 거셈 솔레이마니Qasem Soleimani 장군 추모식에서 이란에 반대하는 수니파 무장단체의 테러가 발생하기도 했다.

이처럼 중동 지역에서는 크고 작은 분쟁이 끊이지 않고 있으며, 이러한 긴장과 불안정은 경제에 충격을 줄 수 있다. 예멘 후티 반군이 홍해를 통과하는 미국, 영국 선박을 드론과 로켓으로 잇달아 공격하면서 해상교통로가 위험에 노출되었던 것이 그 예다. 글로벌 물류 기업들은 운송 지연을 겪거나 우회로를 이용할 수밖에 없었고, 이는 결국 물류비용 증가로 이어졌다.

기업들로서도 증가한 물류비용을 계속 감당할 수는 없었을 터다.

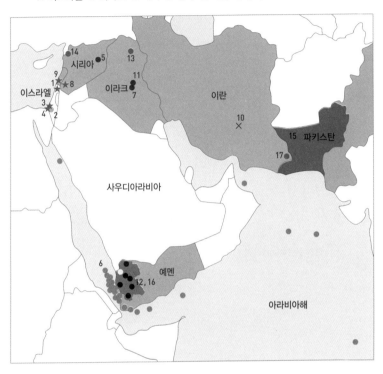

중동 지역에서 벌어진 주요 분쟁(2023년 10월 이후)

★ 이스라엘 ● 하마스 ● 미국 ○ 영국 ● 이란 ● 후티 ✕ ISIS ● 파키스탄

1   이스라엘–레바논 교전

2   하마스의 이스라엘 공격

3   이스라엘의 가자지구 공격

4   이스라엘의 서안지구 공격

5   미국의 이란 혁명수비대 공격

6   후티 반군의 선박 공격

7   미국의 친이란 민병대 공격

8   이스라엘의 공격으로 이란 혁명수비대
    고위 지휘관 사망

9   이스라엘의 공격으로 하마스 부국장 사망

10 솔레이마니 장군 추모식 테러

11 미국 공격으로 친이란 민병대 수장 사망

12 미국, 영국의 후티 반군 공격

13 이란의 이스라엘 첩보시설 공격

14 이란의 수니파 무장단체 공격(시리아)

15 이란의 수니파 무장단체 공격(파키스탄)

16 미국의 후티 반군 공격

17 파키스탄의 분리주의 무장단체 공격

출처: The Guardian.

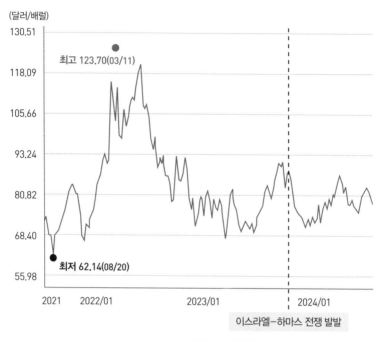

国제 유가 추이

(달러/배럴)

최고 123.70(03/11)

최저 62.14(08/20)

2021 2022/01 2023/01 2024/01

이스라엘-하마스 전쟁 발발

출처: WTI(서부텍사스유), 뉴욕상업거래소 데이터 기준.

테슬라, 볼보 등 주요 완성차 기업들은 해운 물류 운임이 증가한 것을 이유로 유럽 자동차 생산 중단을 선언하기도 했다. 물론 일시적인 조치지만 이런 결정이 경제에 부정적 영향을 미치는 건 사실이다.

수에즈운하에서 홍해로 이어지는 바닷길은 유럽과 아시아를 잇는 주요 교역로이며 홍해는 전 세계 컨테이너 물동량의 약 12퍼센트가 통과하는 주요 해상교통로다. 유럽과 아시아를 잇는 주요 공급망인 만큼 그 안전이 매우 중요한데, 이것이 위협받는다면 글로벌 공급망이 교란될 수밖에 없다. 중동의 불안은 이뿐만이 아니다. 이스라엘-하마스 전쟁으로 중동의 정세가 불안해지면서 국제 유가 상승이 나타나기도 했다.

그러나 앞서도 말했듯 중동 지역에서 일어나는 분쟁들이 세계 경제에 미치는 영향은 제한적이다. 2023년 10월 8일 시작된 이스라엘-하마스 전쟁으로 중동 내의 정세가 불안정했음에도 하반기 국제유가(서부텍사스유 기준)는 배럴당 70달러 초반까지 하락했다. 국제유가가 배럴당 70달러 후반까지 상승한 것은 최근 중동 내 분쟁이 확산되면서부터다. 그러나 현재 국제유가는 70달러에서 80달러 사이를 오가며 안정적인 추세를 이어가고 있다. 이스라엘-하마스 전쟁 전과 비교해서 국제유가가 급등했다고 보기는 어려운 수준이다.

지속적인 분쟁은 리스크라 할 수 없다

이스라엘-하마스 전쟁의 장기화는 중동 정세를 불안하게 만드는 요인으로 지적되어왔다. 이 전쟁에 이란이 개입할 경우 확전 가능성이 커지리라는 우려 때문이다. 대외경제정책연구원의 분석에 따르면, 전면전으로 확대되는 최악의 시나리오에서 이란은 이스라엘과 미국을 압박하기 위해 가용한 모든 수단을 동원할 가능성이 높다.

영국의 이코노미스트 인텔리전스 유닛Economist Intelligence Unit, EIU은 중동 지역에서 전면전이 일어날 경우 국제유가가 130달러에서 150달러까지 상승할 수 있다고 예측했다. 호르무즈해협이 봉쇄되면 한국도 영향을 받는다. 한국은 중동 원유에 상당히 의존하고 있기 때문에 심각한 경제적 타격을 입을 것으로 예상된다.

이스라엘-하마스 전쟁의 확전 가능성이 제기되는 이유는 무엇일까? 이란이 그동안 하마스의 자금줄 역할을 해왔기 때문이다. 이스라엘 관리들은 이 수입이 연간 약 7억 5,000만 달러에 달하며, 현재 하마스의 무기 및 연료 비축의 주요 자금원이 되는 것으로 추정한다. 하마스에 우호적인 다른 정부에서도 자금이 들어오긴 하지만 그중 가장 큰 비중을 차지하는 국가는 이란이다.

미국은 아야톨라 알리 하메네이Ali Hosseini Khamenei가 팔레스타인 이슬람 단체에 주로 군사 지원 명목으로 매년 1억 달러를 제공하는 것으로 추정하고 있다. 하마스의 재정 담당자들로서는 미국의 제재에 걸리지 않고 이 돈을 옮기는 것이 관건이다. 지난 한 달 동안에만 미국 당국은 하마스에 자금을 지원한 개인과 기업에 대해 세 차례에 걸쳐 제재를 가했다.

그럼에도 하마스는 미국의 제재를 피해 이란의 지원을 받을 수 있었다. 어떻게 가능했던 것일까? 이란의 지원금이 암호화폐 시장을 통해 하마스로 흘러 들어갔기 때문이다. 또 미국 재무부는 하마스가 이스탄불의 낡은 파티흐 지역의 환전소를 통해 2,000만 달러 이상을 밀수했다고 밝히기도 했다.

이처럼 이란은 음성적인 방식으로 꾸준히 하마스를 지원해왔으며, 이란이 이스라엘-하마스 전쟁에 개입할 수 있다는 예상이 나오는 이유도 이 때문이다. 이란이 이스라엘을 공격하고, 이에 대한 보복으로 이스라엘이 이란을 공격하면서 전쟁이 중동 전역으로 확대된다는 시

◦ 하마스 ◦

2006년 1월 팔레스타인 입법의회Palestinian Legislative Council 총선에서 급진주의 정파 하마스는 온건 파타에 대승을 거두며 팔레스타인 자치정부Palestinian Authority, PA의 입법부를 장악한 바 있다. 전체 132개 의석 중 하마스가 74석(파타 45석)을 획득했는데, 결국 팔레스타인 주민들이 하마스의 집권을 선택한 것으로 봐야 한다. 그러나 국제 여론은 좋지 않다. 이스라엘의 소멸을 주장하는 하마스의 정강 정책상 오슬로 해법이 추인한 '두 국가 해법'을 이행하는 팔레스타인은 합법 정치 세력이 될 수 없다는 이스라엘의 반발과 국제사회의 여론이 이어졌다. 그러자 파타는 하마스의 의회 장악을 무효화했으며 양 정치 세력 간에 유혈 투쟁이 발생한다. 결국 다수 파타에 의해 소수 하마스는 서안지구에서 퇴각하고, 가자지구를 장악한 채 강력한 반이스라엘 저항 세력이 되어 폭력 투쟁을 지속한다.

나리오다.

그러나 이스라엘-하마스 전쟁에 이란이 전면적으로 개입할 가능성은 크지 않아 보인다. 이란은 오랫동안 미국의 경제 제재를 받아온 탓에 실상 전면전을 수행할 만한 여력이 없다. 게다가 이스라엘-하마스 전쟁에 개입해서 이란이 얻을 수 있는 이익도 눈에 띄지 않는다. 이란이 하마스에 자금 지원을 계속할 수는 있겠지만, 이스라엘과 전면전을 원할 가능성은 낮아 보인다. 한동안은 낮은 수준의 긴장이 지속되는 경향이 이어질 것으로 예상된다.

대외경제정책연구원의 분석에 따르면, 이런 긴장이 장기화된다면 이란과 중동 지역 내 친이란 무장단체의 홍해 선박 공격은 지속될 가능성이 크다. 호르무즈해협 선박 나포, 역내 미군기지 공격 등을 통해 정세를 더욱 불안하게 조성하고 미국을 도발할 것이다. 이스라엘-하마스 전쟁이 지속된다면 역내 이해관계자 간의 군사적 대치 역시 계속될 수 있다.

후티 반군의 홍해 공격이 지속되면 운송 지연과 이에 따른 선박 및 컨테이너 부족 등의 문제가 생기는 건 당연한 수순이다. 그렇게 되면 물류에 차질이 계속되고, 이는 파나마 운하의 수량 감소와 더불어 해운 운임의 상승 요인으로 작용할 수 있다. 러시아-우크라이나 전쟁 발발 이후 수에즈운하 내 원유 및 석유 제품 수송량이 크게 증가한 것을 보면 이 또한 미루어 짐작할 수 있다.

만일 후티 반군이 홍해 내 유조선 공격을 지속해서 감행할 경우 글로벌 에너지 수급에도 부정적 영향을 미치게 된다. 선박 나포 등의 행위로 이란이 호르무즈해협 내 선박에 대한 위협을 확대하면 국제 유가의 상방 압력이 확대되고, 이에 따라 글로벌 에너지 수급은 크게 불안해질 것이다.

그러나 이러한 긴장 국면들로 세계 경제가 장기적이고 심각한 영향을 받을 가능성은 낮다. 이미 제한적인 전쟁이 지속되고 있으므로 그것은 더 이상 리스크가 아니다. 모두가 알고 있는, 예상 가능한 상황이기 때문이다. 중동 지역이 안고 있는 지정학적 리스크는 현재 상태의 불안정성이 향후 증폭될 수 있을 것인가 하는 데 있다. 그런데 중동의 지정학적 위험 상황이 앞으로 확대할 것으로 보이지는 않는다. 이란이 현재의 상태를 전환시킬 만큼의 군사력을 사용할 가능성이 크지 않기 때문이다.

사우디아라비아-이란, 중동의 양대 패권국

사우디아라비아와 이란은 중동의 양대 지역 패권국으로 불린다. 양국의 경쟁은 중동 정세의 향방을 가늠하는 요인이기도 하다. 게다가 종교적, 정치적 차이 역시 두 나라가 갈등하는 또 하나의 원인으로 작용한다. 시아파 국가인 이란은 헤즈볼라, 후티와 같은 시아파 무장단체를 지원해왔다. 문제는 시아파 무장단체들이 미국뿐만 아니라 사우디에 대해서도 반감을 드러냈다는 점이다. 사우디와 이란이 직접 충돌하지 않는다 해도, 이란의 후원을 받는 시아파 무장단체가 양국의 갈등을 불러일으켜 증폭시키는 도화선이 될 수 있다. 시아파 무장단체는 중동 정세의 주요 불안 요소이며, 중동의 해상교통로와 원자재 공급을 가로막는 핵심 위험 요소다.

사우디와 이란의 갈등은 어디에 기인하는 걸까? 두 국가의 갈등을 설명하기 위해서는 종교적 종파주의를 빼놓을 수 없다. 사우디는 이슬람 수니파의 맹주이며 이란은 이슬람 시아파의 맹주다. 수니파는 이슬람의 정통파, 시아파는 분파 혹은 종파라는 뜻을 갖는다. 두 종파의 차이는 이슬람 교리보다는 '선지자 무함마드 알리Muhammad Ali 사후 누가 교권을 이어야 하는가'라는 문제에 그 기원이 있다.

수니파는 무함마드 사후 우마이야, 압바스, 오스만튀르크로 이어지는 유력 이슬람 왕가에 의한 칼리프 계승을 정통으로 본다. 시아파는 세습이나 선출에 의한 칼리프 계승보다는 이맘Imām제를 내세웠다. 시아파에서 이맘은 단순한 종교적 인도자를 넘어서 국가와 사회의 인도자라는 의미를 갖는다. 시아파에서 이맘은 이슬람 교법인 샤리아al-Sharīʿah에 대한 절대적 해석권과 판결권을 갖는다.

이러한 종파적 차이는 사우디와 이란 사이의 통치체제 차이로도 이어진다. 수니파 사우디는 세습 왕정 국가인 반면 이란은 전제 군주 제도가 이슬람과 맞지 않다고 보았다. 이란은 1979년 아야톨라 루홀라 호메이니Ruhollah Musavi Khomeini가 주도한 혁명으로 팔레비Pahlevi 왕조가 무너지고, 신정 체제 성격의 이슬람 공화정이 수립되었다. 이러한 이란 정치체제의 핵심은 '이슬람법학자 통치'Velayate Faqih이며, 이것이 이슬람 선지자가 남긴 이슬람 정치체제의 본질이라고 보았다.

이에 따라 이란은 이슬람 왕조를 전복시키는 혁명을 전파하며 팽창주의를 내세운다. 이슬람 왕정 국가들은 이란이 이슬람 과격 혁명 세력을 지원하면서 자신들을 전복하려고 한다는 점을 우려했다. 그리고 이는 우려로만 끝나지 않았다. 실제로 이란은 헤즈볼라, 예멘 후티 반군, 이라크 시아파 무장단체 등을 지원하면서 중동의 정세 불안을 촉발했다.

이란과 사우디의 갈등은 양국의 단교로도 이어졌다. 2016년 1월 2일 사우디는 시아파 주요 인사 네 명을 수니파 테러리스트 43명과 함께 처형한다. 여기에 격분한 이란 군중은 이란 테헤란 주재 사우디 대사관과 마슈하드의 사우디 총영사관에 불을 지르고 사우디 국기를 탈취한다. 결국 사우디는 1월 3일 이란과의 단교를 선언한다. 당시는 이란이 핵합의JCPOA를 함으로써 미국, 유엔, EU의 삼중 제재가 모두 해제되고 정상 국가로 변모할 수 있으리라는 기대가 커지던 상황이었다. 당시 중동의 다른 국가들은 이란의 부상을 경계했다.

그러나 사우디와 이란의 갈등이 전면전으로 이어지지 않았다는 점에 주목해야 한다. 다시 말해 사우디, 이란 관계가 중동 정세를 뒤흔들 정도의 위험 요소가 되지는 않을 것이란 의미다. 2023년 3월 10일 사우디와 이란은 중국 베이징에서 관계 정상화 합의를 했다. 단교 이후 7년 만에 이뤄지는 관계 정상화로 양국은 기존의 경제, 안보 협정을 복원했다. 사우디는 이란과의 갈등을 해소하면서 네옴시티와 같은 대형 개발 프로젝트를 안정적으로 추진하고자 한 것으로 보인다. 특히 당시는 모하메드 빈 살만Mohamed bin Salman 왕세자가 국가개조 프로젝트인 '비전 2030'을 추진하던 시기이기도 했다.

　한편 사우디는 이란과 관계를 개선함으로써 시아파 무장단체 지원을 중단해달라는 요청을 이란에 할 수 있으리라 기대했다. 이란 역시 사우디와의 불필요한 갈등보다는 경제난 해소가 중요한 상황이었다. 이런 이유로 국민의 불만을 누그러뜨리면서 경제 문제 해결에 집중하고자 한 것이다. 사실 2018년 미국의 이란 제재 복원 이후 이란의 경제난은 더욱 심각해졌다. 이란은 석유 수출을 금지당했고 금융거래도 차단되었다. 마침 중국의 중재로 사우디와 교역을 재개한 이란은 사우디가 문제 해결에 도움을 줄 것이라 기대했다.

개혁 성향의 대통령 당선이 이란 경제에 가져올 변화

경제난을 해소하고자 하는 이란의 열망은 상당했고, 이는 2024년 7월 마수드 페제시키안Masoud Pezeshkian 의 대통령 당선으로 이어졌다. 그는 결선 투표에서 54.7퍼센트를 얻어 44.3퍼센트를 얻은 보수 성향의 사이드 잘릴리Saeed Jalili 후보를 제치고 당선한다. 이란에서 개혁파 후보가 당선된 것은 20년 만의 일이다. 온건 개혁파인 페제시키안이 내세운 선거 공약은 이란 핵합의 복원과 히잡 단속 완화였으며, 서방과의 관계 개선에도 적극적인 의지를 보였다.

물론 이란의 통치체제에서 대통령의 권한은 제한적이다. 이란에선 임기직인 대통령은 종신직인 최고지도자보다 서열이 낮다. 그럼 이란의 최고지도자는 누구일까? 1989년 이후 알리 호세인 하메네이Ali Hosseini Khamenei 가 최고지도자 자리를 지키고 있다. 하메네이는 경찰 지휘권을 갖고 있을 뿐 아니라 반대파 진압에 이용되는 '바시즈 저항군'의 통제권도 갖고 있다.

이처럼 종교지도자인 최고지도자의 권한이 막강한 이란에서 페제시키안이 당선됐다는 것은 시사하는 바가 많다. 대다수의 이란 국민이 이슬람 극단주의를 반대하며, 경제난에 대한 불만을 투표를 통해 표출한 것으로 해석할 수 있다. 또한 이란이 국제적 고립에서 벗어나 적극적으로 대외 개방을 해주길 바라는 국민적 지지를 보여준 것으로 봐야 한다. 고령의 하메네이가 이러한 국민적 지지를 얻은 페제시키안의 개혁 정책을 일방적으로 반대하기는 어려울 것으로 예상된다. 특히 이란의 통치체제에 대한 정통성이 국민의 반대로 위협받는 상황인지라 페제시키안의 개혁 정책은 불가피한 성격이 있다.

이 같은 이란의 국내 정치 상황을 감안한다면 이란이 전면전을 감행할 가능성은 낮아 보인다. 이란 최고지도자 하메네이가 강력한 권력을 갖고 있다 해도 경제난에 허덕이는 국민의 정치적 불만이 고조된 상황에서 전면전을 결정하기는 어려울 것이다. 무엇보다 페제시키안이 미국 및 유럽 강대국들과 이란의 핵 교착상태를 해결하기 위해 협상하고, 경제 부흥을 위한 제재 완화를 확보하겠다고 약속한 상황이라 더욱 그러하다.

따라서 향후 중동의 국제정치적 리스크는 외견상으로 보이는 것과 달리 상대적으로 낮을 것으로 예상된다. 다만 중동에서 일어나는 제한적 수준의 국지적 충돌은 투자 심리를 단기간 위축시킬 수 있다. 하지만 장기적인 관점에서 보면 오히려 이는 투자 기회가 될 수 있으니 눈여겨 살펴보자. 단기간 주가가 급락하더라도 장기적으로 주가가 다시 회복될 수 있기 때문에, 중동 정세 위기감이 고조된 시점이 저가 매수 기회라고도 볼 수 있다.

이란-이스라엘의 전면전 가능성은 얼마나 될까?

이란이 이스라엘에 대해 전면전을 감행하기에는 우선 지리적인 어려움이 있다. 두 나라가 국경을 맞대고 있지 않아서다. 이란이 지상군을 이스라엘에 투입하려면 시리아, 이라크, 요르단, 사우디아라비아를 거쳐야 한다. 그런데 이들 국가가 이란의 지상군 통과를 용인할 가능성은 매우 낮다. 특히 사우디아라비아는 미국과 동맹국이면서 이란과 종교적, 정치적 갈등 관계에 있는 나라다. 이라크는 어떤가. 이라크 전쟁에서 독재자 사담 후세인 정권이 무너진 이후 미국과 우호적 관계를 유지하고 있다. 같은 이슬람 국가들이긴 하지만 이들은 모두 이란과 정치적 이해관계를 달리한다.

이란은 2024년 4월 14일 이스라엘을 향해 드론과 미사일 공격을 감행한 바 있다. 이스라엘이 같은 달 1일 시리아 수도 다마스쿠스 주재 이란 영사관을 폭격했고, 이 폭격으로 이란혁명수비대 고위급 지휘관 등 12명이 숨진 데 따른 보복 공격이었다. 이스라엘 정부는 이란이 자국제 샤헤드 드론 170대를 사용해서 1,000킬로미터 이상 떨어진 이스라엘을 공격했다고 전했다. 여기서 끝이 아니다. 이란은 순항미사일 30발과 탄도미사일 120여 발도 추가로 발사했다. 이스라엘군은 이 중 99퍼센트를 요격하는 데 성공했다고 밝혔다.

이 사례를 통해 중요한 시사점을 도출할 수 있다. 이란이 이스라엘

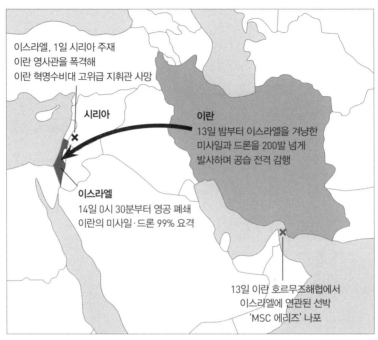

2024년 4월 이란의 이스라엘 공격 루트

이스라엘, 1일 시리아 주재
이란 영사관을 폭격해
이란 혁명수비대 고위급 지휘관 사망

시리아

이란
13일 밤부터 이스라엘을 겨냥한
미사일과 드론을 200발 넘게
발사하며 공습 전격 감행

이스라엘
14일 0시 30분부터 영공 폐쇄
이란의 미사일·드론 99% 요격

13일 이란 호르무즈해협에서
이스라엘에 연관된 선박
'MSC 에리즈' 나포

출처: 연합뉴스.

에게 취할 수 있는 보복 공격은 드론, 미사일로 제한될 수밖에 없다
는 점이다. 나아가 이러한 보복 공격 방식이 이스라엘의 방공망에 무
력하다는 점이다. 이란이 이스라엘에 미사일 공격을 했지만 이스라
엘의 미사일 방어체계인 '아이언 돔'에 막혀 요격되었다. 따라서 이란
은 이스라엘에 대한 보복 공격에 신중할 수밖에 없다.

2024년 7월 하마스 지도자 이스마일 하니예Ismail Haniyeh가 이란의
수도 테헤란에서 미사일 공격을 받아 사망하는 사건이 벌어졌다. 이

란은 이 사건에 대한 보복 공격을 하겠다며 이스라엘에 선언한다. 보복 의지는 이란 최고지도자 알리 호세인 하메네이가 직접 밝혔다. 하지만 역시나 이 사건이 전면전으로 확대될 가능성은 낮아 보인다. 앞서 지적한 것처럼 지리적 한계 때문이다. 이스라엘의 방공 역량을 감안할 때 드론이나 미사일 공격 역시 쉽지 않을 것이다.

이란은 이스라엘을 공격 주체로 지목하고 보복을 공언했지만 직접 실행하지는 못했다. 결국 이란이 선택할 수 있는 대안은 이란이 지원하는 헤즈볼라 등 무장 정파다. 이에 대해 모하마드 바게리Mohammad Bagheri 이란군 참모총장은 저항의 축이 독립적으로 행동할 것이라고 밝혔다. 이란 정부군 차원에서의 전면전이 아닌 무장 정파의 게릴라식 도발이 유력하다는 의미다.

앞서 말했듯 이란이 이스라엘 공격으로 얻을 수 있는 이익이 없다는 게 핵심이다. 이란은 미국의 경제 제재로 경제난에 허덕이고 있는데, 이를 타개할 수 있는 방법은 미국과 비핵화 협상으로 미국의 경제 제재를 완화하는 것뿐이다. 하니예 암살은 분명 이란에게는 굴욕이다. 하니예가 이란의 신임 페제시키안 대통령 취임식에 참석한 지 불과 몇 시간 만에 이란 수도에서 암살을 당했기 때문이다. 그럼에도 이란이 이스라엘을 공격해서 득이 될 게 없으며 이란도 이 사실을 잘 알고 있다. 지금 이란에게 중요한 것은 경제적 실리를 찾는 것이다.

이란 페제시키안 대통령은 서방 국가들과의 핵 협상을 재개하고 미국의 제재를 완화하겠다는 공약을 내세워 당선되었다. 미국은 이란에 확전하지 말 것을 촉구하고 보복이 이란의 이익에 부합하지 않는다고 경고하는 메시지를 여러 채널을 통해 보낸 것으로 알려졌다. 이런 흐름 속에서 미국은 카타르, 이집트와 함께 도하 또는 카이로에서 이스라엘과 하마스 간의 전쟁을 종식하고 가자지구 인질 석방을 위한 협상을 중개하기 위해 새로운 회담을 추진해왔다.

문제는 이스라엘이다. 베냐민 네타냐후Benjamin Netanyahu 이스라엘 총리는 오랜 적대 관계였던 이란이 미국과의 관계를 개선하고 경제 성장으로 나아가길 원하지 않는다. 이란은 미국과의 관계 개선을 통해 경제를 재건하고자 하나, 이 같은 시도가 적대국인 이스라엘에게 달가울 리 없다. 한편 이란에서는 네타냐후 총리가 중동 지역의 전쟁을 촉발해 자신의 정권을 유지하려 한다고 관측하고 있다.

2024년 10월 20일, 이스라엘이 헤즈볼라의 근거지인 레바논 전역을 타격하고 이어 21일엔 이란이 헤즈볼라에 자금을 보내는 루트인 시리아 다마스쿠스를 공습하는 사건이 발생했다. 이란은 자신들이 후원하는 헤즈볼라, 하마스, 후티 등 시아파 무장단체들을 미국과 이스라엘에 대한 '저항의 축'이라 부르며 이스라엘을 포위 공격하겠다는 의지를 보였지만, 반대로 이스라엘이 이들을 전방위적으로 공격하는 모양새가 되었다. 전쟁을 확대하고 있으면서도 그 끝이 어디인지 명확히 제시하지 않는 네타냐후는 중동의 변수다.

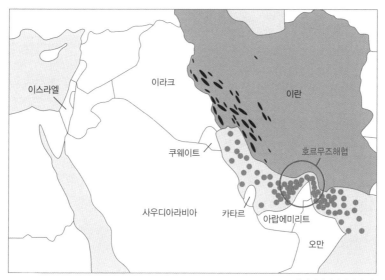

이란의 유전과 호르무즈해협의 원유 수송로

● 유전 ● 선박 이동

이스라엘

이라크

이란

쿠웨이트

호르무즈해협

사우디아라비아

카타르

아랍에미리트

오만

출처: 〈파이낸셜 타임스〉.

  미국 바이든 행정부는 "하마스, 헤즈볼라와 모두 휴전 협상을 체결하라."고 압박했다. 중동 정세의 불안은 유가 상승을 부추기면서 세계 경제를 위태롭게 할 수 있기 때문이다. 하지만 네타냐후는 미국의 이러한 중재 노력을 거부한 채, 하마스와 헤즈볼라를 모두 궤멸시킬 때까지 전쟁을 지속하겠다는 기존 입장을 고수했다.

  이스라엘과 이란의 충돌로 인해 제기되는 위험 시나리오는 원유수송로 통제다. 이란이 예멘의 후티 반군을 동원해 홍해를 통과하는 유조선을 공격하는 것이다. 이 경우 상선들은 홍해를 우회하는 해로를 이용해야 한다. 세계 선박 위치 정보를 제공하는 '마린 트래픽'Marine Traffic에 따르면, 유조선을 비롯해 매달 평균 2,500척의 상선이 호르무즈해협을 통과한다. 그러나 이제껏 이란이 호르무즈해협을 차단한 적은 없었다. 이란의 무역로이기도 하기 때문이다. 결국 이스라엘과 이란의 군사적 충돌이 세계 경제에 미치는 영향은 여전히 장기적으로 제한적일 수밖에 없다.

이런 사실들을 종합해보건대 전면전이 벌어지면 이스라엘 네타냐후 총리에게는 이익이 될 수 있으나, 이란에게 돌아가는 실익은 없다. 결론적으로 중동에서의 전면전 가능성은 위기 때마다 제기되지만, 실제로 이뤄지기에는 너무나 복잡한 셈법이 존재한다.

중동의 위기가 주식시장에 미치는 영향

하니예 암살 사건으로 이스라엘과 이란의 전면전 가능성이 제기되면서 급격한 위기에 접어들었다. 그리고 이러한 중동 정세 위기가 미국 연방준비제도의 뒤늦은 금리 인하 가능성과 맞물려 미국, 일본, 한국 등 세계 곳곳의 주식시장이 폭락했다. 중동에서 전쟁이 확대될 것이라는 정치적 리스크 때문에 투자자들 사이에 공포감이 형성된 것이다. 이스라엘에 대한 이란의 공격이 임박했다는 예상이 여기저기서 나왔고, 중동에서 전쟁이 일어난다면 세계 시장에 큰 위험 요인이 될 것이라는 지적도 나왔다.

이런 상황에서 미국 연준의 금리 인하 가능성이 기름에 불을 붙인 격이 되었다. 연준의 뒤늦은 금리 인하가 시장에서는 미국의 경기 침체 시그널로 받아들여졌기 때문이다. 특히 2024년 8월 4일 미국 노동부가 발표한 〈고용 보고서〉는 2024년 7월 미국의 실업률이 4.3퍼센트로 전월 대비 0.2퍼센트포인트 상승한 것으로 나타났다. 이는 2021년 10월(4.6퍼센트) 이후 2년 9개월 만에 가장 높은 수준이다.

중동의 정세 불안, 미국의 경기 침체 우려 등이 맞물려 2024년 8월 5일 코스피 지수는 전 거래일 대비 8.77퍼센트 하락한 2,441.55를 기록했다. 이날 코스피 시가총액은 약 192조 원, 코스닥 시가총액은 약 43조 원이 날아갔다. 하루 만에 국내 증시에서 235조 원이 증발한 것이다. 뉴욕 증시는 2024년 7월 중순까지만 해도 인공지능 투자 붐과 연준의 금리 인하 기대감을 타고 고공 행진을 했다. 하지만 일본 닛케이 225와 대만 가권(자취안)지수는 각각 12.4퍼센트, 8.35퍼센트씩 하락했다.

닛케이지수의 낙폭은 1987년 10월 20일 이른바 '블랙 먼데이' 때의 낙폭(3,836)을 뛰어넘는 사상 최대 수치다. 대만 증시도 역대 최대 낙폭을 기록했다. 대만 가권지수도 처음 산출한 1967년 이후 하락폭이 가장 컸다.

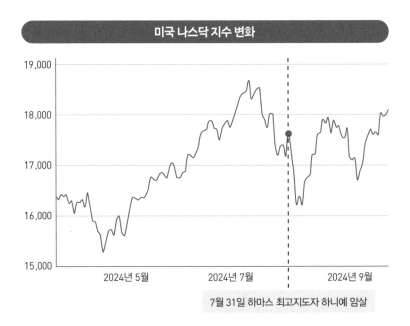

미국 나스닥 지수 변화

7월 31일 하마스 최고지도자 하니예 암살

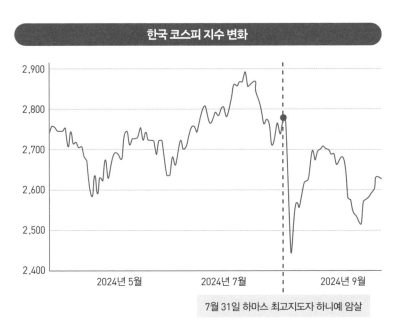

한국 코스피 지수 변화

7월 31일 하마스 최고지도자 하니예 암살

그런데 이처럼 위기감이 고조되며 폭락했던 주식시장은 얼마 안가 다시 회복되는 모습을 보였다. 미국 경기 침체 우려는 지속되었지만, 중동에서 이스라엘과 이란의 전면전은 나타나지 않았다. 전쟁 공포에서 비롯된 주식시장 급락은 오히려 투자 기회로 전환되었다. 중동 정세의 불안은 심리적 불안을 야기해 단기적 주가 하락으로 이어질 수는 있지만, 장기적인 영향을 미치지는 않는 것이 확인된 셈이다. 앞서 말했듯 이스라엘과 이란의 전면전을 하기 어려운 지정학적 요인이 존재하기 때문이다. 다만 이란이 지원하는 헤즈볼라, 하마스, 후티와 같은 무장단체들과의 무력 분쟁은 일어날 수 있다. 그러나 이는 비정규전 수준의 분쟁일 뿐이다.

북한은 김정은 정권의 선의에 의해 비핵화가 이뤄질 가능성이 전혀 없다. 미국 주도로 군사적 강압이나 경제 제재를 통한 압박과 봉쇄가 동원되어온 것도 그런 이유에서다. 그러나 러시아-우크라이나 전쟁 이후 북러 관계가 급진전되면서 북한에 대한 봉쇄망에 커다란 구멍이 생겼다. 이 장에서는 북한의 안보적 위협이 한국 경제에 어떤 영향을 미칠지, 그리고 북한의 개혁개방 움직임이 나타난다면 대북 투자에 정치적 리스크는 없을지 분석해볼 것이다.

제9장

그들에게
새로운 길은 없었다

북한 리스크

GEOPOLITICS:
RISKS AND OPPORTUNITIES

북한 경협 수혜주가 몰락한 배경

도널트 트럼프는 2024년 미국 대통령 선거 운동 기간 중 북한의 김정은을 자주 언급했다. 그는 "김정은과 매우 잘 지냈다."라거나 "핵을 갖고 있는 국가와는 잘 지내야 한다."라는 등 북한과의 관계 개선 가능성을 시사하는 발언을 거듭했다. 북미 관계 개선이 잘 이뤄질 것인지는 미지수이지만, 트럼프의 집권으로 다시금 대북 경제협력과 관련된 기업들이 주목받을 가능성이 커졌다.

2018년 6월 12일 역사적인 북미 정상회담이 열렸다. 당시 북한 김정은 국무위원장과 미국 도널드 트럼프 대통령은 싱가포르에서 만났으며, 북미 정상회담의 주요 안건은 북한의 비핵화 협상이었다. 트럼프는 북한이 비핵화를 단행하면, 북한에 대한 경제 제재를 해제할 것임을 제안했다.

북미 정상 회담이 싱가포르에서 열렸다는 점도 의미가 있다. 싱가포르는 세습 독재 국가이면서도 세계적인 경제 발전을 이룬 나라로, 북한의 김정은에게는 새로운 경제 발전의 비전을 보여주는 상징적인 국가이기도 했다. 마침 이 무렵 한국 정부는 북한에 대규모 투자를 제시했고, 당시 한국에서는 대북 경제 협력에 대한 기대감이 높아지고 있었다.

대북 경제 협력에 대한 기대감이 고조되면서 어떤 기업이 수혜를 입을지 관심이 모아졌다. 그중 하나가 현대엘리베이터다. 현대아산은 북한이 2002년 '금강산관광지구법 및 개성공업 지구법'을 통과시키면서 50년간 이 지역의 토지사용권을 확보해둔 상태였다. 그런데 불행히도 2008년 7월 금강산 관광객 피격 사건이 벌어지고, 2015년 한국 정부가 개성공단을 폐쇄하면서 현대아산의 북한 개발 사업도 전면 중단되고 만다. 만일 북미 정상회담으로 북한에 대한 경제 제재가 풀린다면, 현대아산은 북한에서의 대규모 개발 사업을 추진할 수 있을 것이다.

비상장 기업인 현대아산의 지분 70퍼센트를 보유한 곳이 바로 현대엘리베이터다. 현대엘리베이터의 주가는 싱가포르 북미 정상회담

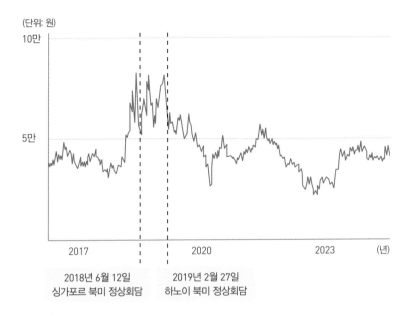

북한 비핵화 협상과 현대엘리베이터의 주가 추이

(단위: 원)

10만

5만

2017   2020   2023   (년)

2018년 6월 12일   2019년 2월 27일
싱가포르 북미 정상회담   하노이 북미 정상회담

이 열린 2018년 6월 전후로 급등하는 모습을 보였다. 현대엘리베이터가 보유한 현대아산은 북한의 사회간접자본인 철도, 통신, 전력, 통천비행장, 금강산물자원, 주요 명승지 종합관광 사업 등 7개 사업권에 대한 독점권을 갖고 있었다. 이런 사업 독점권을 갖고 있으니, 추정컨대 북한 비핵화와 그에 따른 대북 경제 제재가 해제될 경우 잠재적 기업 가치가 상당할 것이라는 평가를 받고 있다.

그러나 대북 경제 협력은 기대감 못지않게 막대한 정치 리스크를 갖고 있었다. 북한 비핵화와 대북 경제 제재 해제의 일괄 타결이라는 한국 정부의 중재안은 실현 가능성이 거의 없었다. 결국 베트남 하노이에서 열린 제2차 북미 정상회담은 결렬되었고, 이후 현대엘리베이터 주가도 급락했다.

북한의 비핵화 협상은 경제에 어떤 영향을 미칠까?

북한 리스크와 관련해서는 두 가지 차원에서 생각해볼 수 있다. 하나는 북한의 핵무기 실험, 대륙간 탄도미사일ICBM 시험발사 등 안보적 위협이 한국 경제에 미치는 영향이다. 다른 하나는 대북 경제 투자와 관련된 리스크다. 이는 문재인 정부에서 추진했던 대북 경제 협력과 관련된 문제로, 만일 북한의 개혁개방 움직임이 나타난다면 대북 투자에 대한 정치적 리스크를 분석할 필요가 있다.

과거 사례에 비추어보면 북한의 안보적 위협이 전면전으로 발전할 가능성은 매우 낮다. 다른 말로 북한의 안보 위협이 한국 경제를 뒤흔드는 정치적 리스크가 되기는 어렵다는 뜻이다. 따라서 북한과 관련해 할 수 있는 질문은 이런 것들이다. "북한이 과연 개혁개방에 나설 수 있는가?" "북한이 개혁개방 징후를 보인다면, 이것이 북한에게 경제적 기회가 될 수 있는가?"

그러나 북한이 개혁개방에 나서려면 먼저 전제 조건을 갖춰야 한다. 바로 비핵화와 이에 따른 북미 관계의 개선이다. 미국이 대북 경제 제재를 해제하지 않는다면, 북한이 원한다 한들 개혁개방은 요원할 수밖에 없다. 따라서 북한을 고려한 경제적 투자 기회를 파악하기 위해서는 먼저 2018년 미국과의 비핵화 협상에 나섰던 동인을 다시 살펴볼 필요가 있다.

2018년 김정은과 도널드 트럼프 전 미국 대통령 사이에 있었던 비핵화 협상 과정을 회고해보자. 북한이 비핵화 협상에 나왔던 결정적 동기는 트럼프가 주도했던 미국의 군사적 강압이다. 이 점에 주목해야 한다. 트럼프가 북한에 취한 군사적 강압은 미국의 전 정부들에서는 적극적으로 취하지 않았던 방식이었다.

부시 행정부는 북한 핵 문제를 6자회담과 중국에 맡겨버리는 '아웃소싱' 정책을 취했다. 오바마 정부는 북한 핵 문제를 사실상 방관하다시피 하며 '전략적 인내'를 지속했다. 반면 트럼프는 취임 초기부터 북한 비핵화에 대한 적극적 해결 의지를 보였으며, 그 주요 수단은 북한에 대한 군사적 강압 정책이었다. 2017년 3월 17일 한미 외교장관 회담에서 당시 미국 국무장관이었던 렉스 틸러슨Rex Wayne Til-lerson은 이렇게 선언했다. "전략적 인내는 끝났다. 모든 옵션을 검토하겠다."

트럼프 행정부는 북한의 군사적 도발에 군사적으로 대응하는 맞불 전략을 취했으며, 북한을 압박하기 위해 2017년 4월 8일 핵 추진 항공모함 칼 빈슨(CVN-70) 등 전략무기를 동북아 지역에 배치했다. 이일로 당시 미국과 북한의 군사적 충돌 가능성이 제기되며 4월 위기설까지 나왔다. 이어 2017년 7월 북한이 대륙간 탄도미사일 화성-14형을 두 차례 시험발사했다. 이러한 북한의 도발에 트럼프는 북한이 '레드 라인'을 넘었다며 군사적 수단을 사용할 수도 있다는 의사를 강력히 드러냈다.

미국은 북한에 B-1B 전략폭격기, F-35B 스텔스 전투기를 동원해 폭격 훈련을 실시하는 것으로 대응했다. 이런 북한의 대응을 트럼프 역시 묵과하지 않았다. 트럼프는 2017년 8월 9일 "북한이 도발을 멈추지 않는다면 '화염과 분노'fire and fury에 직면하게 될 것이다."라고 경고했다. 그리고 북한이 미사일로 괌 주변을 타격하겠다고 재차 경고하자, 트럼프가 "북한이 괌에 무슨 짓을 한다면 아마 그 누구도 지금까지 보지 못했던 일이 북한에 벌어질 것이다."라고 응수하며 북한과 미국은 첨예하게 대립했다.

사실 이전에는 북한 통제에 있어 중국에 기댄 부분이 없잖아 있었다. 그러나 트럼프 행정부는 중국과의 협력을 통한 북한 핵 문제의 외교적 해결에 회의적이었다. 북한 비핵화를 위해 중국에 의존하지 않는 독자적인 군사 조치로 방향을 선회했다고 볼 수 있다. 물론 처음부터 그랬던 것은 아니다. 트럼프 행정부는 출범 초기만 해도 중국이 북한 핵개발을 저지하는 역할을 해주리라 기대했다. 그러나 중국이 미국의 기대에 미치지 못하면서 중국의 역할론에 대한 회의적 시각이 우세해진 것이다.

"중국과 함께 노력하길 바라지만 이 사안(북핵 해법)에 대해 중국이 우리와 조율할 수 없다면 독자적인 방도를 마련할 것이고 그럴 준비가 되어 있다." 2017년 4월 7일 미중 정상회담 직후 렉스 틸러슨 당시 미국 국무장관이 남긴 말이다. 중국에 대한 신뢰가 하락했음을 노골적으로 드러내고 있다.

2018년 1월에는 미국과 북한 사이에 핵무기 사용 가능성까지 언급되며 분위기가 더욱 험악해졌다. 북한 김정은 국무위원장은 신년사에서 "미 본토 전역이 우리 핵 타격 사정권 안에 있으며 핵 단추가 내 사무실 책상 위에 항상 놓여 있다."라고 밝혔다. 이에 질세라 트럼프도 "나 역시 핵 단추를 갖고 있으며 내 핵 단추가 훨씬 크고 강력할 뿐 아니라 언제든지 가동할 준비가 돼 있다."라고 응수했다. 이러한 트럼프의 발언에 대해 북한 〈로동신문〉 사설은 "정신병자의 발작 증세, 미친개의 비명 소리로밖에 들리지 않는다."라고 맹비난했다. 이런 북한의 반응에 침묵할 트럼프가 아니었다. 그는 이 사설이 나온 다음 날 북한에 핵무기를 투하할 수 있는 B-52 폭격기 여섯 대를 괌 기지에 배치했다.

트럼프는 북한에 대한 군사적으로 '강强 대 강' 전략을 취했다. 북한은 이러한 미국의 강압적 대응을 견디기 어려웠던 것으로 보인다.

미국의 대북 군사적 압박이 이어지면서 북한의 태도에 극적인 변화가 나타나기 시작한 것이다. 2018년 4월 20일 북한 노동당 중앙위원회 제7기 3차 전원회의에서는 〈경제 건설과 핵무력 건설 병진노선의 위대한 승리를 선포함에 대하여〉라는 결정서가 채택된다. 북한은 이 결정서를 통해 풍계리 핵실험장 폐기를 선언했으며, 4월 21일부터 핵실험과 대륙간 탄도 로켓 시험발사를 중지하겠다고 발표했다. 트럼프는 북한의 이 같은 태도 변화에 이렇게 화답했다.

"북한이 모든 핵실험을 중단하고 주요 시험장을 폐쇄하기로 합의했다. 이는 북한과 전 세계에 매우 좋은 소식이다. 우리의 정상회담을 고대한다."

트럼프는 취임 초기부터 북한을 군사적으로 압박했는데 이러한 강압 전략이 효과가 없었던 것은 아니다. 김정은 위원장을 비핵화 협상장으로 끌어내었고, 2018년 6월 12일 싱가포르 북미 정상회담이라는 성과를 도출해냈다. 싱가포르 정상회담에서 김정은 위원장은 한반도의 완전한 비핵화를 약속하기도 했다. 물론 이 회담의 성과가 2019년 2월 하노이 북미 정상회담에서의 협상 타결로 이어지지는 못했지만 말이다.

북한은 단계적 비핵화에 따른 미국의 단계적 대북 제재 완화를 요구했지만 미국은 응하지 않았다. 북한의 비핵화가 일시에 이뤄지기를 원했기 때문이다. 이러한 생각의 차이는 해소되지 못했고, 미국과 북한 사이의 근본적인 상호 불신은 더욱 깊어졌다. 그 결과 북미 비핵화 협상은 결렬로 끝을 맺었다. 다시 대북 경협 수혜주가 나타날 수 있을지 전망하기 위해서는 먼저 북미 간 상호 불신과 비핵화 방식에 대한 입장 차이를 이해해야 한다. 그리고 그 차이와 갈등이 해소될 수 있는 성격의 문제인지를 분석할 필요가 있다.

대북 수혜주가 다시 나타나기 어려운 이유

대북 경협 수혜주는 북한의 개혁개방, 남북 경제 협력에 따라 기업의 실적 상승이 예상되는 기업의 주식이다. 현대아산이 북한 관광 개발 사업에 참여하면서 현대아산의 수익이 확대되고, 그 결과 현대아산의 대주주인 현대엘리베이터의 주가가 상승했다. 남북 경제 협력을 통해 한국 기업이 북한에 진출하기 위한 전제 조건은 북한 비핵화에 따른 대북 제재 해제다. 그리고 북한의 비핵화는 북미 관계가 먼저 개선되어야만 가능하다.

이처럼 대북 수혜주가 다시 나타나기 위해서는 북한의 비핵화를 위한 북미 간 협상 타결이 이뤄져야만 한다. 그런데 북미 간 비핵화 협상에는 극복하기 어려운 여러 난관이 존재한다. 이 난관들이 일시에 해소되기는 어려우므로, 대북 수혜주가 다시 주목받을 가능성은 현저히 낮다고 할 수 있다.

우선 북한과 미국 사이에 자리한 오랜 불신을 극복하기 어렵다. 여러 번 언급했듯이 이것이 북미 갈등의 가장 큰 원인이다. 미국은 북한의 비핵화에 대한 진정성을 의심해왔다. 북한이 핵무기 개발을 위한 시간을 확보하고자 미국을 속이고 있다는 의심이 뿌리 깊다. 그래서 북한이 먼저 비핵화에 나서면 그다음에 미국이 제재를 해제하겠다는 주장을 굽히는 않는 것이다.

특히 미국은 북한 핵시설을 원천적으로 다시 사용할 수 없도록 하는 조치를 강조했다. 이를 '불가역적인 불능화'라고 한다. 엎질러진 물처럼 다시 핵무기를 보유할 수 없도록 한 후에야 제재를 완화할 수 있으며, 북한에 대한 경제 지원까지 고려할 수 있다는 것이다. 이를 다른 말로 '리비아식 해법'이라고도 한다.

부시 행정부는 북미 직접 교섭에 근본적인 회의감을 갖고 있었다. 직접적인 협상 대상으로서 북한을 더 이상 인정하지 않았던 것이다. 결국 미국이 취한 전략은 6자회담이라는 다자회의에서 북핵 문제를 중국에 위임하는 '아웃소싱'이었다. 부시는 2002년 연두교서에서 북한을 테러리스트를 지원하는 악의 축으로 간주한 바 있다. 북한이 주민들을 아사에 처하게 하면서도, 대량살상무기로 무장하고 테러리스트를 지원하면서 세계 평화를 위협한다고 비난했다. 이어 테러 지원국인 북한은 이란, 이라크와 같이 미국을 협박하고 있지만 미국은 미사일 방어체제를 도입해 미국과 미국 동맹국의 안전을 담보하겠다고 공언했다.

노무현 정부 당시 한국은 북한에겐 당근과 채찍이 모두 필요하다는 입장이었으나 미국은 채찍을 강조했다. 한국은 북미 간 양자 협의가 반드시 있어야 한다고 생각했지만 북한은 한국의 예상과 바람대로 움직여주지 않았다. 북한은 핵 폐기의 조건으로 북미 불가침 조약을 요구하면서도 직접적 협의는 거부했다.

미국이 북한을 믿지 않듯 북한도 미국을 믿지 않았다. 북한이 핵을 포기해도 미국이 제재를 완화하거나 약속한 경제 지원을 하지 않을 수 있다고 본 것이다. 북한은 비핵화 협상에 나서는 것만으로 미국이

◦〔 리비아식 해법 〕◦

지난 2003년 리비아의 선례처럼 핵 포기 선언 후 핵무기와 핵시설 등을 미국에 완전히 양도하고 그 대가로 체제 보장과 관계 정상화, 경제 지원을 받는 방식이다. 그러나 북한은 "미국의 선 핵 포기 요구에 응한 대가로 리비아가 얻은 것은 거의 없다."라며 리비아식 '선 핵 포기, 후 보상' 해법에 대해 줄곧 반대 입장을 보여왔다. 리비아의 독재자 무아마르 카다피Muammar Gaddafi는 핵을 폐기한 뒤 지난 2011년 '아랍의 봄'으로 불리는 반정부 시위 당시 반정부군에 의해 비참한 최후를 맞았다.

먼저 경제 제재를 일부 완화해주길 요구했다. 그러나 미국은 협상 재개는 제재 완화의 조건이 될 수 없다고 못을 박았다.

북한은 단계적 비핵화에 따라 미국이 단계적인 제재 완화를 해주길 원했지만, 이 역시 미국이 생각하는 리비아식 해법과는 맞지 않았다. 미국을 믿지 못하는 상황에서 북한이 일방적으로 핵무기를 폐기할 수는 없었다.

죄수의 딜레마로 이해하는 미국과 북한의 불신 지옥

'죄수의 딜레마 게임'이라는 것이 있다. 공범으로 추정되는 두 혐의자가 경찰서에 격리 수용된 상황을 가정해보자. 경찰은 각 혐의자에게 상대방의 범죄를 증언할 경우 감형해주겠다고 약속한다. 그러나 혐의자가 묵비권을 행사하고 상대방이 자신의 범죄를 증언할 경우, 범죄의 유죄가 입증돼 중형을 선고받게 된다. 이 상황에서 두 죄수는 상대방이 묵비권을 행사할지에 대한 신뢰가 없으므로 둘 다 상대방의 범죄에 대해 증언한다는 것이 이 게임의 원리다.

이러한 죄수의 딜레마 게임은 북한의 비핵화와 미국의 제재 완화라는 상호 이행의 문제를 이해하는 데 유용하며 그 원리는 국제정치에도 적용될 수 있다. 집단 안전 보장이라는 제도는 공격국을 억지하는 데 여러 국가가 협력함으로써 평화를 유지하는 제도다.

이때 각 국가는 선택의 딜레마에 빠진다. 만일 자신이 공격국가에 대한 억지에 나서지 않는 상태에서 다른 국가의 제도 이행이 있을 경우, 비용은 부담하지 않은 채 안전보장이라는 이익을 얻을 수 있다. 반대로 자신은 억지에 나섰지만 다른 국가가 협력하지 않을 경우, 혼자서 공격국을 상대해야 하는 위험성을 안아야 한다. 결국 모든 국가가 협력에 나서야만 공동의 이익이 있음에도 어떤 국가도 집단의 안전 보장을 위한 협력에 선뜻 나서지 않는다. 다른 국가가 이행할지에 대한 불신이 협력을 가로막는 요인이 되는 것이다.

과거 북한의 핵 문제 해결을 위해 6자회담이 진행된 바 있었지만, 이때도 북한과 미국 사이의 오랜 불신이 발목을 잡았다. 이 회담은 2003년 8월 27일 처음 열렸으며, 한국·북한·미국·중국·러시아·일본 등 6개국이 참여한 다자회담이었다. 회담의 목적은 북한의 핵 문제를 해결하고 한반도의 비핵화를 실현하는 것이었다. 이 회담에서 이행의 신뢰를 담보하기 위해 북한과 미국 간에 '공약 대 공약, 행동 대 행동' 원칙을 정했다. 이에 입각해 단계적 방식으로 합의 이행을 하기로 한다. 그리고 2005년 9월 19일 제4차 6자회담에서 합의 이행을 위해 조율된 조치를 합의한 바 있다. 그러나 단계적 대응 조치는 이행의 신뢰를 높이지 못했다. 핵 폐기의 단계적 과정은 언제든 복원 가능성을 갖고 있었기 때문에 오히려 상호 불신을 증폭하는 원인이 되고 말았다.

북한이 개혁개방으로 나아가기 어려운 또 다른 요인은 북한의 유일영도체계다. 이는 수령의 결정이 북한의 모든 하부 조직에 그대로 관철되는 체계인데, 쉽게 말해 김일성, 김정일, 김정은으로 이어지는 강력한 일인 독재체제를 가리킨다. 이러한 독재체제가 공고하게 유지되려면 독재자가 모든 이권을 통제하고 배분할 수 있는 권한을 쥐고 있어야 한다.

개혁개방은 이러한 이권을 독재자에게서 이탈시키는 효과를 가져온다. 개혁개방으로 각자가 자율적으로 이권 사업에 나서고 돈을 벌면, 더 이상 독재자의 말을 들을 필요성을 못 느끼기 때문이다. 그러니 독재자는 개혁개방에 나서려 하다가도 자신의 권력을 유지하기 위해 결국 개혁을 후퇴시키고 마는 것이다. 북한의 유일영도체계가 바뀌지 않는 이상 북한이 개혁개방으로 나아갈 가능성은 높지 않아 보인다.

그런데 북한의 유일영도체계는 현실적으로 완벽하게 구현되기 어려운 면이 있다. 현실에서는 '기관본위주의'와 '지방본위주의'가 만연하는데 이것이 유일영도체계에 균열을 만든다. 북한 정부 기관이나 지방 조직이 김정은의 말을 듣지 않는 현상이 나타날 수 있다는 의미다. 이는 각 기관이 이권 사업을 벌이면서 자신들이 직접 돈을 벌기 때문에 생겨나는 현상이다. 이런 문제를 막고 하부 조직을 통제하기 위해서는 독재자가 이권을 직접 통제해야 한다.

이런 이유로 북한은 수령의 유일영도체계를 유지하려 한다. 이를 위해서는 중앙의 규율을 확립할 필요가 있기 때문에 투쟁을 항시적으로 전개해야만 하는 문제가 따른다. 지금 북한에서는 개혁개방을 위한 이념적 전환의 노력조차 보이지 않는다. 오히려 자본주의적 요소를 없애고자 하는 '비사회주의 검열'이 더 강해지고 있을 뿐이다.

북한이 자본주의를 감당할 수 없는 이유

북한이 개혁개방으로 가기 위해서는 최고지도자 김정은의 권력 누수를 감당할 수 있어야 한다. 자본주의를 받아들이는 개혁개방은 독재를 지탱하는 권력 구조의 변화를 수반한다. 일반적으로 독재체제는 독재자가 자신에게 충성하는 그룹에게 특별히 이익을 주는 방식으로 유지된다. 특혜를 받는 소수의 그룹은 그 이익을 지키기 위해 독재체제를 옹호하기 마련이다. 그런데 자본주의 시장경제체제에서는 독재자가 이익을 주는 게 아니라 각자 영리 활동을 하면서 돈벌이에 나선다. 간부들은 독재자에게 충성할 이유가 사라지고, 단지 처벌에 대한 공포심만 갖는다. 일종의 권력 누수 현상이다.

북한은 구소련을 위시한 사회주의 진영이 무너지면서 1990년대

극심한 경제난을 겪었다. 배급제가 붕괴되고 아사자도 속출하는 상황에서 국가는 장마당과 같은 일부 시장을 묵인할 수밖에 없게 됐다. 당정 기관들도 장사를 하고 무역 활동을 하면서 돈을 벌어야 하는 처지에 이르렀다. 각급 기관이 무역회사를 세우고 상업 활동을 통해 독자적으로 재정을 마련하도록 한 결과 북한에서는 최고지도자의 권력을 위협하는 '소왕국 현상'이 나타났다. 북한에서는 모든 단위의 당 책임비서를 '소왕'이라고 하며, 해당 단위는 책임비서의 '소왕국'이 된다. 각 기관의 영리사업을 하는 책임자가 강한 자율성을 갖고 소속 간부들에 대한 영향력을 쥐게 되는데, 이들의 위세가 마치 작은 왕과 같다고 해서 나온 말이다.

그런데 이 경우 수령은 딜레마에 직면한다. 먼저 정권 유지에 필요한 권력기관들이 재정을 조달하고 자신에게 하는 상납을 확보하려면 권력기관의 외화벌이를 허용해야 한다. 더욱이 상납금을 더 많이 확보하려면 권력기관들이 보다 자유롭게 돈을 벌 수 있는 환경을 허용해야 하며, 이들이 차지하는 몫이 증가하는 것도 허용해야 한다.

당정 기관이 각자 사업으로 돈을 벌고 그 일부를 최고지도자에 바친다. 문제는 북한의 최고지도자로선 이런 상황이 달갑기만 할 수 없다는 점이다. 자신의 통제력과 권력이 위협을 받을 수 있기 때문이다.

가장 중요한 부작용은 최고지도자의 권력이 약화된다는 점이다. 우선 사회주의와 상반되는 자본주의 성격의 시장을 용인해야 한다.

이는 독재체제를 지탱하는 이권 배분 구조에 근본적인 균열을 가져온다. 사회주의 독재체제에서 최고지도자는 이익을 분배할 수 있는 권한을 독점하면서, 자신에 대한 충성을 강화하려고 한다. 그런데 당 간부들이 각자 시장에서 돈을 벌면서 영리를 추구하면 최고지도자에 충성할 만한 동기를 갖기 어렵다. 대신 자신에게 돈을 벌게 해주는 사람에게 충성심을 갖게 된다. 김정은이라는 왕 대신 북한 노동당과 정부 안에서 각각의 사업권을 쥐고 있는 소왕들이 출현하게 된다는 것이다.

북한에서 정부와 당 조직은 사회를 통제하는 역할을 하는데, 이들이 자본주의식 돈벌이 집중하면 사회 통제도 약화될 수밖에 없다. 본래의 역할과 기능을 수행하지 못하게 되는 것이다. 게다가 필연적으로 부정부패도 따라오게 된다. 범죄형·권력형 부자가 등장하고, 이권을 분배해주는 권력관계가 최고지도자와 무관하게 형성된다. 이러한 이권 조직들은 장기적으로 수령에 도전하는 세력이 될 수 있다.

자본주의적 요소가 북한의 독재 권력을 위협한 대표적 사례는 김정은의 고모부 장성택 사건이다. 장성택이 만들어낸 소왕국과 그 내용은 2013년 12월 8일 당중앙위원회 정치국 확대 회의에 관한 보도와 12월 13일 공개된 장성택에 대한 국가안전보위부 특별군사재판의 판결문에 잘 나타나 있다.

주요 내용을 살펴보자. 수령에 대한 불충, 자기에 대한 환상 조성,

자기의 개인적 부하들을 중용하고 각 기관에 심어놓기, 물자와 이권을 부하에게 나눠주기, 자기 관할 밖의 공적 기관을 장악하고 좌지우지하기, 국가재정자금의 개인적 사용, 부화방탕한 생활, 자신이 맡은 직책의 업무에 대한 태만 및 실패 등이다.

장성택은 54부를 두고 이권을 장악했다. 54부는 석탄과 수산물 수출을 관장하는 대표적 외화벌이 업체로 대외적 명칭은 승리무역합영회사다. 장성택에 대한 국가안전보위부 특별군사재판의 판결문에는 다음과 같은 내용도 나와 있다. "부서와 산하 단위의 기구를 대대적으로 늘리면서 나라의 전반 사업을 걷어쥐고 성·중앙기관들에 깊숙이 손을 뻗치려고 책동했다. 제놈(장성택)이 있던 부서를 그 누구도 다치지 못하는 소왕국으로 만들어놓았다."

자생적으로 나타난 자본주의적 요소가 '소왕국'이라는 현상으로 이어져 권력을 위협하는 상황에서, 북한 독재 정권이 적극적으로 자본주의를 받아들이고 대외적으로 개혁개방에 나서기는 쉽지 않을 것이다. 개혁개방은 필연적으로 정치적인 권력 구조를 변화시키는 문제이기 때문에 단순히 경제적 문제로만 귀결되지 않는다. 따라서 김정은의 독재 권력이 그대로 유지되는 상황에서 북한이 개혁개방으로 갈 가능성은 크지 않다. 북한이 개혁개방으로 나아가고, 그 결과 남북 경제 협력이 활성화하고, 이를 통해 돈을 버는 한국 기업이 출현할 가능성은 북한 독재체제가 유지되는 한 요원한 일이다.

투자 기회가 될 개혁개방의 가능성은?

북한은 김정은 정권의 선의에 의해 비핵화가 이뤄질 가능성이 전혀 없다. 그동안 미국 주도로 군사적 강압이나 경제 제재를 통한 압박과 봉쇄가 동원되어온 것도 그런 이유에서다. 그러나 러시아-우크라이나 전쟁 이후 북러 관계가 급진전되면서 북한에 대한 봉쇄망에 커다란 구멍이 생기게 된다.

러시아-우크라이나 전쟁으로 미국과 러시아 관계가 더욱 악화된 상황에서 러시아는 북한과의 관계 개선을 시도한다. 전쟁에 동원할 수 있는 재래식 무기 지원이 절실했기 때문이다. 북러 관계의 급진전은 북한이 비핵화에 나설 유인을 더욱 약화시키는 요인으로 작용할 전망이다. 따라서 북한이 미국과의 비핵화 협상에 나서고, 이를 통해 개혁개방을 추진할 가능성은 매우 낮을 것으로 예상된다.

결국 김정은 국무위원장과 블라디미르 푸틴 대통령은 2024년 6월 19일 회담을 진행했으며, 양국이 '북러 포괄적 전략 동반자 협정'에 서명했다. 이 협정에서 '유사시 자동 군사개입' 조항을 사실상 부활시킨 것이나 다름없다. 북한과 러시아가 정치·군사 동맹 관계를 복원했기 때문이다. 북러가 체결한 포괄적 전략동반자협정 제4조는 어떤 내용을 담고 있을까?

여기에는 "쌍방 중 어느 일방이 개별적인 국가 또는 여러 국가로부터 무력 침공을 받아 전쟁 상태에 처하게 될 경우, 타방(상대방)은 유엔헌장 제51조와 조선민주주의인민공화국법, 그리고 로씨야련방(러시아연방)의 법에 준하여 지체 없이 자기가 보유하고 있는 모든 수단을 동원해 군사적 원조 및 기타 원조를 제공한다."라고 규정되어 있다.

북한은 러시아와 협력함으로써 미국의 대북 제재로 막혀 있던 상황에 숨통이 트이게 되었다. 이로써 북한이 비핵화를 통해 미국과의 관계 개선에 나설 만한 유인이 사실상 사라진 것이다. 북한은 러시아와의 포괄적인 안보·경제협력 메커니즘 구축을 통해 자국의 안전과 생존을 보장받게 되었다. 이를 통해 다자 경제안보 국제기구 참여 기회 확보, 핵보유국 지위 공고화, 다양한 전략무기체계의 고도화에 필요한 군사기술, 경제와 민생 개선에 필요한 식량, 에너지 등 핵심 자원을 지원받을 수 있는 계기를 마련했다는 평가도 나온다.

북러는 군사안보 분야 외 유엔의 제재를 받고 있는 분야를 포함해 경제 협력에 나설 것으로 예상된다. 경제 협력 분야는 식량, 에너지는 물론, 정보통신기술, 기후변화, 보건, 공급망, 우주, 생물, 평화적 원자력, 인공지능 등으로 생각보다 광범위하다. 이 분야들은 대부분 유엔 안보리 제재 대상이다.

그러나 북러의 포괄적 전략동반자 관계 설정을 보면 유엔 안보리의 제재 결의에 구속받지 않을 것임을 선언한 것으로 보인다. 또한 정보통신기술, 우주, 생물, 원자력, 인공지능 등을 언급한 것은 사실상 첨단기술 분야에서의 협력을 공식화한 것이나 다름없다. 이를 통해 북한의 전략전술무기체계의 고도화도 가능해질 수 있다.

　러시아가 밀접하게 지원하는 상황에서 북한 지도부가 개혁개방으로 나아가야 할 강력한 동기는 찾기 어렵다. 과거 2018년 싱가포르 북미 정상회담 시기 나타났던 대북 경협주의 부상 역시 다시 기대하긴 어려울 것이다. 북한의 개혁개방은 한국에게는 엄청난 투자 기회가 될 수 있지만, 이는 북한 체제의 근본적 변화 없이는 사실상 불가능한 일이다. 즉 김정은의 일인 독재가 아니라 여러 이념과 정책을 갖고 있는 엘리트들이 다양하게 공존하는 방식으로 체제가 바뀌어야만 가능한 일이다. 그러나 북한에서 이런 변화는 아직 요원하기만 하다.

일본의 문제는 자신들이 저지른 과오를 명확하게 사과하지 않는다는 데 있다. 이는 한국과 일본 사이에 지속적인 갈등 요소로 작용했고, 양국에 경제적 위험이 되었다는 점에서 더욱 심각하다. 경제적 상호의존성은 평화를 가져올 수 있는 지렛대 역할을 하지만 정치적 영향력을 행사하는 무기가 될 수도 있다. 일본 문제 때문에 또다시 한국의 반도체 산업 공급망에 위험이 발생할까? 확실한 것은, 그 가능성이 크게 줄어들었다는 점이다.

제10장

역사는 경제에
어떤 리스크로 작용하는가

일본 리스크

GEOPOLITICS:
RISKS AND OPPORTUNITIES

정치적 무기가 된 반도체 수출 규제 사건

　일본의 과거사 문제가 한일 사이의 경제적 리스크로 작용한 대표
적 사건은 2019년 일본의 한국 수출 규제였다. 이 규제는 2019년 1월
강제징용 피해자들이 가해 기업인 일본제철(옛 신일철주금)의 한국 자
산을 강제집행해달라고 신청하면서 시작했다. 당시 배상 판결과 관련
해 외교적 협의가 진행되기 어려운 상황이 되었고 이러한 갈등으로 같
은 해 7월 1일, 일본 경제산업성은 한국에 대한 수출 규제 조치 강화
를 발표했다. 한국의 반도체 산업에 직격탄을 가한 조치였다. 그리고
7월 4일부터 특정 세 개 품목(플루오린 폴리이미드Fluorine Polyimide, FP,

포토레지스트Photoresist, 불화수소Hydrogen Fluoride, HF)에 대한 포괄 허가를 개별 허가로 전환하는 등 한국에 대한 경제 제재 조치에 나섰다.

특히 일본 정부는 반도체, 디스플레이의 핵심 소재인 포토레지스트, 불화수소, 플루오린 폴리이미드에 대한 수출과 제조기술 이전을 규제했다. 이에 따라 한국이 일본에서 반도체, 디스플레이 제조에 필수적인 소재나 부품을 수입하기 위한 허가를 받는 데 처리 기간은 길어지고, 제출해야 하는 서류도 많아졌다. 일본에 전적으로 의존하고 있었던 이들 소재를 수입하지 못하면, 반도체 생산 차질이 불가피한 상황에 처한 것이다.

일본의 한국에 대한 수출 규제는 한일 간 과거사 문제를 둘러싼 갈등에서 비롯되었다. 공식적으로 밝힌 것은 아니지만, 일본 제국주의 시기 조선인 강제 동원 문제와 결부된 것으로 볼 수 있다. 2018년 10월 30일 한국 대법원은 일제 강점기 당시 강제징용 피해자들이 일본 기업을 상대로 낸 손해배상 청구 소송에 대해 1인당 1억 원씩 배상하라는 판결을 내렸다. 그러나 일본은 이에 즉각 반발했다. 1965년 체결된 한일 청구권 협정으로 더이상 강제징용 피해에 대해 개인에게 배상할 의무가 없다고 주장한 것이다. 한국 대법원은 이러한 정치적 협약이 개인의 청구권에 적용될 수 없다고 판단했다. 2019년 1월 11일 일본 자민당의 외교 관계 회의에선 경제 제재를 통해 한국에 주의를 줄 필요가 있다는 취지의 발언들이 나왔고 곧이어 일본의 수출 규제

날짜	사건
2018년 10월 30일	대법원, 일본 신일철주금에 일제 강제징용 피해자 배상 명령
2018년 11월 29일	대법원, 일본 미쓰비시중공업에 일제 강제징용 피해자 배상 명령
2019년 7월 1일	일본, 반도체 소재 등 세 개 품목 한국 수출 규제 발표
2019년 8월 7일	일본, 백색국가에서 한국 제외 시행령 공포
2019년 8월 12일	한국, 백색국가에서 일본 제외
2019년 8월 22일	한국, GSOMIA 종료 결정
2019년 8월 28일	일본, 한국 백색국가 제외 시행
2019년 9월 11일	한국, WTO에 일본 수출 규제 제소
2019년 9월 18일	한국, 일본 백색국가 제외 시행
2019년 11월 22일	한국, GSOMIA 종료 통보 효력 정지, 조건부 연장
2019년 12월 16일	한일, 제7차 수출관리 정책 대화
2019년 12월 20일	일본, 반도체 소재 포토레지스트 수출 규제 일부 완화

라는 보복 조치가 단행되었다.

일본의 문제는 한국, 중국 등에게 자신들이 저지른 역사적 과오를 명확하게 사과하지 않는다는 점이다. 이는 한국과 일본 사이에 지속적인 갈등 요소로 작용했고, 이것이 양국에 경제적 위험 요소로 작용했다는 점에서 더욱 심각한 문제다. 일본 과거사 문제를 설명할 수 있는 국제정치이론으로 '사죄 국가 이론'을 들 수 있다. 사죄 국가 이론은 과거 전쟁 역사에 대한 국가 간 회고의 방식이 현재 국가 간 관계에 미치는 영향을 분석하는 데 유용하다. 과거를 어떤 방식으로 회고하느냐에 따라 위협에 대한 국가의 인식이 달라질 수 있음을 보여주기 때문이다.

◦ 사죄 국가 이론 ◦

사죄 국가 이론은 국제정치에서 사죄와 위협 인식의 상관 관계를 설명하는 이론이다. 국제관계에서 사죄 행위가 국가 간 위협에 대한 인식에 영향을 미친다는 것이다. 만일 가해국이 과거의 잔혹 행위나 침략에 사죄하지 않을 경우, 피해국은 가해국에 대한 위협이 높다고 인식한다. 반대로 가해국이 사죄할 경우 피해국은 가해국의 위협이 낮다고 인식한다. 그러므로 과거 전쟁 가해국이 사죄할 경우 피해국과 가해국 사이의 분쟁 가능성이 낮아질 수 있다.

일반적으로 어떤 국가의 의도를 평가할 때 그 국가가 과거에 저질렀던 폭력을 어떻게 기억하는지 관찰한다. 사과는 단순히 정치적 수사에만 머무는 것이 아니라 일종의 안보적 비용을 소모하기 때문이다. 만일 어떤 국가가 과거의 폭력 행위에 대해 사죄한다면, 군비 확대나 전쟁 동원이 어려울 수 있다. 군비 확대나

전쟁에 동원하는 일은 국민의 동의를 필요로 하는데, 과거 전쟁에 대한 국가의 반성과 사죄가 이러한 동의를 얻어내는 데 장애 요인으로 작용하기 때문이다. 과거 가해국이 전쟁 동원에 나서기 위해선 전쟁 범죄에 대한 사죄보다는 민족주의 같은 호전적인 정서를 결집할 필요가 있었다. 오히려 가해국이 과거에 일으킨 전쟁 역사를 미화하면서 호전적인 여론을 부추기기도 한다. 가해국의 사죄는 이 같은 비용을 수반하기 때문에 피해국은 가해국의 사죄를 평화의 신호로 인식한다.

일본 수출 규제 사건은 일본의 과거사 문제가 한국의 반도체 공급망을 위협하는 일로 이어졌다는 점에서 특기할 만한 사건이다. 반도체는 글로벌 가치사슬에 매우 민감한 산업인 데다 초기에 막대한 투자비용이 들어가기 때문에 소수 기업이 시장을 독과점하고 있다. 소수 반도체 제조 기업들은 거래비용을 맞추기 위해 장비 소재, 설계, 제조 등 국가별로 분화된 가치사슬을 형성한다.

한국의 반도체 산업의 경우 설계는 미국, 장비는 네덜란드, 소재·부품은 일본 등에 의존하고 있다. 이처럼 분업화된 생산 방식 때문에 국제정치적 갈등으로 인한 공급망 위험이 큰 산업이기도 하다. 특히 반도체는 미사일, 전투기, 전차, 군함 등에도 사용되고 있어 한편으로는 방위산업의 성격도 갖고 있다. 강대국들의 군사적 갈등으로 반도체 공급망이 통제될 수도 있다는 뜻이다.

일본의 수출 규제 사건은 경제적 상호의존성을 정치적 무기로 활용한 케이스다. 앞서 살펴봤듯 경제적 상호의존성이 높은 국가 간에는 자국의 경제적 손실을 우려하므로 전쟁의 가능성이 적다. 다시 말해 경제적 상호의존성이 평화를 가져올 수 있는 지렛대 역할을 한다. 그러나 꼭 그런 건만은 아니다. 오히려 이를 이용해 다른 국가를 협박할 수도 있다. 수입이나 수출을 가로막아 경제적인 타격을 입힐 수 있다는 식으로 협박해 정치적 영향력을 행사하는 등 경제적 상호의존성을 무기로 활용하는 것이다. 한국은 일본과의 반도체 산업에서 경제적 상호의존성이 높은데, 일본은 이를 악용해 강제징용 문제에 대한 정치적 영향력을 행사하려 한 것이다.

그럼 일본과의 과거사 문제가 원인이 되어 한국의 반도체 산업 공급망에 또다시 위험이 발생할까? 향후 과거사 문제로 일본과 무역 갈등이 벌어질 가능성은 낮다. 그렇게 예상하는 첫 번째 이유는 일본의 수출 규제가 한국에 큰 영향을 미치지 않았다는 점이다. 한국의 대기업들은 새로운 국제정치적 위험에 빠르게 적응하는 전략을 취했다. 한국 반도체 제조사들은 반도체 생산 소재, 부품의 수입선을 일본에서 벨기에 등 다른 나라로 우회했다. 그리고 일본 기업의 공장을 한국에 설립해 국제정치적 리스크를 차단했다. 나아가 일본 기업이

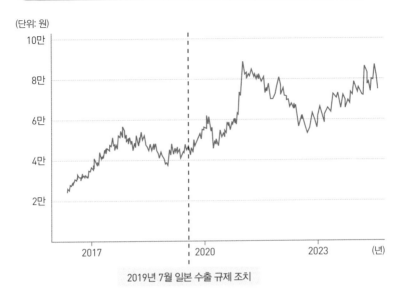

삼성전자 주가 추이

(단위: 원)

10만

8만

6만

4만

2만

2017 　　　　2020 　　　　2023 　　(년)

2019년 7월 일본 수출 규제 조치

생산한 소재, 부품을 한국 기업에서 개발해 생산하기 시작했다. 그 결과 일본 수출 규제가 매우 단기적으로 한국 반도체 산업에 위기감을 일으키기는 했지만, 장기적으로 한국 반도체 산업에 미친 영향은 그리 크지 않았다.

　삼성전자 주가의 경우 일본의 수출 규제 이후 단기간 하락하는 모습을 보였지만, 이후 장기적으로 다시 상승하는 추세가 나타났다. 삼성전자의 주가는 2019년 7월 1일 일본 수출 규제 조치 직전 4만 7,000원에서 이후 4만 4,000원 수준으로 떨어졌다. 그러나 이후 오히려 상승하는 추세를 보였다. 일본의 수출 규제가 삼성전자의 반도

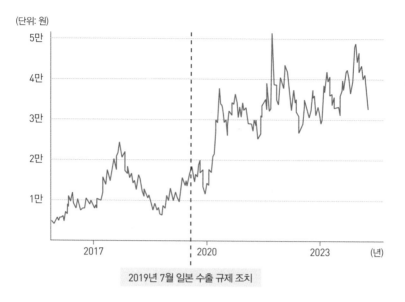

동진쎄미켐 주가 추이

(단위: 원)

2019년 7월 일본 수출 규제 조치

체에 큰 영향을 미치지 못했음을 방증한 것으로 해석할 수 있다.

삼성전자는 국내의 반도체 소재, 부품 기업을 지원해 반도체 소재, 부품 개발을 단기간 성공시킨 데다 수입선을 일본에서 제3국으로 빠르게 바꾸었다. 이를 포함한 국내 반도체 제조 기업의 자구 노력 덕분에 한국의 반도체 산업이 큰 타격을 받지 않고 유연하게 대응할 수 있었다.

일본 수출 규제로 수혜를 보는 기업도 있었는데 바로 동진쎄미켐이다. 동진쎄미켐은 반도체 공정에 사용되는 포토레지스트를 개발한 국내 기업이다. 동진쎄미켐은 반도체 공정에 필수적인 소재 기술을 갖고 있으며, 일본의 반도체 소재·부품 수출 규제가 오히려 기업 성장에 긍정적 효과로 이어졌다. 특히 동진쎄미켐은 일본 수출 규제 이후 극자외선EUV 포토레지스트 기술을 단기간 높은 수준으로 끌어올렸다. 2019년 9월 개발에 착수했으며 예상보다 시간을 단축해 이듬해 6월 개발 작업을 마무리 짓고 그해 11월에 제품화, 상업화 단계에 이르렀다.

이 소재는 고순도 불화수소, 플루오린 폴리이미드와 함께 3대 필수 디스플레이 소재로 불린다. 일본의 수출 규제가 오히려 동진쎄미켐에게는 중요한 기회로 작용한 것이다. 1만 원대였던 동진쎄미켐의 주가는 5만 원대로 지속적으로 상승했다.

과거사 리스크의 재연 가능성은 있을까?

확실한 점은 일본의 과거사 문제에 대한 외교적 중요도가 이전에 비해 크게 줄어들었다는 것이다. 10년 전만 해도 일본의 역사 문제가 불거질 때마다 한일 사이의 외교적 현안으로 부각되곤 했다. 야스쿠니 신사 참배, 일본 역사 교과서 검정 등이 매년 반복되는 이슈인데, 이에 대한 한국의 관심도는 점점 낮아지는 추세다.

이는 한국과 일본의 국력 격차의 변화에서 비롯된 것으로 추정된다. 한국의 국력이 일본을 점차 추월하기 시작하면서 일본에 대한 관심이 줄어든 것이다. 나아가 일본이 한국을 재침략할 가능성은 제로에 가깝다. 2022년 11월 도쿄대학교에서 만난 한 친한파 교수는 "'한국이 일본을 추월하고 있는데, 강대국 한국이 사과를 계속 받아야 하는가'라는 정서가 있다."고 했다. 한국이 군사력과 경제력에서 일본을 추월하기 시작하면서 한일 관계가 구조적 변화를 맞고 있다는 해석도 가능하다.

한일 관계는 한미일 삼각관계에 따른 구조적 제약을 받는 특수한 성격을 갖고 있다. 한국과 일본은 역사적 갈등이 존재함에도, 미국과의 동맹국이라는 공통의 국제정치적 구조에 제약을 받을 수밖에 없다. 지난 2019년 한국은 일본의 수출 규제에 대한 보복 조치로 '한일군사정보보호협정' GSOMIA (지소미아) 파기를 검토한 바 있다. 그러나 한일군사정보보호협정은 한국과 일본의 안보 협력을 넘어서 미국의 아시아·태평양 안보 전략을 원활하게 수행하기 위한 수단이었다. 결국 미국의 관여로 한국은 한일군사정보보호협정 중단 가능성을 철회했다.

당시 한국 정부는 미국과의 동맹 관계가 훼손되는 것을 우려해 한일정보보호협정을 유지하기로 했다. 2019년 11월 22일 미 상원은 "지소미아는 인도·태평양 안보와 방어의 토대가 되는 중대한 군사정보 공유 합의이며 북한의 핵미사일 위협에 대응하는 데 그 중요성을 재확인한다."라며 지소미아 연장 촉구 결의안을 채택했다. 한일 간 역사 문제는 한미일 삼각동맹 체제라는 국제정치의 구조 때문에 한일 관계에 미치는 영향이 크다.

일본의 과거사 문제만 놓고 보면, 한국과 일본은 화해하기 힘든 적대적 관계라고 할 수 있다. 그러나 두 나라 모두 미국과 동맹을 맺고 있다는 점에 주목해야 한다. 바로 이 점이 안보에서 핵심적 요소로 작용한다. 한미일 안보체제는 한일 관계가 악화된다 하더라도 다시 회복시키는 요인으로 해석된다. 한국의 대일 외교 정책은 한일 양자 관계 차원에서만 접근할 경우 일본의 과거사 문제 해결이라는 극복하기 어려운 난관에 빠지기 쉽다. 그러므로 한미일 관계라는 차원에서 혹은 미국이 주도하는 아시아에서의 가치 동맹이라는 다자적 차원에서 일본에 접근해야 한다. 이러한 외교 정책으로 역사 문제라는 난관을 극복할 수 있을 것이다.

∘ 유사 동맹 이론 ∘

유사 동맹 이론은 제3국과 동시에 동맹을 맺고 있는 두 국가의 안보 관계를 설명하기 위해 만들어진 이론이다. '유사 동맹'이란 두 국가가 서로 동맹을 맺지는 않았지만, 제3국을 공동의 동맹으로 공유하고 있는 상태를 지칭한다. 바로 이 제3국과의 관계가 유사 동맹을 맺고 있는 두 국가의 관계를 제약하는 요인이 된다. 유사 동맹 관계인 양국의 협력은 제3국과의 동맹 관계에

> 서 방기와 연루의 공포를 대칭적으로 느낄 때 가능하며, 반대로
> 비대칭적일 경우 협력이 어렵다. 유사 동맹인 한국과 일본은 각
> 각이 맺고 있는 미국과의 동맹 관계 때문에 여러 갈등 요인들이
> 존재함에도 제휴할 수밖에 없다.

한국과 일본의 관계를 유사 동맹quasi-alliance으로 설명하기도 한다. 서로 직접적인 동맹 조약을 맺고 있지는 않지만, 모두 미국을 동맹국으로 두고 있으니 한국과 일본 역시 동맹과 유사한 관계라는 것이다. 양국이 미국과의 동맹을 가장 중요하게 여기는 상황에서 한일 관계가 멀어지기는 현실적으로 어렵다. 미국이 한일 간 갈등을 막는 방파제 구실을 하는 것이다.

한일 관계는 대중문화 산업에 어떤 영향을 주는가?

한일 관계가 악화되면서 한류로 호황을 누렸던 한국 대중문화의 실적이 타격을 입기도 했다. 일본의 한국에 대한 수출 규제 조치 직후인 2019년 8월 6일, JYP 엔터테인먼트의 주가는 2,450원(12.13퍼센트) 하락한 1만 7,750원에 마감했다. 다른 엔터테인먼트의 주가도

크게 하락했는데, SM엔터테인먼트는 8.49퍼센트, YG엔터테인먼트는 10.08퍼센트 하락했다.

한일 관계 악화가 장기적으로 지속될 경우, 한국 아이돌그룹의 일본 내 활동이 제약을 받을 수 있다는 우려 때문이었다. 한일 관계 악화는 중국의 사드 보복에 따른 한한령보다 더 큰 악재로 평가되었다. 한국의 대중문화산업이 한국보다 여섯 배 이상 큰 일본 음악 시장을 잃으면, 매출에 곧바로 타격을 받을 수 있기 때문이다. 대중문화산업 시장에서는 중국보다 일본이 훨씬 더 큰 중요도를 갖는 것으로 알려져 있다.

관세청 수출입 무역통계에 따르면, 2022년도 국내 음반(실물 CD) 수출액은 약 2억 3,311만 달러(약 3,235억 원)였다. 이는 전년에 비해 5.6퍼센트 늘어난 수준이다. 수출액은 일본이 8,574만 9,000달러로 가장 많았고 중국과 미국이 그 뒤를 이었다.

한일 관계 개선은 한국 K팝 산업에도 긍정적인 영향을 미칠 수 있다. 2023년 한일 관계가 개선되면서 일본과 미국 시장을 공략해온 하이브와 JYP엔터테인먼트는 성장세를 유지했다. 다만, 일본과 중국에 대한 투자 비중에 따라 엔터테인먼트 기업들의 희비가 엇갈리는 모습도 나타났다. 중국 팬덤 비중이 높은 SM엔터테인먼트는 매출이 급감했다. 관세청 수출입무역통계에 따르면, 2023년 음반 수출액은 2억 9,033만 달러(약 4,029억 원)로, 전년 대비 26퍼센트 늘었으나 같은 기간 중국 수출액은 5,133만 달러(약 712억 원)에서 3,399만 달러(약 471억 원)로 33퍼센트 줄었다. 중국에서는 자신이 좋아하는 가수를 응원하기 위해 팬들이 경쟁적으로 음반을 구매하는 문화가 있었다. 그런데 2022년 중국 정부가 거액 모금으로 연예인을 지지하는 행위를 규제하는 정책을 실시하자 K팝 팬덤 사이에서도 음반 공동구매 움직임이 축소된 것이다.

한국과 일본 정부는 한국 대법원의 강제징용 배상 판결을 둘러싼 갈등을 2023년 3월 한일 정상회담을 통해 타결한 바 있다. 이 합의에 따라 양국의 갈등은 상당 부분 해소된 것으로 보인다. 지나치게 일본의 입장을 고려한 합의 아니냐는 비판도 존재한다. 하지만 한국의 대중문화 산업이 일본에 다시 진출하는 데 있어 최소한 정치적 리스크는 제거되었다고 볼 수 있다. 따라서 일본에 대한 수출 비중이 높은 한국의 엔터테인먼트 산업에 긍정적 영향을 미칠 것으로 기대된다.

2024년 9월 27일, 이시바 시게루가 자민당 총재 선거에서 당선되었다. 의원내각제인 일본에서는 집권당 총재가 바로 총리직을 맡게 된다. 이시바 총리는 자민당 내 대표적인 친한파 정치인으로, 한국과의 역사 문제를 직시하고 위안부 문제에 대해 거듭 사과해야 한다고 주장해왔다. 총리 취임 이후 일제 전범이 합사된 야스쿠니 신사에 공물을 헌납하기도 했지만 그럼에도 당분간은 역사 문제가 한일 경제 관계에 영향을 미칠 만한 리스크로 작용하기는 어려워 보인다.

지정학, 기회와 위기를 지닌
야누스의 얼굴로 귀환하다

정치적 불확실성이 세계를 지배하는 시대가 다시 돌아왔다. 미국 대통령 선거, 미국과 중국의 전략 경쟁, 러시아-우크라이나 전쟁, 중동 분쟁, 대만해협 위기, 일본의 과거사 문제 등 기업 실적과 맞물려 있는 지정학적 리스크가 곳곳에서 터져 나오고 있다. 세계 자유무역 경제 질서를 제도화한 WTO 체제가 미국 패권의 상대적 후퇴와 함께 저문 것이다.

이렇게 국제 정세가 복잡하고 불확실한 시대에는 기업의 최고경영자는 물론이고, 개인 투자자들 역시 국제 뉴스를 찾아보며 변화하는 흐름을 빠르게 인지할 필요가 있다. 자신이 투자한 기업이 국제 정치망 속에서 어떤 문제를 겪고 있는지, 소재나 부품 등을 조달하는 국제 공급망의 지정학적 위험은 무엇인지 수시로 살펴봐야 한다. 흐름을 제대로 읽어내야 투자 관련 의사 결정의 시행착오를 줄일 수 있으며, 손실을 방지하고 수익을 극대화할 수 있기 때문이다.

이런 이유로 기업에 최고정치책임자Chief Political Officer, CPO를 두어야 한다는 얘기도 나온다. 최고정치책임자는 기업의 기술, 재무, 인사 부문 등의 최고책임자 외에 정치 분야를 담당하는 최고책임자를 말한다. 지난 2022년 LG그룹은 15년간 백악관에서 근무한 조 헤이긴 전 백악관 부■비서실장을 영입하기도 했다. 헤이긴은 로널드 레이건 전 대통령을 비롯해 조지 H. W. 부시 전 대통령, 조지 W. 부시 전 대통령, 도널드 트럼프 등 공화당 소속 대통령 네 명의 재임 시절 백악관에서 총 15년간 근무한 이력을 지니고 있다. 통상, 규제, 공급망 등 경제안보가 중시되는 국제 정세 변화에 신속하고 효율적으로 대처하고자 워싱턴사무소를 신설하고, 정치 리스크 관리 업무를 책임져줄 인물로 그를 데려온 것이다.

◆ ◆ ◆

2024년 11월 5일, 미국 대통령 선거에서 도널드 트럼프가 당선되었다. 트럼프의 귀환으로 지정학적 리스크는 더욱 고조되었다.

먼저 미중 전략 경쟁은 트럼프 1기 행정부에서 시작해 바이든 행정부에서도 지속되었다. 그리고 앞으로 더욱 격화할 것이다. 그렇게 예상하는 이유는 무엇일까? 중국이 첨단기술을 활용해 제품을 생산할 경우 미국이 기술적 우위를 통해 누렸던 경제적 이익은 훼손될 수밖에 없다. 따라서 미국은 중국의 첨단기술 부상을 견제하려는 노력을 지속할 것이다. 이에 따라 첨단기술 분야에서 중국에 대한 수출 의존도가 높거나 공급망 비중이 큰 기업들은 미중 전략 경쟁에 따른 지정학적 리스크를 부담해야 한다. 반대로 중국을 대체하는 소재 부품 생산 기업들은 미중 전략 경쟁의 수혜를 얻을 수 있다.

가장 큰 수혜자는 미국의 제조업이 될 것이다. 제조업은 미국 러스트 벨트 저학력 노동자들의 일자리이고, 트럼프는 이들에게 일자리를 약속해 권좌로 복귀했다. 러스트 벨트에 있던 제조 공장들은 중국 등 인건비가 싼 아시아 지역으로 이전하거나 해외 경쟁 제조 기업과의 경쟁에 밀려 문을 닫았다. 이 지역의 최대 현안은 제조업 일자리로, 결국 미국 대통령은 이 지역에 공장을 세우고 일자리를 창출해야 할 부담을 질 수밖에 없다. 이때 수혜자는 미국에 공장을 설립하는 기업이다. 미국의 제조업 기업들은 미국 정부의 파격적 지원을 받을 가능성이 높다.

단 미국의 고립주의가 강화되더라도, 미국은 절대 아시아를 포기할 수 없을 것이다. 이는 미국의 어떤 행정부에서도 바꿀 수 없는 지정학적 조건 때문이다. 미국은 태평양과 대서양이 안보적인 방벽은 될 수 있지만, 경제적으로는 아시아 대륙과의 연결이 필수적이다. 미국은 부의 운명이 달린 아시아 대륙에서 새로운 그 어떤 패권국의 도전도 용인하지 않을 것이다.

다만 미국이 과거와 같은 군사력을 유지하기에는 재정적 부담이 막대할 것으로 예상된다. 이에 따라 아시아 지역에서 동맹국 혹은 우방국의 군사안보적 역할 확대를 기대할 것으로 보인다. 특히 미국이 처한 지정학적 상황은 해상교통로의 안전을 유지하고자 하는 강력한 동기로 작용한다. 바닷길은 미국이 번영을 구가하기 위해 지켜야만 하는 부의 동맥이다. 트럼프의 미국은 아시아의 우방국들에게 바닷길을 지키기 위한 안보적 역할 분담을 요구할 것으로 보인다. 이는 아시아 지역 국가들의 해군 전력 증강으로 이어질 것이며, 결과적으로 군함을 건조하는 조선업 비중이 지속적으로 확대되는 방향으로 나아갈 것이다.

◆ ◆ ◆

대만해협을 둘러싸고 군사적 긴장이 강해질 가능성도 무시할 수 없는 위험이다. 시진핑 중국 국가주석은 대만을 상대로 무력 수단을 사용할 수도 있음을 밝힌 바 있다. 실제 전면전이 발생하지 않더라도 중국 인민해방군은 대만을 봉쇄하는 군사훈련을 주기적으로 실시하고 있다. 이는 대만 주변 해역이 중국의 군사적 영향권 안에 들어갈 수도 있음을 의미한다. 일반적으로 바다는 육지와 달리 국경선과 경계가 없으며, 군대를 투입해 점령할 수도 없다. 다만, 그 해역의 화물선, 여객선 같은 선박의 통항을 통제하는 권리인 제해권만 존재한다. 그럼에도 중국은 대만에 대한 주기적인 봉쇄 훈련을 실시하는 등의 방법을 활용해 대만 주변 해역의 제해권을 강화할 것으로 예상된다.

대만에 대한 중국의 군사력 사용 가능성은 반도체 공급망을 위협하는 결과를 가져올 것이다. TSMC와 같은 파운드리 기업은 미국의 첨단기술 기업을 비롯해 세계 각국의 기업에 반도체를 공급하고 있다. 중국의 대만 침공이나 대만을 에워싼 주기적 봉쇄 훈련은 대만 반도체 제조 기업에게는 지정학적 불안 요소다. 반면 다른 반도체 제조 기업들에게는 경쟁력을 확보할 수 있는 기회 요인이기도 하다. 다만 TSMC는 이러한 지정학적 리스크를 제거하기 위해 일본을 비롯한 해외 제조 시설을 확보하는 등의 노력을 기울이고 있다.

중국과 대만의 군사적 충돌은 한국에게는 해운 물류를 위협하는 위험 요소다. 한국 제조업은 대만 주변 해역을 통과하는 해상교통로에 대한 물류 비중이 높다. 향후 대만 주변 해역이 중국의 통제를 받게 될 경우 한국의 경제와 산업은 지정학적 리스크를 감내해야 하는 상황에 직면할 수 있다.

이러한 대만 주변 해역에 대한 중국의 통제는 전 지구적 공급망을 교란하는 위협이 될 수 있다. 첨단산업 부품과 소재를 실은 화물선들이 통과하는 지점이자 특히 반도체 공급망의 핵심 해로가 위치하는 지역이기 때문이다. 중국이 대만 해역 주변에서 주기적인 통제를 가한다는 사실을 고려하면, 대만에 대한 반도체 공급망 의존도가 높은 기업은 대만해협 위기가 발생했을 때 손실을 입을 가능성이 높다. 반면 이러한 지정학적 리스크의 직접적 영향권에서 벗어난 한국의 반도체 제조 기업 입장에서는 기회일 수 있다. 그러나 이점만 있는 것은 아니다. 대만 주변 해역이 봉쇄되면 한국은 우회로를 찾아야 하는데, 이 경우 물류비용이 상승하는 문제에 맞닥뜨리게 된다.

◆ ◆ ◆

러시아-우크라이나 전쟁은 재래식 전쟁 가능성이라는 지옥의 문을 열었다. 냉전의 종식 이후 재래식 무기를 사용한 전면전을 예상한 사람은 많지 않았다. 핵무기의 파괴력에 대한 공포로 전쟁은 제한적인 형태로 발생할 수밖에 없다고 보았다. 그런데 폭격기, 전차, 그리고 무인기가 광범위하게 사용되는 전면전이 일어난 것이다. 이렇게 물꼬를 텄으니 이제 세계 어디에서든 재래식 무기를 동원한 전면전이 벌어질 수 있게 되었다. 나아가 세계 곳곳에서 동시다발적으로 전쟁이 벌어지는 '다중 전쟁' 상황도 배제할 수 없다.

전쟁은 투자자에게 언제나 심리적 공포로 연결된다. 이러한 심리적 불안은 단기적으로는 좋은 기업의 주식을 싼값에 살 수 있는 기회다. 중동 정세는 확전의 위험을 안고 있으면서도 동시에 확전으로 가기 어려운 성격을 갖고 있다. 확전에 대한 우려 때문에 투자 심리는 위축되기 쉬우나, 이러한 심리적 영향이 단기적 성격을 갖는다는 점에 주목해야 한다. 다시 말해 중동 정세에 대한 위기감이 장기적인 영향을 미치기는 어렵다는 뜻이다. 중동 정세 불안과 공포는 세계 경제를 일시적으로 침체시킬 것처럼 보였지만 그 영향은 늘 제한적이었음을 경험으로 알 수 있다. 이는 단기적 공포가 투자자에게는 언제나 기회일 수 있음을 상기시킨다.

투자는 기업의 미래 수익에 대한 기대에서 출발한다. 투자한 기업이 높은 수익을 올릴수록 투자로 얻는 이익도 커진다. 반대로 기업의 수익성이 떨어질 경우 투자자는 손실을 입는다. 결론적으로 말해 투자를 하고자 하는 이들이라면 그 판단은 기업의 미래 가치에 대한 분석에서 출발해야 한다.

국제 정세 측면에서 투자자가 보아야 할 부분은 기업이 처한 지정학적 리스크가 기업 실적에 미칠 영향이다. 지정학적 리스크로 어떤 기업의 실적은 하락하고, 어떤 기업의 실적은 상승한다. 이처럼 지정학적 리스크는 위험과 기회를 동시에 가져온다. 우크라이나 전쟁은 러시아에 대한 거래 의존도가 높은 기업들에게는 실적에 악영향을 줄 수 있다. 반대로 포탄을 만드는 기업 실적에는 긍정적인 영향을 줄 수 있다. 지정학적 리스크가 방위산업 분야에는 투자 수익을 안겨

줄 기회이기 때문이다.

물론 투자 수익을 고려해 전쟁이 일어나야 한다는 의미는 아니다. 전쟁은 절대로 일어나서는 안 되는 사건이다. 이런 측면에서 보자면 방위산업 분야에 대한 투자는 투자자 각자에게 도덕적 고민과 성찰을 요하는 문제이기도 하다.

다시 세계는 지정학의 시대로 돌아왔다. 지정학의 귀환은 투자자에게는 위기이자 기회라는 야누스적 모습을 갖는다. 현명한 투자자는 모두가 공포에 질려 있을 때 투자의 기회를 찾는다. 야누스의 이면을 읽을 수 있을 때 우리는 돈이 돈을 가져오는 어쩌면 기이한 마법을 경험할 수 있을 것이다. 우리는 정치와 경제가 씨줄과 날줄로 얽혀 함께 직조되는 흥미로운 시대에 살고 있다.